Willi Butollo

Die Angst ist eine Kraft

Über die konstruktive Bewältigung von Alltagsängsten

Piper
München Zürich

Redaktion: Ingrid Veblé-Weigel

ISBN 3-492-10636-6
Neuausgabe Oktober 1986
5. Auflage, 27.–30. Tausend April 1993
(3. Auflage, 15.–18. Tausend dieser Ausgabe)

Umschlag: Federico Luci,
unter Verwendung des Gemäldes
»Der Schlangenbeschwörer« (1907)
von Henri Rousseau (Louvre, Paris)
Photo Umschlagrückseite: Otto Haas
Gesamtherstellung: Clausen & Bosse, Leck
Printed in Germany

FÜR VERA, YA KARIMĀTI!

بِسْمِ ٱللَّهِ ٱلرَّحْمَٰنِ ٱلرَّحِيمِ

»Ich habe Angst, weil ich die Zukunft vorwegdenken kann. Mitten im Leben sterbe ich durch die Angst.«

Johann Christoph Hampe, 1976

»Once we go through a true process of self-discovery,
no one can take away our self-confidence,
the inspiration comes from within,
and we know without needing to be told.«

Tarthang Tulku, 1977

أَقْبِلْ وَلَا تَخَفْ إِنَّكَ مِنَ ٱلْآمِنِينَ

Komm und fürchte dich nicht, denn du bist geborgen

Qur'ān, Al Qasas, 31.

Inhalt

Ein Nachwort als Vorwort

Die Welt hat sich seit der Fertigstellung des Manuskripts im Sommer 1983 auf verschiedenen Ebenen wesentlich verändert. Die Ereignisse im Gefolge von Rüstungsprotest, Menschenkette und De-facto-Stationierung von Erstschlagwaffen in der BRD machen einige zusätzliche Aussagen zur Rolle der Angst in der katastrophenträchtigen Weltentwicklung notwendig:

Der soziale, ökonomische und militärische Wahnsinn zieht seine Kraft aus dem irrationalen Umgang der Menschen mit einer fundamentalen Angst, der Angst um die individuelle und kollektive Existenz. Jede Maßnahme zur direkten Reduzierung dieser Angst, die nicht auch eine *Umarbeitung der Existenzannahmen* beinhaltet, wird letztlich die Bedrohung nur eskalieren lassen. Realitätsgerechte Angstlösung ist demnach ein fundamentaler Beitrag zum Frieden, den jeder *in sich* vorbereiten und dann in seinem so neu orientierten Handeln leisten kann. Ein mehr an Aufrichtigkeit, an Authentizität, an gelebter Wahrheit ist die mögliche Folge, auch wenn uns der *Inhalt* dieser Wahrheit häßlich erscheint. Wenn andere diese Erfahrungen in sich und in uns ablehnen, entstehen leicht enorme Ängste davor, zur Fragilität und Andersartigkeit dieser persönlichen Wahrheit zu stehen.

Manchmal ist diese Angst subjektiv stärker als die Todesangst. Gemeint ist nicht die Wahrheit von Beweisbarem, allgemein Anerkanntem, oder was man dafür hält. Gemeint ist die Angst davor, die ungeschützte Wahrheit der persönlichen Erfahrung öffentlich zu machen. Wenn das Herz schwach wird und die Angst vor dem höhnischen Gelächter «der anderen» zunimmt, scheint dem Bekennen zur eigenen erlebten Realität eine oft unüberwindliche Schranke entgegenzustehen – und ebenso schwer fällt es uns dann, diese Realität am anderen wirklich zu akzeptieren. Die Summe unser Ängste verhält sich zur Stärke des Herzens verkehrt proportional – je schwächer das Herz, desto stärker die Angst mit all ihren Folgen an Vermeidung und Abwehr – aber auch die Umkehrung gilt. Die Angst ist dann ein Signal, das unsere Aufmerksamkeit auf jene Denkfehler lenkt, die den Verlust des Vertrauens bewirken.

Die Stärke des Herzens läßt sich nicht im üblichen Sinne trainieren, sie wird *geschenkt*. Eine der Voraussetzungen, die wir dafür zu erbringen haben, ist die Einübung in Demut. Und wer das Geschenk – und sei es nur für Sekundenbruchteile – erfahren hat, *weiß* wovon die Rede ist. Dem, der die *Erfahrung* nicht kennt, ist sie durch Beschreibung allerdings nicht zu vermitteln.

Der Weg dahin, der Weg des Herzens, steht grundsätzlich jedem offen. Mit Psychologie und käuflicher Psychotherapie hat dies alles aber weniger zu tun; beides kann vorbereitend wirken, ist jedoch nicht einmal dafür wirklich notwendig. Psychotherapie hat ohne Zweifel für die Menschen sehr viel an Befreiung gebracht. In den wesentlichen Fragen des Lebens aber, wenn die entscheidenden, das diesseitige Leben transzendierenden Ereignisse anstehen, ist der Therapeut mit seinem Latein am Ende. Als guter Therapeut wird er seine Klienten weiterreichen und auch wissen, wohin.

Die Angst vor der persönlichen Wahrheit hat auch in meinem Leben dazu geführt, daß es mir manchmal sehr schwer fiel, zu persönlichen Erfahrungen öffentlich zu stehen. Das gilt u. a. für den Umstand, daß ich vor einigen Jahren, nach Kontakten mit dem Sufismus, aus Überzeugung und mit großer Freude Moslem geworden bin. Und das, obwohl dieser Schritt mein Leben in unglaublicher Weise bereichert hat. Hiermit nun sei es nachgeholt. Die Erfahrungen, die über den *inneren Weg* des Islam möglich werden, berechtigen zur Hoffnung auf Frieden. Die Kraft des Herzens ist ansteckend, und die Kraft, die sich in der Angst verbirgt, weist den Weg. Notfalls muß man nachfragen.

A.H.W.B., im Dezember 1983

Einleitung

Der Rahmen

In den Jahren, in denen ich mich mit den Erscheinungsformen verschiedener Ängste und mit den Möglichkeiten der positiven Beeinflussung derselben befaßt habe, konnte ich eine Menge von Eindrücken gewinnen, die über das hinausgehen, was in streng wissenschaftlichen Untersuchungen erfaßbar ist. Sie sind nicht weniger real als die gesicherten Ergebnisse. Es ist mir daher wichtig, diese Erfahrungen gemeinsam mit wissenschaftlich gesicherten Befunden in verständlicher Form mitzuteilen.

Der Umstand, daß das Thema Angst zur Zeit ein »Modethema« ist, mag eine zufällige Koinzidenz sein. Moden haben es an sich, kurze Zeit über die Gebühr beachtet zu werden, um nachher wieder »unter Gebühr« vernachlässigt zu werden.

Die Rolle der Angst an sich ist zeitlos, die Angst*inhalte* hingegen ändern sich. Sie hängen von den jeweiligen Erfahrungen der Individuen und der Gemeinschaften, von politischen, sozialen und auch religiösen Veränderungen ab.

Die Angst kann zur Erhaltung unseres Lebens, zum Schutz vor wirklichen Gefahren sehr *hilfreich* sein, das wird manchmal vergessen. Daher könnte präziseres Wissen über das Phänomen Angst dazu führen, daß der hilfreiche Aspekt wieder in den Vordergrund gelangt und die lebenseinengende und lebenszerstörende Funktion der Angst in den Hintergrund tritt. Wege aufzuzeigen, wie die *lebenserhaltende* Funktion des Angstgefühls gefördert, genutzt und in die Realität der Geschehnisse integriert werden kann, ist ein vorrangiges Ziel dieses Buches.

Das *Thema* Angst ist, so paradox es auch klingen mag, eng mit den Themen Lebensfreude, Liebe, Kreativität, Vertrauen oder Harmonie verbunden. Qualitäten dieser Art sind mit Angstgefühlen unvereinbar, und nicht zuletzt deshalb streben wir danach, sie zu gewinnen und festzuhalten. Gerade dieses *Streben* aber signalisiert bereits ihr Ende, öffnet der Angst den Weg und drängt uns in einen freudlosen Kreislauf. Es hängt dann von der Art der Lösung ab, die wir für unsere Ängste finden, wie sehr wir dazu fähig werden, auch die andere Seite, die konstruktiven, integrierenden Aspekte unseres Gefühlslebens zu erfahren. Liebe und Vertrauen, die eigentlichen Gegenpole von Haß und Angst, ihnen ist das Buch zumindest im selben Ausmaß gewidmet, wie den scheinbar »negativen« Erfahrungen.

Um diese, das Leben angenehm bereichernden Gefühle erfahrbar werden zu lassen, müssen wir uns jedoch zuerst mit den ihnen gleichsam als Wächter vorgestellten Gefühlen der Angst, der Furcht, des Ärgers, des Zorns und was es sonst noch auf der destruktiven Seite des Lebens zu erfahren gibt, beschäftigen.

Ich habe in diesem Buch versucht, meine wissenschaftlichen, therapeutischen und persönlichen Erfahrungen zu integrieren und in einer verständlichen Form dem Leser näherzubringen. Es ist somit vom Aufbau her kein eigentlich wissenschaftliches Werk. Das würde vermutlich diejenigen, an die das Buch gerichtet ist, kaum ansprechen: Personen, die selbst unter starken Ängsten zu leiden haben, aber auch ihre Bezugspersonen, also Ehepartner, Eltern, Kinder, Verwandte, Arbeitskollegen, Lehrer usw., letztlich alle, die mehr Kenntnis ihres Gefühlslebens suchen. Es ist gerade an diejenigen gerichtet, die unter keinen manifesten, das Leben in einer offensichtlichen Weise einengenden Angstgefühlen leiden. Ihre Ängste sind vielleicht versteckt, ihnen selbst nicht bewußt erfahrbar oder einsichtig. Dennoch können sie ihr Leben in einer Weise steuern, daß es beginnt, unmerklich in Sackgassen zu münden. Nicht zuletzt ist es denkbar, daß sie ihre Ängste so verdrängen, daß diese sich auf eine indirekte Weise, etwa als psychosomatische Erkrankung, Ausdruck verleihen.

Wenn wir lernen, die Augen für die sehr reichhaltige Trickkiste unserer Angstvermeidung im Alltag zu öffnen, dann haben wir einen wichtigen Schritt zu einem freieren und erfüllteren Leben getan. Ich habe in der Darstellung manchmal zu sehr krassen Beispielen gegriffen. Sie sollen die kritischen Aspekte deutlicher sichtbar machen, die bei jedem von uns in dieser oder jener Form ablaufen, wenn auch mit etwas abgeschwächter *Intensität*.

Ich habe das vorliegende Buch, nachdem es eine erhebliche Zeitlang halbfertig liegengeblieben war, kurzum zum *Fragment* erklärt. Das geschah in erster Linie, weil unser Wissen über die Geheimnisse menschlichen Fühlens und Erlebens noch so fragmentarisch, so unvollständig und ausschnitthaft ist, daß der Anspruch etwas endgültig »Richtiges« ausgesagt zu haben, eine glatte Anmaßung wäre.

Auch ist es ein Irrtum zu glauben, daß ein Autor so ein Manuskript allein macht: Ich fühle mich eher als Sammler und Knüpfer eines Fleckerlteppichs von Situationen und Erfahrungen, an dem eine große Zahl von Menschen mehr oder weniger bewußt mitgestrickt hat. Ich bin dankbar für die Vielfalt jener, bei denen ich lernen durfte: Lehrer und Professoren ebenso wie Klienten, Therapeuten und andere Meister verschiedener Metiers, bei denen ich meine Angsttheorien im »Selbstversuch« teils mit Zähneklappern, Knieschlottern und anderen Somatisierungen »testen« konnte.

Möge das Ergebnis den Leser wiederum zu Situationen anregen, die es ihm ermöglichen, seine Ängste in Kräfte umzuwandeln, die ihn der Erfüllung seines Potentials näherbringen.

Ist Angst eine Grundstimmung unserer Zeit?

Angesichts der ökonomischen, der weltpolitischen und in mancher Hinsicht auch der kulturellen Entwicklung unserer Zeit erscheint uns die Frage gerechtfertigt. Ihre Beantwortung hat jedoch mit Vorsicht zu erfolgen. Denn wir haben es hier sicherlich auch mit einem sogenannten »Modethema« zu tun. Typisch für die öffentliche Behandlung von »Modethemen« ist ja, daß reichlich Anklage erhoben und der Finger publikumswirksam auf die

Wunde gelegt wird. Zu praktikablen Lösungen führt dieses Vorhaben dann eher selten.

Genau das aber unterstützt letztlich die Tendenz, das ganze Thema zu vermeiden. Unsere Fähigkeiten, die wirklich relevanten Vorgänge zu erkennen und entsprechend zu handeln, stumpfen ab. Auch das Thema »Angst als Grundstimmung unserer Zeit« läuft Gefahr, in diese Kategorie öffentlich vermiedener Themen abzurutschen. Denn die Frage ist wichtig, und ihre Konsequenzen sind weitreichend. Es kann ja wirklich sein, daß eine derartige Grundstimmung unser Leben heute mehr als das unserer Vorfahren bestimmt. Einige Faktoren sprechen dafür:

1. Psychosomatische Erkrankungen sind tatsächlich häufiger. Auch bei scheinbar »rein« somatischen Beschwerden wie etwa Unfallfolgen etc. sind oft emotionale Komponenten als Ursachen beteiligt: Weil man innerlich ständig mit unerledigten Gefühlen und Konflikten beschäftigt ist, ist die Aufmerksamkeit von notwendigen Tätigkeiten abgelenkt.
2. Die Entwicklung eines hochindividualisierten Bewußtseins mit seiner auf dem Fuß folgenden Vereinsamung des Einzelnen, hat in der diesen Prozeß besonders fördernden westlichen Welt ein vermutlich einmaliges Ausmaß erreicht: Wenn der Sinn des Lebens damit steht und fällt, was man für sich oder die Seinen *erreicht*, dann gibt es in der Tat viele Situationen, die existentiell bedrohlich erscheinen und somit auch anhaltend Angst auslösen.
3. Ein Großteil unseres Denkens und Handelns ist auf die *Eliminierung* von Angst*auslösern* gerichtet. Gelingt dies, so glaubt man, sich die Auseinandersetzung mit denjenigen Bedingungen unserer Lebensplanung sparen zu können, die primär zur Angstentstehung geführt haben. Dazu gehört die »Abschaffung« von solchen Erfahrungen, die uns mit der Endlichkeit unserer Leistungen und der damit verbundenen Grenzen der Selbstidentität konfrontieren. Dies führt zwar zur erfolgreichen Reduktion von Angst*anlässen*, gleichzeitig aber zu einem Ansteigen einer ängstlichen Grundstimmung. Das Bild der Welt im auslaufenden Jahrtausend rechtfertigt individu-

elle wie kollektive Realangst, die zuzulassen weitgehend vermieden wird.

4. Die Perfektion unserer physischen Technologie, die scheinbare »Machbarkeit« unserer Umwelt, die weitgehende Kontrolle über menschliches Verhalten bergen bei Anerkennung aller Vorzüge auch enorme Gefahren. Neben den vieldiskutierten Problemen der Verseuchung des physischen Lebensraumes ist aber die *Verseuchung des psycho- und soziokulturellen Lebensraumes* ebenso zu betonen.
5. Gleichzeitig erscheinen die Möglichkeiten des Einzelnen, seine Umwelt zu strukturieren, mit überschaubaren Abläufen zu leben, im sozialen und beruflichen Feld einen *Sinn* zu finden, zunehmend reduziert. Angst wird zu Depression im Gefolge so gezüchteter Resignationsbereitschaft. Die übergreifenden Bedingungen der Sinnentleerung bleiben bestehen, die *akuten* Angstanlässe mit ihrer Gelegenheit zu Klärung und Abreaktion fehlen jedoch dank perfektionierter »Anlaß-Vermeidung«. Diffuse Angst und Depression sind dann die unerfreuliche, lebensfeindliche Folgeerscheinung.

Der Ruf nach der Wissenschaft, der alles erklärenden Instanz, ist Teil des oben skizzierten Zusammenhangs. Wir hoffen, daß ein Experte kommt, der alles versteht und dann auch in der Lage ist, die richtigen Gegenmaßnahmen zu ergreifen. Dieser Lösungsversuch, wenn er oft auch in Einzelfällen dramatische Erfolge aufzuweisen vermag, perpetuiert jedoch das Dilemma: Wir geben die Verantwortung für die Gestaltung unseres Lebens ab. Wir schieben den vielleicht heilsamen Zusammenbruch überholter Weltbilder und des damit verbundenen Entwurfs unserer Lebensgestaltung angstvoll vor uns her, indem wir uns an Experten klammern. Dabei aber zementieren wir unsere Unreife, Abhängigkeit, und damit die aus ihnen entstehende Lebensangst.

Die Erforschung anhaltender emotionaler Krisen hat nicht nur die Aufgabe, die *Situationen* zu untersuchen, die Angst erzeugen. Sie hat auch die *psychischen, physischen und sozialen Zusammenhänge im Menschen* aufzuspüren, aus denen heraus er sich diese Situationen *schafft*. Lösungen im sozialen Mikrobereich (Zweierbeziehung und Familie) ebenso wie im Makrobereich (Schule, Firma, Nation etc.) setzen eine bessere Kenntnis dessen voraus, was sich im einzelnen abspielt. Erst so wird verständlich, wie Verhalten zustande kommt und soziale Situationen entstehen. Über die Selbsterkenntnis läßt sich wohl am nachhaltigsten auf Verhalten und auf Situationen Einfluß nehmen. Einige Schritte in diese Richtung soll das vorliegende Buch beispielhaft vorführen.

Angst, ihre Ursachen, ihre Auslöser, ihre Erscheinungsformen und ihre Beeinflußbarkeit, das alles ist am deutlichsten dort zu studieren, wo Angst in extremer Form auftritt. Die dabei beobachtbaren Gesetzmäßigkeiten gelten meist auch für die einer systematischen Forschung schwerer zugänglichen, klinisch nicht auffälligen Alltagsängste. Diese subtileren und besser kaschierten Formen steuern jedoch unser Leben in beträchtlichem Maße, wenn auch meist unerkannt. Sie prägen beispielsweise das Gesicht einer Kultur. Wenn es gelingt, in den Alltagsängsten den irrationalen – sprich »normal-neurotischen« – Teil vom rational begründeten Teil zu trennen, ist eine Voraussetzung für realitätskonformes und -formendes Handeln geschaffen. Die irrationalen Extremängste »klinischen Ausmaßes« können uns dabei helfen, *Angstprozesse* besser zu erkennen.

I. Kapitel:

Über die Realität der Angst

Auch irrationale Angst ist real

Die zentrale These dieses Buches besagt, daß Angst ein wichtiges, lebenserhaltendes Gefühl ist, das den Menschen zur Bewältigung von realen Bedrohungen antreibt. Sie ist aber auch ein unangenehmes Gefühl, und wir streben danach, es zu vermeiden. Wenn die realen Verhältnisse eine rasche Problemlösung nicht ermöglichen oder wir uns selbst den Einsatz von radikaleren und riskanteren Bewältigungsmaßnahmen nicht erlauben, greifen wir zu irrationalen Formen der Angstvermeidung. Sie sind wesentlicher Bestandteil individuellen und kollektiven Unheils. Diesem Prozeß nachzuspüren, ihn durchschaubar zu machen und damit reifere Konfliktlösungen des Einzelnen und größerer gesellschaftlicher Gruppierungen zu ermöglichen, dient dieses Buch.

Aber was ist Angst eigentlich?

Die Mutter eines vierjährigen Mädchens hat den Raum soeben für einige Minuten verlassen. Sie war zur Beratungsstelle gekommen, weil ihre Tochter »Angst« hat, keine Kontakte zu anderen Kindern, ständig am Rockzipfel der Mutter hängt etc. Wir wollten sehen, was das Kind wirklich *tut*, wenn die Mutter tatsächlich weggeht:

Das Kind steht etwas verloren in der Mitte des Raumes, der mit verlockenden Spielsachen angefüllt ist, schaut sich kurz um, bleibt dann regungslos stehen. Dann sagt es leise, wie zu sich selbst: »Angst ... ich habe Angst ... Mutti ist weggegangen ... Angst.« Als seine Mutter wiederkommt, seufzt es und beginnt, den Raum zu erforschen – ohne vorerst von der Rückkehr seiner Mutter allzu augenscheinlich Notiz genommen zu haben.

Dieses vierjährige Kind hat das Wort »Angst« bereits als Begriff verwendet, der keinen *Gegenstand* repräsentiert, sondern eine *persönliche Erfahrung,* ein Gefühl: Indem wir uns *in die Lage* des Kindes *versetzen* und dann ansatzweise eine ähnliche Erfahrung machen, können wir nachvollziehen, wovon es spricht. Genau das aber konnte schon bei einem Zweijährigen beobachtet werden. Als er seine Mutter weinen sah, stand er betreten daneben und sagte: »Mama weint, Mama hat Angst.« Weiß er als Zweijähriger, was Angst ist? Kann er sogar schon aus dem Verhalten eines anderen, in dem Fall seiner Mutter, durch *Mitempfinden* ahnen, was diese empfindet?

Die Fähigkeit, verschiedene Gefühle zu erleben, dürfte aller Wahrscheinlichkeit nach sogar noch viel früher in der individuellen Entwicklung da sein. Es gibt Ansatzpunkte für die Annahme, daß Gefühle und dazu passende Umwelteindrücke beim Neugeborenen, ja sogar im vorgeburtlichen Stadium erlebbar sind. Das *Gefühlsleben,* ein durch sehr alte Gehirnteile getragener Prozeß, ist offensichtlich auf die volle Entwicklung des Gehirns nicht angewiesen. Erst das *Benennen* dieses Erlebens und damit das Differenzieren und Kategorisieren, das Einordnen in ein Sprachschema, setzt eine Weiterentwicklung des Zentralnervensystems (ZNS) voraus, insbesondere der Großhirnrinde.

Dieser Prozeß des Beurteilens, des Denkens und Sprechens, ist ein zum Gefühlserleben selbst fremder Vorgang. In ihm wird gleichsam »von außen«, durch sprachliches Herausheben der Ereignisse aus dem Fluß der »gleitenden Gegenwart«, eine neue, diesmal abstrakte *sprachliche Wirklichkeit* geschaffen. Sie soll das Gefühlserleben abbilden und übersetzen, dadurch »greifbarer«, der Erfahrungsbildung durch das Gedächtnis zugänglich machen. Sie kann aber auch dieses Erleben entstellen und eine Art Eigenleben bilden.

Das vierjährige Mädchen weiß, wann es einen Angstzustand erlebt und der Zweijährige erkennt am Verhalten eines anderen diesen Zustand wieder. *Warum haben wir dann aber als Erwachsene, vor allem aber beim Versuch einer wissenschaftlichen Betrachtung des Phänomens der Angst, so große Probleme in der Beschreibung, Erklärung und Veränderung dieser Gefühle,* wenn dies sozusagen »babyleicht« ist? Eine mögliche Erklärung dafür ist, daß Gefühle im allgemeinen und Angst im besonderen sozial abgewertet, schon beim Kind unterdrückt werden. Das führt unter anderem dazu, daß wir lernen, die Wahrnehmung dieser Gefühle vor anderen und letztlich auch vor uns selbst zu verbergen. Wir drücken diese Gefühle nicht mehr frei aus und stumpfen innerlich ab – bis wir nicht mehr wissen, ob wir Ärger, Freude, Trauer oder Angst verspüren.

Die »exakten« Wissenschaften tun sich in der Gefühlsforschung besonders schwer. Sie haben bis heute über die Geheimnisse des Innenlebens nur wenige gesicherte Befunde erbracht, die dann meist aus der Alltagserfahrung trivial erscheinen. Das grundsätzliche Bestreben jeder Wissenschaft, nämlich allgemeine Regeln und Gesetzmäßigkeiten zu finden und zu überprüfen, stößt hier auf methodische Schranken.

Angst als »Antreiber«

Angst ist ein Sammelbegriff für eine Vielzahl von Gefühlen. Sie reichen von unspezifischem »Angstgrauen« bis zu konkreter Furcht. All diesen Gefühlen sind einige Aspekte gemeinsam. Im Vordergrund steht dabei das *Unlustgefühl*, das sich vermutlich aus einer Mischung von Druck- und Temperaturempfinden in der Magengegend, Anspannung und Enge in der Herz- und Halsgegend und dem Gefühl der Bewegung des nach unten durchsackenden Magens ergibt. Wir kennen dieses Gefühl aus vielen Situationen, sei es, daß wir plötzlich zum »Chef« gerufen werden, daß wir kurz davor stehen, ein Prüfungsergebnis zu erfahren, uns einer Operation unterziehen müssen oder dabei sind, Schritt für Schritt draufzukommen, daß der Partner fremdgeht.

Allerdings ist Angst nicht immer nur unangenehm. In bestimmten Situationen, wenn die letzte Kontrolle noch nicht in Gefahr und die Gefühlsintensität nicht allzu hoch ist, kann auch so etwas wie *Angstlust* oder »thrill« erlebt werden. Wir spüren das z. B., wenn wir etwa dem Verkehrspolizisten eine trotzige

Antwort geben, wenn wir uns im Freundeskreis mit großem »Hurra« in der Phantasie ergehen, den Chef anzuschreien oder wenn wir einmal versuchen sollten, auf einer Kuh zu reiten.

Ab einer nicht genau zu bestimmenden Intensität wird Angst jedoch *aversiv*, wir erleben ein Gefühl der Unlust, das sich bis zur Panik steigern kann. Dieser Umstand *treibt* uns im allgemeinen dazu *an*, irgendeine *Veränderung* vorzunehmen, und zwar der inneren oder der äußeren Gegebenheiten. *Das unangenehme Erlebnis wirkt somit verhaltens- und situationsändernd.* Wir tun etwas, damit es aufhört. Diese Veränderungen können kleine spezifische Dinge, wie das Erledigen einer Schulaufgabe, das Verlangsamen des Tempos beim Autofahren im Platzregen oder das vorsorgliche Mitnehmen eines Regenschirms sein.

Das Angstgefühl kann aber auch umfangreiche und komplexe Entscheidungen auslösen wie z. B. das Verlassen eines Landes, den Wechsel des Berufes oder die Auflösung einer Partnerschaft. Das ist dann unproblematisch, wenn die Angst, die zu diesen Entscheidungen antreibt, rational begründbar ist. Damit ist gemeint, daß sie in einem aus den Lebensmaximen des Betroffenen heraus *einsichtigen Zusammenhang* mit der Entscheidungssituation steht. Leider ist das aber oft nicht der Fall. Dann ist die Angst *irrational*: Einzelne Aspekte der Bedrohung werden überbetont, andere geleugnet.

Und damit wären wir beim zentralen Thema des Buches: *Wie lasse ich mich durch irrationale, situationsunangemessene Ängste zu Tätigkeiten oder Entscheidungen zwingen, die ich vernünftigerweise nicht treffen würde?* Wie kann ich mich von diesen Zwängen befreien – und zwar so, daß ich meine Handlungen frei wählen kann? Und welche verdrehte Rationalität wird aufrechterhalten, um irrationale Angst rational erscheinen zu lassen? Wenn jemand z. B. Angstanfälle bekommt, nachdem er stunden- und tagelang an der Telefonvermittlung oder am Fließband gesessen hat und deshalb schreiend umfällt oder wegläuft, so ist eher die »Vernunft« fragwürdig, die ihn zu der Tätigkeit zwingt. Die therapeutische Arbeit am Angstanfall ohne Berücksichtigung der Lebens- und Arbeitsbedingungen wäre in diesem Fall geradezu pervers. Es geht vielmehr um Änderungen unseres Verhaltens, das heißt der tatsächlichen Lebensbedingungen: eine berufliche, soziale, familiäre Neuorientierung. Was aber, wenn Angst und Furcht unser *Denken* und *Wahrnehmen* so bestimmen, daß wir uns immer wieder absurde Lebensumstände schaffen? In diesen Fällen ist die Arbeit an solchen Prozessen angezeigt, die global als »Angstbewußtsein« bezeichnet werden können: Einsicht in Entstehung, Aufrechterhaltung und Konsequenzen eines irrationalen Selbst- und Weltbildes. Das Umdeuten, Ignorieren oder Verdrängen der *Anzeichen* einer Gefahr, aber auch das Unterdrücken des unangenehmen Gefühls selbst sind Beispiele dafür.

Eine Frau mit wirklich starker Angst vor Schlangen berichtete, daß sie auch in der U-Bahn, im Restaurant, ja selbst in der Küche ständig erwartete, irgendwo eines dieser »Viecher« – sie scheute sich, das Wort »Schlange« auszusprechen – liegen zu sehen. Sie sprach auch mit keinem Fremden, weil dann irgend etwas über Schlangen hätte gesagt werden können, vermied spielende Kinder, sie hätten ja eine Gummischlange dabeihaben können.

Das alles sind bereits weitgehend fixierte Ideen. Wenn sie ein S-förmiges Verkehrszeichen sah, machte sie sich ganz steif in der Hoffnung, damit den aufkommenden Schrecken abwürgen zu können. Sie hatte gewiß keinen einfachen Alltag, noch dazu ohne TV – angeblich kommt jeden zweiten Abend irgendwie eine Schlange ins Bild – und ohne Illustrierte.

Diese festen Ideen, meist Meinungen über vermeintliche Gefahren oder die eigene Unfähigkeit, ihnen zu begegnen, nehmen einen zentralen Stellenwert im Bewußtseinsablauf ein. Das Beispiel der Schlangenangst können wir als nicht Betroffene leicht abtun, es scheint uns fremd. Tatsache ist jedoch, daß kaum jemand vor solchen ungeprüften, aus früheren Teilerfahrungen in die Gegenwart mitgenommenen Fixierungen unseres Denkens frei ist. Und jedem würde es bei einer Veränderung dieser Struktur zumindest so zumute sein wie der Frau mit der Schlangenangst.

Diese Ideen werden zu »unumstößlichen Tatsachen«, die auch bestehenbleiben, wenn die Angst selbst subjektiv gar nicht mehr spürbar wird. Sie können unser Handeln unbewußt in einem Ausmaß steuern, das wir selbst kaum ahnen. Dies gilt nicht nur für offensichtlich zwanghafte Handlungen und Gedankengebäude im klinischen Bereich, sondern auch für den Alltag eines jeden anderen Menschen. Ohne Not werden diese Systeme auch nicht mehr getestet. Die Angst tritt erst wieder auf, wenn die abwehrenden Hilfsmittel (durch Therapie oder unausweichliche Lebensereignisse z. B.) zu versagen beginnen.

Die vielfältigen inneren Maßnahmen zur *Angstabwehr* können in extremer Form eine Verzerrung der Wahrnehmung und des Erlebens bewirken, und zwar in einem Ausmaß, das dann landläufig als »krankhaft« bezeichnet wird. Diese Prozesse sind es, die der Gegenstand jeder psychologischen Therapie sind, gleich welcher Richtung. Dabei wird an den Methoden gerüttelt, die vom Betroffenen zur Angstabwehr entwickelt worden sind. Sie können zwar kurzfristig Aufschub ermöglichen, was uns ja an ihnen als »Angstlöser« festhalten läßt, langfristig aber zementieren sie erst recht die angstmachende Grundhaltung mit entsprechenden Ideen, Phantasien etc.

Keine Angst ohne Erwartung?

Ein wesentliches Bestimmungsmerkmal von Angst und Furcht ist die *Wahrnehmung* einer *Bedrohung* bzw. die *Erwartung* eines gefährlichen, entweder symbolisch oder tatsächlich existenzbedrohenden *Ereignisses*. Das kann die Erwartung eines Unglücks, des Todes, einer plötzlichen Erkrankung, eines Angriffes, aber auch die Erwartung einer Demütigung, einer sozialen Abwertung sein, einer Beschuldigung, daß irgend etwas nicht in Ordnung ist.

Die Frau mit der zuvor geschilderten extremen Angst vor Schlangen erlebt ihre Angst fast ausschließlich in der *Erwartung*. Im Gespräch gab sie an, sich nicht erinnern zu können, einer echten Schlange jemals im Freien begegnet zu sein. Die Erwartung ist es also, die durch teils recht weit hergeholte Symbole aktiviert wird und die bereits ausreicht, die Kettenreaktion ihrer Ängste auszulösen. Doch auch in unserem Alltag mit seinen wahrscheinlich weniger extremen Ängsten spielt die Erwartung und die Vorstellung aller Unglücksmöglichkeiten die entscheidende Rolle. Liegt ein Schreiben vom Finanzamt im Briefkasten, kommen die Kinder nicht rechtzeitig nach Hause: Rasch geistern die ersten Katastrophenphantasien durch unseren Kopf, begleitet von den unangenehmen Beklemmungsgefühlen, die wir Angst nennen.

Ablaufschema des Angstgeschehens

Die verschiedenen Arten von Ängsten und die mehr oder weniger angemessenen Bewältigungsmaßnahmen lassen sich anhand eines allgemeinen Ablaufschemas besser zusammenfassen:

1. *Unspezifische Erregung*: Ein intensiver Reiz (Ton, Licht, Druck, Hitze, Schmerz), die *Ankündigung* eines Schmerzes (Erwartung), unter Umständen auch die *Abweichung* von etwas Erwartetem, lösen eine autonom-nervöse *Erregung* aus. Diese verlangt dann nach Lösungsversuchen, und zwar entweder 1. reflektorischen bzw. 2. kognitiven. Letztere enthält folgende Elemente:

A. *Information*: *Aufmerksamkeitszuwendung* zur Quelle der Erregung soll – sofern nicht bereits reflektorische Abwehr zum Soforteinsatz kommt (Defensivreflex) – die Suche nach mehr Information ermöglichen (Orientierung).

B. *Bewertung der Gefahr*: Der Erreger wird hinsichtlich seiner Gefährlichkeit taxiert. Ist das Ergebnis unbedenklich, kehrt wieder Ruhe ein. Wird die Bedrohung jedoch bestätigt, kommt es zu weiteren Operationen.

C. *Suche nach verfügbaren Gegenmaßnahmen, Entscheidung und Ausführung*: Aus dem Repertoire, das grundsätzlich von Angriff über Stillhalten bis zur Flucht reicht, werden verschiedene Maßnahmen ausgewählt und eingesetzt – sofern kein äußeres oder inneres Hindernis vorliegt.

C'. *Handlung*: Sie kann extern, im Verändern realer äußerer Bedrohungen, und intern, im Denken, als weiteres Suchen und Erproben von Gegenmaßnahmen erfolgen.

A'. *Neubewertung*: Der Erfolg der Handlung wird noch einmal geprüft. Ist er positiv, so tritt Ruhe ein, ist er negativ, beginnt alles noch einmal bei 1. bzw. 2. Liegen aber Hindernisse für die Handlungen, bzw. für die Wiederholungen von 1. und 2. vor, kommt es zur Verstärkung der *Angst*. Das kann realitätsentstellende gedankliche Prozesse auslösen: Versuche *direkter* Angstreduktion durch *Verleugnung* der Gefahr, *Überbewertung* der Bewältigungskompetenz, *Ablenkung* bis hin zur *Wahrnehmungsverzerrung*.

Angst ist demnach die Folge der Blockierung einer Erregung, die nicht in eines von zwei handlungsbegleitenden Gefühlen überführt werden kann – Ärger bei Angriff bzw. Furcht bei Flucht. Sie beginnt bereits bei (A), der Suche nach mehr Information, die ja bereits einen *Aufschub* sofortigen erregungsreduzierenden Handelns voraussetzt. Sie kann bis (C) bestehen bleiben. Im Falle unbefriedigender Lösungen ist die *Aufrechterhaltung* der Angsterregung sogar Voraussetzung für weitere Arbeit an einer positiven Lösung. *Handlung* reduziert jedoch bereits Angst, bzw. differenziert sie in Ärger- oder Furchterregung. Bei Mißerfolg wird jedoch der Ablauf ab (A) wieder erforderlich, wird die Erregung wieder zu diffusem Angstgefühl. Irrationale Lösungen, die bei erfolglosen Handlungen verlockend werden, können zwar die Angsterregung *reduzieren*, jedoch um den Preis der Entwicklung pathologischer Denkformen.

Wenn keine der prinzipiellen Aktionen – Angriff versus Flucht – möglich bzw. erlaubt ist, bleibt die *körperliche und gedankliche Erstarrung*. Das diesen Zustand begleitende Gefühl ist Angst, ein unangenehmer Zustand, der dann eben leicht auch irrational gelöst wird:

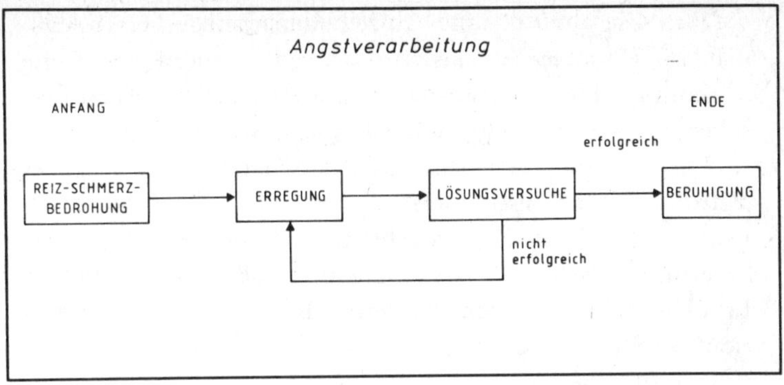

- der Realitätswert der Bedrohung wird angezweifelt,
- die realen Chancen der Bewältigung werden entstellt (zu gut oder zu schlecht),
- oder der gesamte Problemkomplex wird ignoriert, auf andere Personen oder Inhalte verschoben.

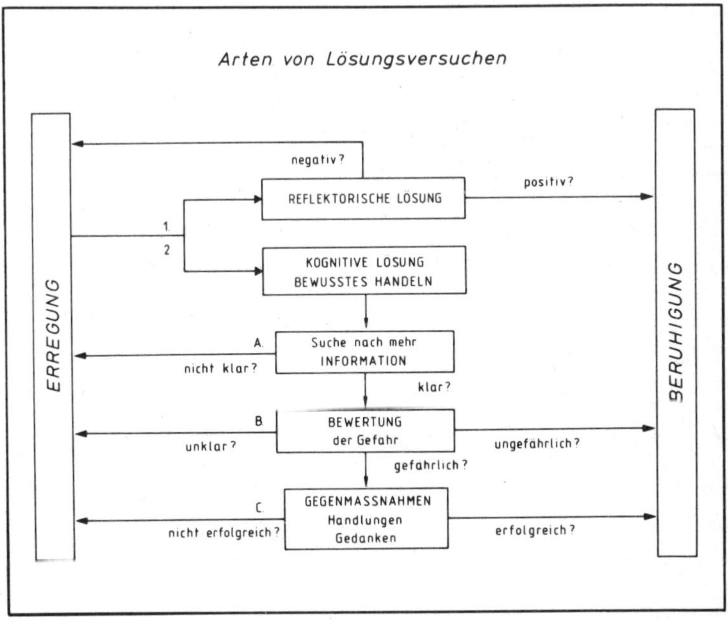

Doch sehen wir uns den ganzen Ablauf anhand einer sogenannten *Tierphobie* an, einer Angst, die in milder Form häufig vorkommt. Die hier dargestellte Intensität der Angst ist sehr selten, sie ist eindeutig irrational in dem Sinne, als keine reale Lebensbedrohung gegeben ist. Gemessen an dem Wunsch der Betroffenen, ein bestimmtes Ekelgefühl zu vermeiden, ist sie jedoch sehr rational und eine echte Behinderung in allen Lebensbereichen. Nach der Darstellung der Äußerungsformen des Problems wird das eben skizzierte Ablaufschema zur Illustration der Störung benutzt, um allgemein gültige Schlußfolgerungen zu ziehen.

II. Kapitel:

Beispiele

Die Tierphobie:

Dauerstreß durch Angst vor Kleintieren

Im Laufe der langen Entwicklung des Menschen hatten diejenigen unserer Vorfahren in manchen Bereichen etwas bessere Überlebenschancen, die sich rechtzeitig gegen Spinnen und Insekten wehrten. Dazu gehört auch, beim Anblick eines solchen Tieres mit *Erregung* zu reagieren. Diese Erregung alarmiert unser Aufmerksamkeits- und Abwehrsystem und treibt uns über das Auftreten eines *aversiven Gefühls* wie Ekel, Unlust, aber auch Schrecken zu Gegenmaßnahmen – Flucht oder Angriff im weitesten Sinne.

Mag sein, daß die Bereitschaft für diese wie automatisch ablaufenden Reaktionen genetisch weitergegeben wird. Tatsache ist, daß im Zustand starker *Anspannung* und *Erregung* das reflexartige Auftreten dieser Ekel- oder Schreckreaktionen begünstigt wird. Die Schreckreaktion trifft auf ein ohnehin schon alarmiertes System und setzt eine Reihe automatisch ablaufender Prozesse im Denken, Fühlen und im Verhalten in Gang, bis zu *Angst* und *Panik*.

Eine Phobie wird daraus, wenn die Wahrnehmung, besonders aber die *Erwartung* von Insekten oder Spinnen zu einem zentralen Ereignis im Bewußtseinsablauf wird, eine Reihe von Vermeidungsmaßnahmen bewirkt und das Tagesgeschehen dominiert.

Sie sieht mit 40 Jahren etwas älter aus als sie tatsächlich ist, schaut vor sich auf den Boden, vermeidet den Blickkontakt. Ihre Hände sind ständig in Bewegung, sie ist offensichtlich sehr unruhig. Die Schultern sind hochgezogen, als wollte sie den Kopf dazwischen verstecken. Was sie sagt, ist fast unverständlich, von langen Pausen unterbrochen. Ihr Oberkörper ist steif aufgerichtet. Sie atmet hörbar ein, scheint jedoch nie auszuatmen. Den Wortfetzen ist zu entnehmen, daß sie mit sich um eine Entscheidung ringt: Soll ich wieder aufstehen und nach Hause gehen? Einfach wieder alles aufgeben? Oder soll ich doch besser hier bleiben und beschreiben, was mich bedrückt?

Nach einiger Zeit wird klar, daß sie schon gerne Unterstützung haben möchte. Das ganze Thema macht ihr jedoch soviel Angst, daß es ihr unmöglich wird, darüber zu sprechen. Sie kann einfach die »kritischen« Wörter nicht in den Mund nehmen! Dann bringt sie heraus, daß sie Angst vor »diesen Dingern« hat. Sie will aber nicht genau sagen, vor welchen, weil sie sich ekelt, darüber zu sprechen. Sie will von mir die Zusage, daß ich diese Wörter in ihrer Gegenwart auch nicht ausspreche.

Maria hat also nicht nur Angst vor bestimmten Kleintieren wie Spinnen, Insekten etc., sondern auch vor *symbolischen* Darstellungen derselben in Bildern, Photographien oder in der Wortsprache. Auch scheut sie sich davor, diese symbolischen Darstellungen selbst zu verwenden: im Aussprechen, Lesen, Zeichnen oder selbst Schreiben der *Namen* dieser Tiere.

> Ihre Erlebnisse beschreibt sie so: »Wenn ich ein ... na ja, Sie wissen schon, so ein ... so ein Dingsda sehe oder wenn es nur ein Nagel an der Wand ist, der so ähnlich aussieht, oder ein Stück Schmutz auf dem Boden, dann fährt mir ein solcher Schrecken durch alle Glieder, daß ich zuerst einmal ganz steif werde. Ich kann nicht mehr atmen, ich kann mich nicht mehr bewegen und gleichzeitig ist mir, als würde die Aufregung über meinem Kopf zusammenschlagen.

Ich kann in diesem Moment an nichts anderes denken als an die Flucht. Mein Kopf ist wie leer, so als hätte ich Baumwolle oder Watte drinnen. Wenn ich dann nicht sofort wegkomme, wird mir schwindlig und eklig. Ich muß mich festhalten, habe Angst, mich zu übergeben. Es ist, als würde der Boden unter meinen Füßen zu schwanken anfangen. Wenn jemand anderer dabei ist, halte ich mich bei ihm fest.
Einmal ist es passiert, daß ich in meiner Verzweiflung meine Fingernägel tief in den Arm meines Lebensgefährten verbohrt habe. Das tut mir nachher fürchterlich leid, und ich habe dann auch schwere Schuldgefühle. Aber in dem Augenblick, wo es passiert, kann ich mich gar nicht dagegen wehren, weiß ich auch nachher gar nicht mehr genau, was ich getan habe. Es läuft wie automatisch ab. Ich bin dem völlig ausgeliefert.

Dabei *weiß* ich aber, daß mir diese Tiere gar nichts tun können. Ich *weiß*, daß ›diese Dinger‹ nicht giftig sind. Aber irgendwie, selbst wenn sie giftig wären ... ich glaub', ich habe gar keine Angst davor, daß mich eines von diesen Dingern verletzen könnte, daß ich an einem Biß sterben könnte. *Ich kann sie nur einfach nicht sehen.* Mir *ekelt* und *graut* so fürchterlich vor ihnen. Wenn ich mir das so überlege, habe ich Angst, verrückt zu werden.«

Reale Behinderung im Alltag

Maria erzählt, wie sehr sie im Alltag durch dieses Problem beeinträchtigt wird. Dabei scheint für sie selber die Einengung ihrer eigenen Handlungsmöglichkeiten noch weniger schlimm zu sein. Davon ist sie ja nur selbst betroffen. Sie macht sich jedoch Vorwürfe dafür, daß ihre Familie – das sind ihre beiden Kinder aus erster Ehe und ihr Lebensgefährte – unter den Folgen ihrer Angst zu leiden hat. Sie muß mitspielen. In der Wohnung dürfen z. B. die Fenster nicht aufgemacht werden, weil ein Insekt hereinkommen könnte. Oder es könnte, da diese »Viecher« sich häufig in den Fensterfugen aufhalten, beim Öffnen dann eines auf den Boden runterfallen. Die Tür zum Balkon ist seit Jahren nicht mehr geöffnet worden, und zwar aus genau diesem Grund.

Kontamination

Die Kinder dürfen nicht auf dem Boden spielen, weil sie dabei mit einem solchen Tier in Berührung kommen könnten. Maria hat Angst, daß sie sich dann nicht vor den Tieren, sondern auch vor dem so »kontaminierten« Kind ekelt. Es wäre dann durch die Berührung mit dem Fußboden, über den einmal eine Spinne gekrabbelt sein könnte, potentiell verunreinigt. Sie müßte, einem inneren Zwang folgend, im Kontakt mit dem Kind stets an die Spinnen denken und dabei Abscheu erleben. Die Folgen für ihre Beziehung zu den Kindern sind ihr klar.

So etwas Ähnliches ist ihr bereits mit einem früheren Partner passiert. Er kam nach dem Bad ahnungslos barfuß aus dem Badezimmer, wobei er zwangsläufig direkten Hautkontakt mit dem *potentiell* verunreinigten Boden haben mußte. Maria hat daraufhin einen Panikanfall bekommen. Sie »konnte« ihren Partner danach nicht mehr berühren und ließ das auch mit sich nicht mehr geschehen. Da sich das nicht mehr legte, ging die Beziehung daraufhin zu Ende.

Diese Erfahrung führte wohl dazu, daß Maria vor solchen Kontaminationen besondere Angst hat, dabei besonders heftig reagiert. Wenn sie eines ihrer Kinder beim Spielen etwa auf dem Boden sitzend antrifft, beginnt sie unkontrolliert zu schreien. Dann fleht sie das Kind verzweifelt an, dies nicht mehr zu tun. Sie fürchtet, es dadurch ebenso zu verlieren.

Erschöpfung

Nach einem solchen Ereignis ist sie dann völlig erschöpft, auch verstört und vor allem tief deprimiert. Sie fühlt sich kraftlos, unsagbar hilflos, einem absurden Schicksal ausgeliefert, und denkt an Selbstmord. In dieser Phase ist sie geistig wie abwesend, kaum ansprechbar. Nachher kann sie sich an das Geschehene in Bruchstücken erinnern.

Während sie all das erzählt, kehrt ein Teil ihrer Deprimiertheit zurück. Ihre Stimme wird langsamer, schwerer, ihre Schultern sind nicht mehr so hochgezogen. Sie hat Angst, daß sie ihre Kinder durch ihr Problem verrückt macht.

Konfrontation

Manchmal steht Maria einer Spinne sozusagen unausweichlich gegenüber. Das passiert sehr selten, aber wenn dann auch kein Helfer zur Hand ist, so »greift sie an«. Sie tötet dann das Tier, obwohl sie in höchster Erregung ist. Für diese kurzen Augenblicke hat sie ihre Aufmerksamkeit gut kontrolliert. Gelingt das aber aus irgendeinem Grunde nicht innerhalb der ersten 10 Sekunden, dann ist es mit der Kontrolle wieder vorbei. Sie gibt dann auf, was bedeutet, daß sie in sich zusammensinkt, vielleicht auch bewußtlos wird.

Stellvertretende Vermeidung und soziale Kontrolle

Allerdings ist so ein Vorfall im Verlauf des letzten Jahres nur ein einziges Mal tatsächlich passiert. Der Grund, warum es nicht häufiger zu solchen unmittelbaren Konfrontationen kommt, ist die unglaublich ausgefeilte *Vermeidungs-* und *Kontrolltaktik*, die Maria im Laufe der Jahre entwickelt hat. Ein Tag verläuft dann etwa wie folgt:

Beim Aufstehen bereits achtet sie darauf, nicht einfach auf den Boden zu steigen, sondern holt zuerst die Pantoffeln aus einem sicheren Fach neben dem Bett. Dann weckt sie das ältere Kind. Es muß das Badezimmer genau danach durchsuchen, ob sich dort ein Silberfisch, eine Spinne oder ein kleiner Käfer aufhält. Wenn das geschehen ist, kann Maria ins Badezimmer gehen. Sollte das Kind jedoch nicht sorgfältig genug suchen, etwas übersehen oder auch nur Unmutsäußerungen von sich geben, bekommt es die ganze Last der Mutter in Form von Vorwürfen zu hören. Maria appelliert an das Mitleid, die Hilfsbereitschaft und die Verantwortung ihres Kindes. Sie hält dem Kind vor, wieviel sie selbst ihm zuliebe tut und erwartet auch die entsprechende Gegenleistung. Das Nichterfüllen der von der Mutter geäußerten Kontrollwünsche durch das Kind führt zu einer massiven, wenn auch häufig indirekten Bestrafung. Die Mutter bringt ihre Enttäuschung über die »Undankbarkeit« des Kindes zum Ausdruck.

Das Vorbereiten des Frühstücks ist meist unproblematisch. Erst wenn die Kinder außer Haus sind, folgt die Säuberung und das Aufräumen der Wohnung. Das kann Maria jedoch nicht alleine machen. Sie muß sich eine Raumpflegerin leisten, obwohl ihre wirtschaftlichen Verhältnisse eher schlecht sind. Aus der Ferne beobachtet sie die Raumpflegerin und gibt die Anleitungen, wo sie wie und mit welchen Desinfektionsmitteln zu putzen hat. Damit vergeht der Vormittag.

Wenn die Kinder nach Hause kommen, müssen sie zuerst mit speziellen Bürsten vor der Wohnung ihre Schuhe reinigen. Dann erst werden sie hereingelassen. Meist bleiben die Kinder in der Wohnung, da Maria mit ihnen nicht in den Park gehen kann. Das Gras, all die Bäume und Büsche sind voll mit diesen kleinen »Ungeheuern« und daher viel zu gefährlich.

Abends muß der Mann die Betten vor dem Schlafengehen danach kontrollieren, ob sie auch rein, also frei von Ungeziefer sind. Fernsehen oder das Blättern in einer Illustrierten fällt weg, da auch dabei die Konfrontation mit Bildern oder Filmen von Insekten nicht auszuschließen ist.

Das Leben ist von der Vermeidung und der Abwehr unangenehmer Erlebnisse bestimmt. »Unangenehm« heißt dabei allerdings vorwiegend, daß diese Zustände durch den *Anblick* von Insekten oder die *Gedanken* daran ausgelöst werden. Es hat kaum positive Anreize. Maria hat weder Zeit noch die dafür nötige Entspannung, um eventuelle angenehme Erfahrungen überhaupt aufnehmen, sie registrieren, wahrnehmen zu können. Sie liest gern die Tageszeitung und geht auch gerne einkaufen, aber nur in blitzblank geputzte Geschäfte.

Reduziertes Gefühlsleben

Das enorme Defizit an positiven Erfahrungsmöglichkeiten und der ständige Druck durch die Hektik der vorausschauenden und planenden Vermeidungsaktivitäten wirkt sich somit nachhaltig hemmend auf diejenigen Bereiche des Gefühlslebens aus, die durch Prozesse der Öffnung, der Zuwendung, der Entspannung, der Freude gekennzeichnet sind. Ihr sexuelles Interesse ist praktisch nicht mehr vorhanden, was ihr zudem starke Schuldgefühle verursacht. Der Partner möchte mehr von ihr als sie geben zu können glaubt.

Sie weiß, daß sie ihrer Umwelt viele Belastungen auferlegt. Sie glaubt sich jedoch aus eigener Kraft nicht dagegen wehren zu können, obwohl sie es häufig versucht. Die Gedankenwelt ihres Alltags ist voll mit Überlegungen über mögliche Gefahrenquellen. »Gefahr« ist dabei stets die Möglichkeit einer Konfrontation mit den gefürchteten Tieren. *Reale Gefahren*, die körperliche Verletzungen, Erkrankungen oder den Tod bringen könnten, *scheinen eine untergeordnete Rolle zu spielen*. Schmerzen ertragen ist eine Kleinigkeit im Vergleich zu den Ekel- und Schreckreaktionen.

Auch macht sich Maria sehr oft Vorwürfe, keine vollwertige Hausfrau und Mutter zu sein. Die Gedanken, wie sie das Problem lösen könnte, nehmen einen breiten Raum in ihrem Tagesablauf ein. Stets kreisen sie jedoch primär um die Spinnenangst, wodurch eine Fülle von ungelösten Konflikten bestehen bleibt. Sie verwendet auch relativ viel Energie darauf, »medizinische und psychologische Experten« aufzusuchen, um von ihnen endgültig geheilt zu werden. Eine Vielzahl internistischer Untersuchungen hat jedoch keinerlei Anhaltspunkte für eine organische Ursache ihres Leidens gebracht. Eine Psychoanalyse hat sie nach etwa 100 Stunden ohne Erfolg abgebrochen.

Eine lange Entwicklung

Wie hat das Ganze angefangen? Soweit sich Maria zurückerinnert, hat sie diese Ängste immer gehabt. Sie kann aber auch berichten, daß ihre Mutter unter ähnlichen Problemen zu leiden hatte. Ihr und ihren beiden Schwestern war immer wieder eingeschärft worden, sich nur ja in keine Situation zu begeben, in der sie mit einer Spinne, einem Käfer oder sonst irgendeinem Kleintier in Berührung kommen könnten.

Die weitere Entwicklung des Kindes Maria war dadurch gekennzeichnet, daß sie sehr viel Energie für das rechtzeitige Antizipieren und Abwehren »kritischer« Situationen verwendete. Das brachte ihr viel Kritik und wohl auch Gelächter seitens der Schulkameraden oder anderer, nicht dem Familienverband angehörender Menschen ein. Es machte sie manchmal aber auch interessant – sie hatte etwas *Außergewöhnliches*, etwas, das ihre Freundinnen nicht verstanden, *dem sie sich zu beugen hatten.*

Innerhalb der Ursprungsfamilie wurde ihr Verhalten nicht nur toleriert, sondern, zumindest von der Mutter und ihren beiden Schwestern, sogar ausdrücklich begrüßt.

Die Angstinhalte sind austauschbar, die Abläufe ähnlich

Marias Erfahrungen und Probleme werden manchem Leser extrem und unwahrscheinlich erscheinen. Es ist richtig, daß eine Phobie mit einem derartigen Ausmaß und so starken Zwangskomponenten eher selten ist. Allerdings ist der bei ihr überdeutliche Prozeß in schwächerer Form bei sehr vielen Menschen vorhanden und nicht einfach als reine Kuriosität abzutun. Die *Angstinhalte*, also die eigentlichen Auslöser des Angsterlebens können sehr verschieden sein. Die dabei ablaufenden Prozesse ähneln sich jedoch stark.

Insgesamt betrachtet sind Ängste vor Tieren, Objekten, relativ häufig. Am bekanntesten und wohl auch häufigsten ist die Angst vor *Schlangen*. Ähnliche Reaktionen gibt es jedoch auch gegenüber *Katzen*, *Würmern*, *Bienen* und *Wespen*, *Vögeln*, bei denen das *Flügelflattern* oder die *Federn*, vielleicht auch das *Geschrei*, zu Angstauslösern werden können.

Erhöhte Aufmerksamkeit – erhöhte Angstbereitschaft

All diesen Phobien ist gemeinsam, daß die betroffenen Personen enorm viel *Aufmerksamkeit* für die rechtzeitige Erkennung von »Gefahrenhinweisen« verwenden. Sie tun dies nicht nur in ihrem *Aufmerksamkeitsverhalten*, also wenn sie z. B. irgendwo spazierengehen, wo sie einem solchen Tier begegnen könnten. Sie tun es auch in ihren *Gedanken*, *Vorstellungen*, *Phantasien*. Diese erhöhte Aufmerksamkeitsanspannung soll gewährleisten, daß rechtzeitig *angstvermeidende Maßnahmen* durch den Betroffenen selbst oder einen seiner Helfer getroffen werden können.

Unglücklicherweise hat die erhöhte Aufmerksamkeitsanspannung auch zur Folge, daß die gesamte *autonom-nervöse Erregung* des vegetativen Nervensystems recht hoch ist. Dadurch wird bereits bei der geringsten Unregelmäßigkeit der Angstprozeß in Gang gesetzt. Er scheint dann ab einer bestimmten Intensität vom Betroffenen selbst nicht mehr beeinflußt werden zu können. Und er hilft sich mit dem Vorsatz, das nächste Mal noch besser aufzupassen, d. h. noch mehr angespannt und voller Angsterwartung zu sein!

So entwickelt sich ein *Teufelskreis*, aus dem viele Menschen selbst nicht mehr herausfinden. Immerhin sind bei den sogenannten Objekt- oder Tierphobien die Auslöser der Ängste eindeutig lokalisierbar, und zwar in *Vorgängen der Außenwelt* (Tiere, Gegenstände, evtl. auch Pflanzen). In extremen Fällen kann jedoch die *Bereitschaft*, auf solche Angstauslöser heftig zu reagieren, so stark verallgemeinern, daß allein der *Gedanke* an eine Konfrontation bereits die gesamte Kettenreaktion auslöst.

Sozialer Druck

Ein Umstand macht diese zwanghaften Verhaltensweisen und Gedanken besonders unangenehm. Sie betreffen die soziale Umgebung, also Familienmitglieder, Bekannte oder Arbeitskollegen. Die Angehörigen müssen meist das Vorfeld »sondieren«, sie werden in die Vermeidung einbezogen. Wehe, wenn sie dies unterlassen! Sie werden dann mit Vorwürfen des nicht ausreichend geschützten »Opfers« schwer bestraft.

Zwänge

Der Übergang von Tierphobien zu zwanghaften Verhaltensweisen im klassischen Sinne, etwa Wasch- und Kontrollzwang, ist fließend. Der Unterschied liegt in erster Linie darin, daß bei den reinen Zwangshandlungen die Bewältigung oder besser Unterdrückung der Angst so gut funktioniert, daß sie vom Betroffenen selbst kaum oder nur mehr sehr selten erlebt wird. Um diesen Zustand zu erreichen, muß er jedoch endlos lange und scheinbar sinnlose »Kontrollmaßnahmen« durchführen.

Beispiele dafür sind das exzessive Reinigen etwa von Türgriffen, Händen etc. oder das Überprüfen von Schlössern, ob sie wohl versperrt sind, von Lichtschaltern, Gashähnen oder des Elektroherdes, obwohl alles abgeschaltet ist. Der Betroffene

»weiß« zwar, daß er gerade vorher all das schon kontrolliert hat und daß er vielleicht schon das zwanzigste Mal an diesem Vormittag seine »Runde macht«. Aber ... ganz genau kann man ja nie wissen, ... oder?

Ablaufschema der Phobie

Der Übersicht halber werden der Ablauf des phobischen Geschehens sowie die grundsätzlich möglichen Lösungsansätze noch einmal schlagartig zusammengefaßt:

1. *Erregung*: Ausgangserregung erhöht durch *Erwartung*, Akuterregung durch *Wahrnehmung* einer Spinne, durch Versagen eines Vermeidungsrituals.

A. *Information*: Informationssuche findet im Stadium der *Erwartung*, kaum mehr *nach* Wahrnehmung des Angstauslösers statt: dann nur mehr wie automatisierte defensive Reaktion.

B. *Bewertung*: Einseitige Bewertung auch kleinster Hinweise als alarmierend. Keine differenzierte Prüfung der Richtigkeit der Bewertung, vor allem unrealistische Einschätzung der tatsächlichen Gefahr: *mögliche* Ekelreaktion wird körperlichem Schmerz, Verletzung übergeordnet.

C. *Gegenmaßnahmen*: Rein defensiv – aktive und passive Vermeidung (Flucht, Erstarren, kaum Angriff) – Kontrollen, Zwangsrituale. Stellvertretende Bewältigung (durch Bezugspersonen). Permanente, angststeigernde gedankliche Aktivität: Zweifel an Effektivität der Maßnahmen, an eigener Kompetenz, an realer Ungefährlichkeit. Ergebnis: erhöhte Grunderregung (Angst). Dadurch ständiger Rückfall auf Stufe I und Wiederholung des Ablaufs.

2. *Beruhigung*: Beendigung bestenfalls durch Erschöpfung, ritualisiertes Vermeiden, Hilfe seitens anderer hält nur kurzfristig, da Erwartungsängste das Erregungsniveau heben, Aufmerksamkeit.

(Vgl. dazu auch die Graphik auf S. 27.)

Lösungsansätze

1. *Direkte Beeinflussung der Grunderregung*: Entspannung, Ablenkung, medikamentöse Beruhigung. Dadurch kann die Wahrscheinlichkeit heftiger Reaktionen auf Akutauslöser reduziert werden. Überprüfung realer Dauerbelastungen (Arbeit, Familie), die Nervosität, Erregungsniveau chronisch heben.
2. *Kognitive Lösung*: Die gedanklichen Vorgänge in Stadium A–B werden analysiert, ihre Inhalte und Abläufe bewußt gemacht, ihre Kontrolle geübt.
3. *Desensibilisierung*: Den Inhalt der Angst bearbeiten, im konkreten Beispiel die Ekelerregung mit u. U. unkontrollierbaren Körperreaktionen (Erbrechen, Ohnmacht, allgemeiner Verlust der Selbst- und Körperkontrolle). Dies geschieht durch Konfrontation mit dem Angstauslöser in der Vorstellung oder in der Realität, z. B. lebende Spinnen anfassen, wobei das übliche Vermeidungsverhalten blockiert wird. Dabei auftretende intensive Gefühle sollen bewußt erfahren, ertragen und durchlebt werden.
4. *Biographische Aufarbeitung*: Anhand der unter 3. erfahrenen Gefühlsreaktionen werden eventuelle Erinnerungen an ähnliche Gefühle aus der Kindheit »freigelegt« und die damaligen Auslöser rekonstruiert. Diese Auslöser können sehr verschieden von den jetzt bewußten sein – z. B. Angst als Folge peinlicher Erfahrungen beim Erbrechen, als Folge tabuisierter Körperempfindungen (sexuelle Erregung), als Folge verbotenen Ärgers.
5. *Symbolische Analyse*: Assoziative Verbindungen zwischen dem akuten Angstauslöser und metaphorisch-ähnlichen Bedrohungen in der individuellen Geschichte.
6. *Aufbau assertiver Angstbewältigung*: Förderung der Fähigkeit, gegenüber Angstauslösern aggressiver und bestimmter vorzugehen, unterstützt durch Sicherheit hebende Selbstaussagen: nicht nur gegenüber den manifesten phobischen Auslösern, sondern auch gegenüber subtileren, meist zwischenmenschlichen Angstsituationen im Alltag.

Maria ist nicht bereit, bzw. in der Lage, dem Angstgefühl standzuhalten und sich auch den dabei auftretenden Erfahrungen auszusetzen. Ekel, Kontrollverlust und panikartige Erregung sind in einer nicht klar bewußten Weise mit der Erwartung einer Katastrophe verbunden. Durch immer raffiniertere Vermeidungsmanöver versucht sie die Angst und alles, was dahinter steckt, abzuwenden. Gerade dadurch, daß es ihr nur unvollständig gelingt, wird sie in ihrem Bemühen nur noch bestärkt. Der Erfahrung, daß ihr bei direkter Konfrontation mit der Angst letztlich nichts passiert, setzt sie sich nicht aus. Dadurch wird der Angst-Vermeidungsmechanismus aufrechterhalten. Bevor er nicht unterbunden wird, und zwar zumindest z. T. aus eigenem Antrieb, mit bewußter Übernahme des Risikos, wird sich an diesem Kreisprozeß wenig ändern.

Gleiches gilt für jede Form von irrationaler Angst: Erst indem wir uns ihr stellen, können wir ihre Irrationalität erfahren. Voraussetzung dafür ist *Risikobereitschaft*. Natürlich ist es leichter, wenn man diese Erfahrungen unter der Anleitung eines Therapeuten machen kann. Gerade bei massiven Ängsten ist es sehr wahrscheinlich, daß im Gefolge der Konfrontation auch eine erhöhte Verletzlichkeit eintritt. Diesen Zustand mit den dabei auftretenden alten Gefühlen allein tragen zu müssen, ist eine zusätzliche Härte und gefährdet das Ergebnis.

Aus kindlichen Ängsten zur Phobie

Tierphobien sind zwischen dem 2. und 4. Lebensjahr normaler Bestandteil der kindlichen Entwicklung. Sie können auf Grund traumatischer Erfahrungen, also durch ein schmerzhaftes oder schreckhaftes Erlebnis, zustande kommen. Es muß jedoch nicht so sein. Die entstehende Phantasie des Kindes erlaubt die Entwicklung von Ängsten auch ohne jede manifeste einschlägige Erfahrung. Lernen durch Nachahmung kann, wie ja das Beispiel Marias zeigt, einen zusätzlichen Anstoß geben.

Bei den meisten Kindern verliert sich diese Angst, bzw. sie verschiebt sich von einem Inhalt zum anderen und geht im allgemeinen kaum über das Pubertätsalter hinaus. Diejenigen Erwachsenen, die später Tierphobien aufweisen, haben diese, zumindest ansatzweise, bereits vor dem Eintreten in die Grundschule gehabt. Der Grund, warum sie diese Ängste nicht wie andere Kinder im Laufe der Zeit wieder verloren haben, kann u. a. darin zu suchen sein, daß sie keine Gelegenheit bekommen haben, eine aktive Bewältigung ihrer Angst zu erlernen.

Das kann der Fall sein, wenn z. B. die Kinder beim Auftreten einer Angstreaktion sofort von den Eltern aus dieser Situation genommen werden, wenn die Eltern oder andere Bezugspersonen das Auftreten der Angst dramatisieren und dabei selbst in eine ähnliche Aufregung geraten. Das stufenweise Ertragen der Angsterregung, die Voraussetzung für eine aktive Bewältigung, wird dabei behindert. Vielleicht wollen die Eltern aber auch sich selbst die Rechtfertigung für diese Angst geben, indem sie vom Kind eine ähnliche Belastung fernhalten und sein Angstverhalten unterstützen. So lernt das Kind vielleicht, daß diese Angst etwas Schreckliches ist. Undifferenzierte Flucht oder Hilflosigkeit scheinen ihm dann die einzige, noch dazu sozial akzeptierte Möglichkeit, wirksam damit umzugehen. Nicht nur für die aktuelle, sondern auch für spätere Angstsituationen werden so sehr einseitige Lösungsrichtungen gelernt, die fast automatisch ablaufen: aus der kritischen Situation zu fliehen, sie zu vermeiden, bzw. wenn es möglich ist, einen »Erwachsenen« zu Hilfe zu holen und von ihm die ganze Sache klären zu lassen.

Dosierte Angstkontrolle

Der schwierige Prozeß des *Standhaltens* trotz starker Angstgefühle kann wahrscheinlich im Kindesalter am besten gelernt werden. Das fördert man nicht unbedingt, indem man die Angst selbst bagatellisiert. Auch die *Ablenkung* vom Angstgefühl oder die *Unterdrückung* der entsprechenden Empfindungen durch körperliche Anspannung ist nur bedingt hilfreich. Vielmehr ist das optimale Ziel die *Erhaltung der Fähigkeit, Angst wirklich zu erleben,* und zwar als eine Zwischenstufe, eine Übergangsreaktion, die angemessene bewältigende Maßnahmen anregen soll: entweder interner oder externer Art.

Erhält das Kind keine Gelegenheit, Angst in dosierter Form mehr und mehr zu ertragen, so ist seine emotionale Entwicklung in Gefahr. Es fixiert sich dabei auf Methoden und Tricks, die zwar kurzfristig die Angst reduzieren, sie aber langfristig erst recht stabilisieren. Chronische Vermeidung externer und interner Art, letzteres u. a. durch muskuläre Anspannung, Ignorieren der Angstgefühle, Ausblenden von Realitätsausschnitten, ja womöglich ganzer Sinnessysteme, die Entwicklung rigider Erwartungshaltungen, das sind Beispiele solcher einseitiger »Lösungsversuche«.

Das heißt aber nicht, daß Vermeidung an sich etwas Schlechtes ist. Im Gegenteil, sie ist ein sehr wichtiger Schutzmechanismus. Sie hilft uns, *wirkliche* Gefahren zu antizipieren, d. h. in Gedanken vorwegzunehmen. So können wir schädigenden Ereignissen im Rahmen unserer Möglichkeiten effektiv begegnen und uns auf diese Weise vor unnötigen Belastungen, Verletzungen usw. schützen.

Problematisch wird es erst, wenn *Vermeidung zur Gewohnheit* wird, zum einzig verfügbaren, unflexiblen Mittel der Angstbewältigung. Der in bestimmten Situationen sehr wirksame, sehr angemessene Bewältigungsstil wird so zum lebenseinengenden Hemmschuh.

So hatte eine Frau, die sich schrittweise Hunden nähern sollte, folgende Einwände: »Am schlimmsten ist es in einem weiten Park, wo so viele Hunde beisammen sind, alle wild kreuz und quer daherlaufen.

Ich schütze mich, indem ich immer eine Tasche mit mir mitnehme. Die kann ich notfalls dem Hund in die Schnauze stekken. Wenn ich in einer langen Gasse gehe, schaue ich immer schon, ob irgendwo ein Hund herkommen könnte und ob es in dieser Gasse Nischen und Seitenwege gibt, in die ich mich verdrücken könnte.

Ich habe Angst, wenn ich in eine solche Gasse reingehe und

dann plötzlich irgendwo eine Haustür aufgeht. Meistens kommt dann einer mit seinem Hund heraus. Dann kann ich nicht vor und zurück. Wenn so ein Hund dann auf mich zuläuft, dann werde ich ganz starr, mir wird schwindlig, und ich habe Angst umzufallen. Und das, obwohl ich noch nie von einem Hund gebissen worden bin.«

In einer Reihe von Trainingssitzungen hatte sie zuerst in der Vorstellung und dann in der Wirklichkeit Hunde verschiedener Größe, verschiedener Art, »kontaktiert«. Zum Schluß war die Frau in der Lage, im Münchner Englischen Garten allein eine Stunde herumzuspazieren, von sich aus auf die Hunde zuzugehen und sie eventuell sogar zu streicheln. Buchstäblich in der letzten Arbeitssitzung hatte sie dann aber eine lehrreiche Konversation mit einem Hundebesitzer.

Die Klientin war so recht euphorisch, sprühte vor Lebenslust und Vergnügen über die eben erfolgreich bestandene Übung. Sie ging von sich aus auf einen Hund zu, dessen Besitzer alle äußeren Merkmale eines wirklichen Hundeexperten an sich hatte. Kaum sah er, daß sich meine Klientin ihm näherte, rief er: »Vorsicht, gehen Sie nicht zu nahe zu meinem Hund, er beißt! Es ist gut, daß er beißt. Ein Hund, der nicht mehr beißt, ist kein Hund mehr. So wie die Menschen auch. Wenn die sich nicht mehr wehren, verlieren sie ihre Persönlichkeit. Ich ermutige meinen Hund sogar zu beißen, wenn sich ihm jemand nähert. Damit verhindere ich, daß er seine Natur verliert. An sich ist der Hund ein Raubtier, und ein gesunder Hund bleibt es auch, sogar in der Stadt. Also passen Sie ja auf, gehen Sie ja auf keine fremden Hunde zu, sonst können Sie einmal ihr blaues Wunder erleben.«

Sprach's, fletschte noch bekräftigend mit den Zähnen wie sein Wolfshund, und ging weiter. Meine Hoffnung, die Klientin würde ihn daraufhin in den Arm beißen, hat sich leider nicht erfüllt. Sie hat diesen Dämpfer bald überwunden. Er war ein bißchen kraß und extrem, aber wichtig. Die Erfahrung, daß wir unsere Angst überwinden können, daß wir Dinge plötzlich machen können, vor denen wir vorher große Angst hatten und die wir vorher vermieden haben, soll uns nicht dazu verleiten, die

Welt an sich als ungefährlich zu sehen. *Im Überschwang erfolgreicher Angstbewältigung liegt die Gefahr, daß wir blind werden gegenüber realen Bedrohungen und uns diesen schutzlos aussetzen.* Der dann möglicherweise einsetzende Rückschlag kann nachhaltig sein.

Zur Verwischung realer und irrealer Grenzen aus der Euphorie einer erfolgreichen Angstbewältigung heraus fällt mir eine kleine Begebenheit ein, die das recht deutlich zeigt.

Es ereignete sich anläßlich eines Therapiefortbildungsseminars. In der Gruppe hatte einer der Teilnehmer an seinen Ängsten gegenüber Respektspersonen »gearbeitet«, und er kam gerade so weit, daß er sich im Rollenspiel einige Despektierlichkeiten zu erlauben wagte, für ihn ein guter Fortschritt. Beim Mittagessen, das die Gruppe dann wie üblich im nahegelegenen Restaurant einnahm, kam er jedoch auf die unglückselige Idee, die eben gemachte Erfahrung »in vivo« anzuwenden. Er legte sich also mit der ihm nächsten Respektsperson – dem Kellner – an und begann, über irgendeine Nichtigkeit zu motzen. Und damit die anderen Gruppenmitglieder seinen Fortschritt auch bemerkten, tat er das entsprechend laut. Der Kellner, ein erfahrener Mann, der schon viele Generationen mehr oder weniger angetörnter Gruppen verköstigt hat, baute sich vor dem Kollegen auf und sagte – ebenfalls mit Bedacht, so daß alle Umsitzenden es hören konnten:

»Mein lieber Herr, dies hier ist ein seriöses Lokal, in dem Sie sich entsprechend zu benehmen haben. Wenn Sie verrückt spielen wollen oder irgendwelche Experimente machen wollen, dann tun Sie es gefälligst in Ihrer Gruppe, hier aber befinden Sie sich im wirklichen Leben, also halten Sie sich daran. Und dem Herrn Doktor sagen Sie«, – und da hob er die Stimme an – »er soll seine Leute vollständig kurieren oder lieber bei sich behalten.« Sprach's und widmete sich wieder seiner Arbeit.

Das Ziel einer Lösung unangemessener Ängste ist nicht die Lösung der Angst an sich. Was wir anstreben, ist die Auflösung unseres Zwanges, Angst zu haben vor überflüssigen, nicht mehr hilfreichen, den Alltag störenden Angstauslösern. Es geht gleichzeitig aber auch darum, die Fähigkeit zu entwickeln, die

Angst vor unbekannten, unsere physische oder psychische Existenz bedrohenden Ereignissen als *Alarmsignal* zu *erhalten.* Sie hilft uns, entsprechende Gegenmaßnahmen dem Problem gemäß einzusetzen.

Zur Irrationalität der Angst

Angst und Furcht haben, wie bereits betont, eine biologische Schutzfunktion. Sie tragen zur Arterhaltung bei, sie mobilisieren Kräfte, damit wir fliehen, vermeiden und abwehren können. Manchmal treiben sie uns auch zum Angriff. Sie ermöglichen uns auf diese Weise, mit den Gefahren des Lebens angemessener umzugehen. Durch verschiedene Umstände, auf die ich später noch näher eingehen werde, können sich jedoch Ängste auch gleichsam selbständig machen. Sie verlieren ihre biologische und soziale Funktion, werden irrational, kehren die ursprüngliche Schutzfunktion vielleicht sogar ins Gegenteil um.

Eine klare Trennung von rational begründbaren und irrationalen Ängsten ist nicht möglich. Man kann sich den Übergang wie auf einem Kontinuum vorstellen, dessen Pole die Rationalität und die Irrationalität sind. Wir glauben im Alltag, daß eine Unterscheidung sich leicht treffen läßt. Die Zuordnung erfolgt aufgrund unserer Einschätzung der *Begründetheit* eines Angsterlebnisses oder danach, wie *real* eine Bedrohung »tatsächlich« erscheint. Aber wie geht das vor sich?

Meist tendieren wir dazu, Ängste anderer Menschen, die wir selbst nicht nachvollziehen, nicht »verstehen« können, als irrational zu taxieren. Hingegen erscheinen uns Ängste, die wir selbst haben, überwiegend rational begründbar, und wir sind einer Diskussion darüber nicht sonderlich zugänglich. Jemand mit einer ausgeprägten Agoraphobie – der Angst, aus dem Haus und besonders über ungeschützte freie Plätze zu gehen – wird jemanden mit starker Angst vor Aufzügen oder vor Hunden belächeln: Vor so etwas braucht man doch keine Angst zu haben! Aber allein außer Haus, in ein Menschengewühl zu gehen, das ist ein echtes Problem für ihn. Und er kämpft auch um die

Anerkennung dafür durch die anderen. Immer bleibt jedoch die Einschätzung der Begründetheit einer Angst eine Sache der subjektiven Position des Beurteilers, seiner Einschätzung, was »echt« und was eine »Spinnerei« ist. Genau diese Art, über die Angst zu denken, ist aber selbst wieder Gegenstand der Angstvermeidung. Wir beginnen ein Weltbild zu entwerfen und in der Folge zu verteidigen, in dem unsere Angst rational erscheint. Damit wollen wir ihr eine *Berechtigung* geben. Braucht sie die wirklich? Und ist letztlich nicht jede Angst irrational? Irrationale Ängste müssen deshalb noch lange nicht abnorm sein. Und selbst wenn es so wäre, was spielt das denn *wirklich* für eine Rolle?

Die Rationalität oder Irrationalität einer Angst kann unter verschiedenen Gesichtspunkten gesehen werden. Einer ist z. B. der des *Ausmaßes* der tatsächlichen Bedrohung durch das gefürchtete Ereignis: Wie gefährlich, das heißt, wie lebensbedrohend ist z. B. der Schlangenbiß, so er passieren sollte, wirklich? Ein anderer Gesichtspunkt orientiert sich an der *Wahrscheinlichkeit* des Auftretens des gefürchteten Ereignisses: Wieviele Giftschlangen gibt es in Mitteleuropa, und wo kommen sie vor? Eine weitere Betrachtungsweise ergibt sich aus unseren *Möglichkeiten,* mit dieser Gefahr umzugehen: Wie verhalte ich mich, damit mir das Tier nichts tut, wie weit ist es bis zur nächsten Klinik, welche Sofortmaßnahmen sind sinnvoll anzuwenden etc.?

Wie ist es z. B. mit der Angst vor einem Erdbeben? Ist es eine rational begründbare oder eine irrationale Angst? Um diese Frage zu klären, ist zuerst festzustellen, wie real die Bedrohung, die Gefahr, tatsächlich ist. Wie wahrscheinlich ist das Ereignis, und was passiert, wenn es tatsächlich eintritt? Wir wissen, daß es Erdbeben unterschiedlicher Stärke gibt, und daß sie manchmal völlig ungefährlich sind. Vielleicht gibt es leichte Erschütterungen, kleinere Sachschäden, aber keine Lebensbedrohung. Wir wissen aber auch, daß es in den letzten Jahren immer wieder Erdbeben mit Katastrophenausmaß gegeben hat, auch in der allerjüngsten Zeit. Das Ereignis selbst kann also tatsächlich äußerst lebensgefährlich sein.

Zur weiteren Präzisierung ist die Frage nach der *Wahrscheinlichkeit* des Ereignisses in bestimmten Regionen zu stellen. In Kalifornien, am Balkan, in Nordafrika, der Türkei oder Japan ist sie vermutlich höher als in Norddeutschland oder Schweden. Für die Beurteilung der rationalen Begründbarkeit einer Angst ist somit nicht nur die tatsächliche Bedrohung durch das Ereignis, gesetzt es tritt auf, sondern auch die Wahrscheinlichkeit des Auftretens des Ereignisses bedeutsam.

Ein weiteres Moment, das die Begründbarkeit der Angst determiniert, ist das *Repertoire an Maßnahmen*, das wir zur Bewältigung dieser Bedrohung haben: Was können wir dagegen tun, wenn es passiert?

Erstaunlicherweise scheint die Angst jedoch in keinem direkten Zusammenhang zur Wirksamkeit verfügbarer Gegenmaßnahmen zu stehen. Sie scheint bei *mittlerer* Chance auf Beseitigung der Gefahr, also bei größter *Unsicherheit* über die Effektivität der Bewältigungsmaßnahmen, größer zu sein als bei totaler Hilflosigkeit oder totaler Kompetenz.

Zusammenfassend kann also festgestellt werden, daß die Irrationalität oder Rationalität von Ängsten eine sehr subjektive Angelegenheit ist. Generell aber hängt unsere Beurteilung der Rationalität der Angst von den folgenden Faktoren ab: mögliche Schädigung durch das Ereignis für sich oder nahestehende Personen, Wahrscheinlichkeit des Ereignisses sowie Verfügbarkeit und Wirksamkeit von Gegenmaßnahmen. Da sich die Menschen in der Einschätzung dieser Faktoren stark unterscheiden, finden wir auch eine große Vielfalt hinsichtlich dessen, was alles als rational oder irrational bezeichnet wird.

Wie bereits erwähnt, ist aber auch die grundsätzliche Frage nach der *generellen Irrationalität* von Ängsten überhaupt aufzuwerfen. Wenn uns die Angst zu Maßnahmen antreibt, die dazu führen, daß es uns gelingt, wieder einmal »davonzukommen«, so ist damit doch letztlich nur ein Zeitaufschub gewonnen. Das Faktum des Todes relativiert die Bedeutung der einzelnen Ängste, der scheinbar irrationalen ebenso wie der scheinbar rationalen. Der österreichische Literat Thomas Bernhard hat einmal anläßlich der Feier zur Verleihung des Staatspreises für Literatur anstelle einer Dankesrede gegenüber dem Unterrichtsminister öffentlich folgenden knappen Ausspruch getan: »Angesichts des Todes ist dies alles lächerlich.« Der Herr Minister war darüber entsetzt und empört. Die Aberkennung des Preises wurde erwogen, zumal T. Bernhard damals (1967) noch nicht so bekannt war wie heute. Die Menschen hören es nicht gerne, wenn man sie inmitten feierlicher Zaubereien und hierarchischen Firlefanzes an ihre Endlichkeit erinnert.

Zurück zum Thema: Als nächstes will ich die verschiedenen *Stadien der Angstentstehung* und die Möglichkeiten der *Verarbeitung* anhand eines selbst erlebten Beispieles, also aus der Perspektive der »Introspektion«, beschreiben.

Ein Erdbeben

Es geschah in Hermosa Beach an der kalifornischen Küste: Ich bin gerade dabei, Siesta zu halten, als plötzlich das Bett zu schaukeln beginnt, eine Empfindung, die mit einem wirklich angenehmen Lustgefühl verbunden ist. Ich kenne dieses Schaukeln vage von Zuständen tiefer Entspannung. Zwar schießt mir irgendwo durch den Kopf »Hoppla! Ein Erdbeben!«, doch gleich darauf: »Es wird schon wieder vorbeigehen.« Ich bleibe also liegen, lasse es eben schaukeln und warte noch einige Augenblicke, das Schaukeln wirklich genießend.

Das Beben wird stärker, bis das ganze Haus zittert und klirrt. Meine Frau ruft irgend etwas Unverständliches im Nebenraum (»Nimm Decken mit [!]«, stellte sich nachher heraus). Mit dem Gedanken, jetzt sollte ich eigentlich raus, springe ich aus dem Bett und laufe los. Frau und Kind sind schon aus der Wohnung gelaufen. Während die Wände und der Fußboden fürchterlich wackeln und es ganz unglaublich klirrt, brummt und scheppert, verspüre ich eine ziemliche *Aufregung, die ich jetzt ohne Hemmung in direkte Flucht umsetze, wie automatisch. Es ist, als würden die Gedanken der eigentlichen Handlung hinterdrein folgen,* wie ein unnötiges Anhängsel des realen Geschehens, ein Epi-Phänomen.

Wahrscheinlich war das der Grund, daß ich neben der unspezifischen Erregung kein eigentliches Gefühl, etwa Angst, verspürte. Völlig ausgezogen, wie ich mich zum Mittagsschlaf hingelegt habe, laufe ich die Stufen hinunter in den Vorgarten – und natürlich ohne Decken!

Dort warten wir, während das Beben langsam verebbt. Unsere »Landlady«, eine sechzig Jahre alte »propere« Witwe, war inzwischen auch aus ihrer Wohnung gekommen. Etwa eine Minute lang stehen wir so und reden wild durcheinander, ohne daß dabei einer dem anderen zuhört. Erst als sich die Spannung etwas löst, bemerken wir, daß ich nichts »an« habe. Die Beklommenheit löst sich in allgemeines Kichern auf. Ich gehe etwas zögernd zurück in die Wohnung und ziehe mir etwas an – *das buchstäbliche Zur-Ruhe-Kommen des Bodens unter den Füßen hat auch die üblichen sozialen Verhaltensweisen und -normen wieder einrasten lassen.*

Angst oder Furcht?

Dieser Teil der Episode ist ein gutes Beispiel für die Entstehung und den Verlauf eines *Furcht*gefühls. Das ungewöhnliche, vorübergehend sogar sehr angenehme Ereignis des im Halbschlaf schaukelnden Bettes wird erst durch die bewußte Erkenntnis »Erdbeben« (Bedeutung) und das wirklich laut werdende Scheppern (Reizintensität) zur erlebten *Bedrohung*. Die mit dieser Erkenntnis einhergehende *Erregung* führt direkt zu einer *situationsändernden Verhaltensweise*, in diesem Fall zur bedingungslosen Flucht ins Freie. Dabei sind *Vorsorgemaßnahmen* (das Mitnehmen von Decken) und *soziale Hemmungen* (unbekleidet ins Freie zu laufen) ziemlich irrelevant, weil zu kompliziert. Das dafür notwendige Denken war hierfür anscheinend zu langsam, hinkte hinter den Aktionen her. Es hätte die schrankenlose Flucht nur gehemmt. Das Gefühl während der Flucht war eher das einer *starken Erregung*, eigenartigerweise jedoch gar nicht unangenehm. Durch das Laufen und die völlige Voraus-Orientierung aller Sinne, war zum Grübeln, Zweifeln und Sich-Ängstigen einfach keine Zeit.

Nach der Flucht und dem Ende des Bebens löst sich allmählich die Spannung, begleitet durch intensives Reden und Kichern, beides eher von expressiver, denn kommunikativer Bedeutung.

Soweit so gut, doch was war dabei eigentlich »Angst«? Noch gar nichts. Die bisher geschilderten Erfahrungen sind eher Beispiele für Furcht- und deren Begleitreaktionen. *Furcht* ist das Gefühl, das die Flucht aus einer eindeutigen Bedrohung begleitet. Es gibt keine Entscheidungsprobleme, kein Wenn und Aber. Die Aktion ist bereits in vollem Gange: rennen was das Zeug hält. Die Begleitemotion der Flucht hat auch subjektiv, d. h. als spürbare Empfindung, eine völlig andere Qualität als Angst.

Doch die Geschichte geht weiter: Wir beschließen, lieber eine Zeitlang zum Strand zu gehen, schließlich kommt ein Beben selten allein. Wir nehmen ausreichend Decken mit und warten. Die Stimmung ist plötzlich gereizt, und wir beginnen, über irgendein irrelevantes Zeug zu streiten. Meine Frau will gleich zurück nach Europa fliegen – nach dem Motto, daß es in der Luft kein Erdbeben geben kann. Ich schimpfe nicht weniger gereizt über diesen »Unfug«. Schließlich wird uns klar, daß wir die sich aufbauende *Erwartungsspannung*, die *Angst* vor dem neuerlichen Beben, auf diese Weise kanalisieren, abreagieren wollen.

In Gedanken und im Gespräch wird das erlebte Beben gleichsam *wiederholt*. Wir erörtern die Möglichkeiten, wie wir uns vor weiteren Beben schützen könnten. Im Radio werden technische Angaben zum Erdbeben durchgegeben: 4,6 auf der Richterskala, na ja, Epizentrum bei Malibu, mit weiteren Beben sei zu rechnen. Auch das noch! Am späteren Nachmittag gibt es ein kleineres Nachbeben. Als es kühl wird, beschließen wir, in die Wohnung zurückzugehen. Wir erwägen verschiedene Möglichkeiten der Vorbeugung. Sie reichen von sofortiger Abreise nach Europa (bedingungslose Flucht) bis zu der Idee, daß ein weiteres Beben, wenn es überhaupt kommen sollte, schon nicht mehr so schlimm sein würde (magisches Wunschdenken). Und außerdem sei das Haus ohnehin so leicht gebaut, daß wir höchstens ein paar Beulen bekommen würden, wenn es zusammenfiele (Leugnung und Verdrängung der Gefahr). Das Kind scheint all diese Eindrücke ohne das geringste Anzeichen der Unruhe vorbeigehen zu lassen. Ich selbst bin in der Rolle dessen, der die Gefahr herunterspielt, darf also keine Angst haben, höchstens etwas »unwirsch« und gereizt sein.

Angstentwicklung durch Denken und Vorstellen

Der eben geschilderte Abschnitt der Geschichte enthält die klassischen Anzeichen der *Angstentwicklung*. Nach einer traumatisierenden Erfahrung wird in der *Vorstellung* diese Erfahrung wieder und wieder bearbeitet. Dieser Prozeß hat eigentlich die Aufgabe, Beruhigung und Sicherheit herbeizuführen. Die Einordnung des Erlebten in Vertrautes und Bekanntes wird möglich, ja, das Erlebte wird gerade durch die gedanklichen Wiederholungen scheinbar vertraut und – das ist der Trick – ungefährlich.

Unter gewissen Umständen führt dieser Prozeß jedoch zu einem weiteren Aufbau der diffusen Spannung. So z. B., wenn das gefürchtete Ereignis nicht vorhersagbar, nicht kontrollierbar, seine Bedrohlichkeit nicht abschätzbar ist. Diese Spannung wird, zumindest in unserem Fall, begleitet durch erhöhte Unruhe, Reizbarkeit, Streitlust. Die Bereitschaft zu heftigen Reaktionen auf auch nur geringfügig von der Erwartung abweichende Umweltereignisse ist ebenfalls gesteigert: erhöhte defensive Wachsamkeit.

Das diffuse Angstgefühl motiviert nicht so sehr die bedingungslose Flucht. Dazu sind die Gefahrensignale zu unpräzise, das gefürchtete Ereignis zu undeutlich. Statt *Handlungen* werden zur Problemlösung eher *Gedanken* aktiviert. Besonders im Stadium erhöhter diffuser Erregung tendieren jedoch diese Gedanken dazu, im Kreis zu laufen. Die Kontrolle der *äußeren* Bedrohung ist nicht möglich, daher wird versucht, die innere Bedrohung, also die »Interpretation« derselben zu ändern: Derselbe Vorgang wird wieder und wieder gedanklich bearbeitet. Die Gefahr dabei ist, daß *bei zu großer Erregung die angstbezogenen*

Gedanken nicht zu Ende gedacht, sondern kurz vor der Katastrophenvorstellung abgebrochen werden.

Wie geht die Geschichte nun weiter?

Eine mögliche Lösung

Nach der Rückkehr in die Wohnung reduzieren die *Routinen* um das Abendessen und das Schlafengehen des Kindes die Erregung. *Das Ausführen einer gewohnten Tätigkeit lenkt von angstbezogenen Gedanken ab*, reduziert die Angsterregung, vermittelt eine scheinbare Sicherheit. Als dann im Haus Ruhe eingekehrt ist, steigt meine Spannung wieder. *Ruhe fördert das Spürbarwerden unerledigter Ängste*. Das sind Ängste, die durch inadäquate Maßnahmen, sozusagen im Selbstbetrug, »weggeschoben« wurden.

Ich gehe vor das Haus, schau mir den Abendhimmel, das Meer und die Häuser an. Die existentielle Bedrohung durch das Erdbeben wird plötzlich in der Vorstellung sehr lebendig. Die Angst tritt jetzt ungebremst auf, doch ist es diesmal kein »heißes«, aktives, mein Verhalten antreibendes Gefühl wie im Falle der fluchtbegleitenden Furcht. Es ist »kalt«, »klirrend«, ein Gefühl, das gepaart ist mit klarer Einsicht in die Hilflosigkeit und den Kontrollverlust angesichts elementarer Ereignisse, ein Gefühl des *Grauens* und der *Katastrophenerwartung*.

Nach und nach aber kann ich diese Stimmung *zulassen*, erlebe aus einer Art *Fatalismus* heraus wieder so etwas wie *Hingabe an den Ablauf der Ereignisse*. Irgendwie überraschend folgt diesen Gedanken und Stimmungen sozusagen auf dem Fuß ein neues Gefühl der *Geborgenheit*. Ich bin bereit, die – ohnehin weitgehend nur vermeintliche – Kontrolle über die Welt abzugeben, entwickle Gefühle der Ehrfurcht vor der Rätselhaftigkeit und Unendlichkeit dessen, »was ist«, und erlebe die jetzt winzig erscheinenden Möglichkeiten einer Kontrolle über meine Existenz plötzlich nicht mehr als bedrohlich, weil unzureichend, sondern als Geschenk. Dies geht mit Empfindungen einher, die am ehesten als gleißendes, doch paradoxerweise

»ruhiges« Elektrisieren des Körpers beschreibbar sind – eine sehr angenehme Form der Angstauflösung.

Unversehens, wie von selbst, ist ein völlig anderer Bewußtseinszustand entstanden. Als Folge dessen tritt Ruhe und Entspannung ein. Die Angst ist weg und dem Gefühl gelassener Freude, innerer Weite und dennoch Geborgenheit gewichen. Nur einmal, als der Nachbar seine automatische Garagentür öffnet und das Haus dadurch leicht erzittert, ein an sich bekanntes Ereignis, tritt tief in der Magengegend wieder eine Art »Nachbeben« auf, der Ansatz eines auf biologischer Ebene gelernten Furchtgefühls. Eine Ankündigung auch, daß der eben erfahrene Zustand leider bald wieder vergeht.

Dieser Abschnitt der Angstverarbeitung enthält die Schritte der *Einsicht in die mangelnde Kontrolle über extreme Katastrophen.* Diese Verarbeitung erfolgt nicht nur gedanklich, sondern auch gefühlsmäßig. Sie erfolgt als Bereitschaft, die Katastrophen hinzunehmen und notfalls auch die Konsequenzen zu tragen. Nicht Passivität ist die Folge, sondern Konzentration auf das Machbare und Annehmen dessen, was unabänderlich ist. Damit sinkt die angstgetragene permanente Wachsamkeit, das Leben wird wieder ruhig.

Diese Ruhe ist anders als die Ruhe durch das Ausüben von ablenkenden Routinen! Nur das Auftreten des tatsächlichen Ereignisses selbst, z. B. das Wackeln des Hauses, löst wieder eine Furchtreaktion aus. Sie würde, falls sie stark genug ist, fluchtmotivierend wirken. Die Befürchtungen, Erwartungen und Katastrophengedanken aber bleiben weg. Es kann sozusagen nichts wirklich Schlimmes passieren, auch wenn es zur größten Katastrophe kommt: paradox, aber wahr. Das Gefühl der Ehrfurcht »kühlt« (leider) im Verlaufe der nächsten Stunden oder Tage langsam wieder ab. In dem Maße, in dem die Alltagsroutinen die Illusion unserer Kontrolle über die Welt stützen, schwindet die »überirdische« Gelassenheit wieder.

Was macht die Erdbebenangst phobisch?

Wenn z. B. im Umfeld eines derartigen Ereignisses zusätzlich externe oder interne Stressoren massiver Art gegeben sind, ist die Fixierung der Angst wahrscheinlich. Stressoren können Probleme beruflicher, persönlicher oder zwischenmenschlicher Art sein. Die so erhöhte allgemeine Anspannung führt zu einer größeren »Angstbereitschaft«. Das Erdbeben wird als vermeintlicher *Auslöser* dieser Unruhe und Angst erlebt, und die Bewältigungsversuche konzentrieren sich allein auf dieses Ereignis. Wenn diese Angst dann richtig stark wird und den Alltag dominiert, dient sie förmlich zur Relativierung der anderen Quellen für Angst und Streß. Das kann eine *willkommene Ablenkung* von noch unangenehmeren Problemen sein, die zwar zum *Angstpotential* beisteuern, aber nicht beachtet werden müssen.

Angstbezogene Gedanken, wie das *Erwarten* der Katastrophe, der Vorsatz des *Vermeidens*, die *Planung* von Fluchtmöglichkeiten etc., führen zur *momentanen* Erleichterung von den aus verschiedenen Problemen herrührenden Grundspannungen. Sie führen aber insgesamt zu einer *Fixierung der Angst*, die so zum Problem wird. Wenn ich durch angstvermeidendes Handeln im Moment die Angst reduziere, habe ich dadurch indirekt die Angstberechtigung neuerlich bestätigt. Diffuse Angst hat einen Anhaltspunkt gefunden. Scheinbar weiß man, wovor man Angst hat, und die unklaren Angstbedingungen, die vielleicht viel schwerer zu bearbeiten sind, treten in den Hintergrund.

Durch die erfolgreiche *Teil*reduzierung der Angst durch effizientes Handeln, verhindere ich ja geradezu die Konfrontation mit den, die Angst erst ermöglichenden, existentiellen Grundhaltungen: Das Angst schaffende Selbst- und Weltbild wird durch erfolgreiche Angstvermeidung verfestigt. Damit ist aber auch die Anfälligkeit für die nächsten Angstattacken derselben Art »zementiert«. Die »Welt« wird auf die Dauer falsche Vorstellungen über sich nicht bestehen lassen!

Durch diese, dank Vermeidung zwar reduzierten, doch im Grunde ungelösten, stets wiederkehrenden Ängste gelingt es dann auch noch, eine gewisse *soziale Kontrolle* zu erlangen. Sie ist ein weiterer Faktor zur Verstärkung des Problems. Dieser »sekundäre Gewinn« in Form von sozialer Kontrolle kann z. B. Mitgefühl, stellvertretende Problemlösung durch gute Freunde, Zuwendung oder Beschützung sein. *Gutgemeinte Hilfsbereitschaft wirkt langfristig angstfixierend, da Verantwortung für das eigene Tun abgegeben wird.*

Ein weiterer Aspekt, der die Angst über Gebühr aufrechterhalten kann, ist die Unfähigkeit zu einem vollständigen gedanklichen und gefühlsmäßigen Antizipieren der *möglichen* Katastrophe. Läßt man das Unglück hingegen *innerlich* passieren, kann man sich auf realistische Gegenmaßnahmen einstellen und sich vorab auch für den negativen Ausgang vorbereiten. In der Außenwelt macht das vorerst kaum einen Unterschied, in der Innenwelt ist es ein großer Sprung. *Er bedeutet nicht, daß wir tatenlos in die Katastrophe schlittern müssen, im Gegenteil! Durch die Konzentration auf das mit unseren Mitteln Machbare und die Reduktion angstvollen Beschwörens von Unbeeinflußbarem steigt die tatsächliche Effizienz der Problembewältigung.*

Ein anderer Faktor sei noch erwähnt, der zur Bildung einer Phobie, in unserem Beispiel zu einer chronischen Angst vor Erdbeben, beitragen könnte. Die Rede sei von der *Sperre,* mit der wir uns gegen relativierende Überlegungen zur Bedeutung der Existenz des eigenen Ich als geistige und körperliche Entität wehren. Das hängt vermutlich mit der Abwehr des Faktums des Todes zusammen, die unseren Alltag prägt. Aber wer befolgt schon im Trubel der Ereignisse zwischen den Routinen der Arbeit und des Vergnügens den Rat der Weisen, wonach wir nur dann wirklich *leben,* wenn wir das im Bewußtsein unserer Endlichkeit tun.

Zurück zum Erdbeben: Es liegt in der Natur derartiger Ereignisse, daß sie wenig Gelegenheit geben, die Grundlosigkeit der Angst zu bestätigen: Das Ereignis ist sehr selten. Tritt es jedoch plötzlich ein, so verhalten sich die Menschen oft völlig anders als sie es in ihrer Erwartungsangst befürchten: Häufig bleibt die Panik aus. Dafür gibt es auch andere Beispiele, etwa Personen mit großer Angst vor einer körperlichen Erkrankung. Erhalten sie dann die Diagnose, die ihre Angst bestätigt, reagieren sie mit

Gelassenheit. Oder jene Person mit Waschzwang und extremer Angst vor Handekzemen: Als sie tatsächlich ein Ekzem bekam, konnte sie das, wovor sie sich mehr als ein Jahrzehnt gefürchtet hatte, mit Ruhe tragen.

Beschwörungs- und Vermeidungsrituale zur Abwehr an sich seltener Ereignisse haben die Eigenschaft, auch wenn gar nichts passiert, sich eben durch das *Ausbleiben* des gefürchteten Ereignisses selbst zu bestätigen. Die Welt ist, man denke nur an den Bereich der Gesundheitsvorsorge, voll von solchen oft geradezu zwanghaften Manövern.

Viele irrationale Ängste werden auch durch die Unzulänglichkeit gegenüber *statistischem Denken* über die Gefahr gefördert. Manchmal ist ein Ereignis, *sofern es eintritt,* tatsächlich höchst gefährlich. Die Wahrscheinlichkeit des Eintreffens ist aber vielleicht so extrem niedrig, daß es eigentlich doch ungefährlich ist. Die Statistik, die unser Denken anfertigt, weicht von den tatsächlichen Gegebenheiten ab. Ein Beispiel dafür ist die Schlangenangst.

In den USA starben im Jahr 1978 *fünf* Menschen an Schlangenbissen, doch es gab unverhältnismäßig mehr Todesopfer im Straßenverkehr, etwa 20000! Dennoch sind Schlangenphobien, also extreme Ängste vor Schlangen, viel häufiger als spezifische Verkehrsphobien. Dies gilt sogar für Großstädte, wo Schlangen höchstens im Fernsehen (oder an der Bushaltestelle und vor der Tankstelle) anzutreffen sind.

Nicht zu vergessen ist noch die Rolle der Nachahmung, im Fachjargon das »Lernen am Modell« genannt. Gerade für Ängste und angstbedingtes Handeln gilt, daß die *Nachahmung* eine wichtige Quelle ist. Mit einer gewissen Angstbereitschaft vor Erdbeben wird in einer Gemeinschaft von Menschen, die starke Erdbebenängste haben, diese noch verstärkt. Kinder, deren Eltern eine spezifische Tierphobie haben, nehmen diese mit größerer Wahrscheinlichkeit auch an, wie am Beispiel Maria zu erkennen war.

Nach all den genannten Komponenten, die das Entstehen einer Phobie beeinflussen können, seien noch die »intrapsychischen« kurz angesprochen. Das sind z. B. generelle Dispositionen, wie etwa eine *allgemeine Ängstlichkeit vor ungerichteter Aufregung* an sich. Letzteres ist ein Phänomen, das häufig auch von der sozialen Umgebung, den Mitmenschen, unterstützt wird. Die Angst vor der *Aufregung »an sich«* kann selbständig werden und das Leben mit Kontrollmaßnahmen zur Abschirmung vor Aufregung füllen. Ein derartiges Vorhaben wird letztlich erfolglos sein, weil ständige Wachsamkeit zur Abwehr von kritischen Situationen selbst wieder aufregend ist. Solche allgemeine *Angst vor Aufregung* kann sich dann relativ leicht auf spezielle Erregungsauslöser fokussieren. Man glaubt dann, Angst vor Lärm, Leistungsdruck, körperlicher Anstrengung, aber auch Freude, sexuellen Gefühlen oder Ärger zu haben, in Wirklichkeit ist es aber die Angst vor *Erregung*. Gerade im Anschluß an körperliche Erkrankungen, in deren Verlauf Ruhe und Reizabschirmung wichtig gewesen sein mögen, kann übersteigerte Vorsicht zu einer *sekundären Erregungsphobie* ausarten. In der Rehabilitation von Infarktpatienten ist dies, um nur ein Beispiel zu nennen, ein häufig zu beobachtendes Problem.

Die Entwicklung einer chronischen Angst ist, das zeigt unser Erdbeben-Beispiel, für fast jeden beliebigen Angstinhalt ähnlich. Die beim Angstgefühl stattfindenden seelischen und körperlichen *Prozesse* sind im Grunde sehr ähnlich, wenn auch die *Inhalte* der Angst, oft fälschlich »Ursachen« genannt, extrem verschieden sein können.

Kindliches Nachbeben

Noch ein Nachtrag zur erstaunlichen Gelassenheit, mit der das zweijährige Kind die ganze Erdbebenepisode verkraftet hat: Zwei Wochen später gab es einen heftigen Sturm. Die Fenster wackelten und es gab auch entsprechende Geräusche. Plötzlich verlangte das Kind, wir sollten aus dem Haus und mit Decken zum Strand gehen. Nachdem dies ein bei dem Wetter schwer verständlicher Vorschlag war, fragte ich den Buben, wie er auf die Idee käme. Er sagte, er hätte Angst, weil der »graue Donner« wiederkommt.

Die uns Erwachsenen einfache Ursachenzuweisung des Wakkelns der Fensterscheiben und der entsprechenden Geräusche – es war eben der Sturm – hat die Assoziation zum Erdbeben mit seinen teilweise sehr ähnlichen Sinnesreizen gar nicht aufkommen lassen. Anders beim Kind. Es reagierte auf die Ähnlichkeit der Geräusche und wollte die damals »erfolgreiche« Gegenmaßnahme wieder in Gang bringen. Wir einigten uns aber auf etwas Neues. Wir inszenierten ein ausführliches Ritual, in dessen Rahmen ich dem »grauen Donner« fürchterlich drohte, vor das Haus gehen mußte und ihm lautstark zu verstehen gab, daß er wieder dort hin soll, wo der Pfeffer wächst. Es hat wirklich geholfen! Bis zu unserer Abreise gab es kein Erdbeben mehr. Damit hatte aber dieses späte »Nachbeben« noch lange kein Ende. Jedesmal, wenn es einen Sturm gab, mußte ich wieder vor das Haus und ihn lautstark und mit gräßlichen Gebärden fortjagen. Das kommt davon, wenn man sich für die Angstvermeidung anderer, und seien es die eigenen Kinder, gegen besseres Wissen einspannen läßt. Zum Glück war kein Psychiater in der Nähe. Im übrigen hat mir das Ritual auch recht gut getan und zumindest die ersten paarmal auch Spaß gemacht.

Agoraphobie

Angst vor zuviel Freiheit?

Martha ist eine Frau Ende 40, mittelgroß, mit adrett frisiertem, dunkelbraunem Haar. Sie ist in ein nettes Kostüm gekleidet, dessen einzelne Teile in ihren Farben wohl aufeinander abgestimmt sind. Auch Schuhe und Handtasche passen zusammen. Der Eindruck einer reifen, ausgeglichenen, vielleicht etwas übersorgfältigen und angepaßten Frau steht jedoch in krassem Widerspruch zum Verhalten, das Martha im Augenblick zeigt.

Sie hat sich an die Hauswand gelehnt, ihre an sich sanften Gesichtszüge sind angespannt. Die Augen weit geöffnet, klammert sie sich mit ihrer linken Hand förmlich an ihre Handtasche. Die Lippen sind zusammengepreßt, das Gesicht blaß. Der Atem kommt stoßweise, mit langen Pausen dazwischen; es scheint, als würde sie nur ein-, aber nicht ausatmen. Sie geht noch zwei Schritte weiter, eckig und steif, nach ihren eigenen Worten wie ein »Zinnsoldat«, lehnt sich dann wieder an die Mauer, dreht sich hilfesuchend um und sagt gepreßt: »Es geht nicht mehr, das ist alles, was ich machen kann.«

Ihr Problem besteht – zumindest vordergründig – darin, daß es ihr nicht möglich ist, allein aus einem Haus weg und durch eine Straße oder über einen freien Platz zu gehen. Versucht sie es dennoch, treten dabei die geschilderten Zustände auf.

Sie beschreibt ihre Angstgefühle mit eigenen Worten so: »Bereits bei dem Gedanken, allein aus dem Haus gehen zu müssen, werde ich sehr nervös. Dabei spielt es keine besondere Rolle, wieviel Zeit mir bis dahin noch bleibt. Ich verspüre eine Beklemmung in der Magengegend, Appetitlosigkeit, bin sehr reizbar, nervös und reagiere fahrig auf die geringste Ablenkung. Mein Herz droht zu zerspringen, ich spüre den Schmerz in der gesamten Brustgegend und im Hals klopft der Puls wie rasend.

Dann wage ich kaum zu atmen. Ich habe einfach Angst, daß ich, wenn ich mich noch mehr bewege, irgendwie auseinanderfalle. Ich nehme mir dann meist wieder vor, gar nicht wegzugehen, selbst wenn es sich nur um den Gang zum Milchladen um die Ecke handelt.

Es fällt mir schwer, meinen Mann zu bitten, diesen Weg für mich zu tun. Ich weiß, daß er mit großer Besorgnis beobachtet, wie ich mehr und mehr innerhalb unserer vier Wände sitze. Aber andererseits ist dieser Zustand – ich bin gar nicht sicher, ob es Angst ist – so unangenehm, daß mir gar nichts anderes übrigbleibt.

Wenn ich wirklich einmal weggehe, so geht es schon im Stiegenhaus los. Am deutlichsten ist das Herzklopfen und die verkrampfte Atmung, aber es geht damit ein Gefühl einher, als würde der Boden unter meinen Füßen wanken und sich ein Nebel zwischen mich und die Umwelt schieben. Ich bin am ganzen Körper verkrampft, die Arme und Beine sind wie »eingehängt«, als würden sie nicht zu mir gehören. Ich verspüre eine Leere im Kopf, kann keinen klaren Gedanken mehr fassen. In diesem Augenblick drehe ich dann einfach um. Da ist mir alles egal, ich brauche keine Milch und keine Butter mehr, sondern will nur noch zurück in meine Wohnung.

Sobald ich mich zum Rückzug *entschlossen* habe, werden die unangenehmen Erscheinungen in meinem Körper meist gleich schwächer. Nur manchmal, wenn ich schon weiter weg bin, und der Rückweg sehr lang ist, da kann es dann noch schlimmer sein als beim Hingehen. Bin ich dann erst wieder zu Hause, so kommt eine bleierne Erschöpfung über mich. Ich muß mich hinlegen und habe das Gefühl, völlig ausgebrannt zu sein. Dazu kommt dann noch ein Gefühl tiefer Niedergeschlagenheit und Hoffnungslosigkeit, die ich angesichts meiner Behinderung erlebe. Einerseits bin ich froh, zu Hause zu sein, wenigstens wieder den Ort der Sicherheit erlangt zu haben. Andererseits mache ich mir Vorwürfe, nicht einmal diese lächerliche Entfernung geschafft zu haben. Ich kann mir das alles nicht erklären. Auch eine Vielzahl ärztlicher Untersuchungen hat keinerlei organische Grundlage meines Leidens aufzeigen können. Es ist mir sogar schon vorgeworfen worden, ich wäre ein Simulant und wollte mir eine frühe ›Berentung‹ erschleichen!«

Angst vor Körperreaktionen

Im Gegensatz zu Maria hat Martha nicht die Angst vor irgendeinem, ihr vielleicht »feindlich gesinnten« Lebewesen oder einem Unglück, wie es durch Blitz, abstürzende Flugzeuge oder Bomben ausgelöst werden könnte. Vielmehr hat sie primär *Angst vor den Gefühlen und Empfindungen,* die in ihr selbst auftreten. Der Zustand großer Erregung, der Atemnot, des Herzflatterns, kurz der Panik, wird zwar durch eine äußere Situation ausgelöst, *Angst hat sie jedoch in erster Linie vor den Reaktionen des eigenen Körpers.*

Verschlimmert wird das Problem dadurch, daß die *tatsächliche* Wahrnehmung der äußeren Angstauslöser im Laufe der Zeit gar nicht mehr notwendig wurde, um den gefürchteten Prozeß in Gang zu setzen. Allein die *Vorstellung* der bedrohlichen Situation und des dabei möglicherweise auftretenden Kontrollverlustes reicht aus, um den Erregungszustand herbeizuführen. Er kann nur durch den festen *Vorsatz* wieder beruhigt werden, keinesfalls aus dem sicheren Haus wegzugehen: Angstvermeidung in der Vorstellung. *Dadurch wird die Unfähigkeit, die Angst zu bewältigen, mehr und mehr zur fixen Idee, die durch nichts zu erschüttern ist.* Durch die gedankliche Vermeidung werden kategorisch Grenzen gebildet, die nach und nach unumstößlich werden. Die Falle dabei ist, daß das *Denken der eigenen Unfähigkeit* Angst reduziert, das Denken – und in der Folge das Handeln – *gegen* diese selbstgeschaffenen Grenzen aber Angst verstärkt.

Wie hat das alles begonnen?

Vor mehr als 12 Jahren, Martha war damals eine lebenslustige, manchmal wohl auch etwas hektische junge Frau, war sie nach einer Angina etwas zu früh aufgestanden. Sie wollte möglichst bald wieder ihrer Arbeit nachgehen. Als sie im Durcheinander des morgendlichen Berufsverkehrs auf die Straßenbahn wartete, bekam sie plötzlich eigenartige körperliche Zustände: »Es war mir, als würde der Magen plötzlich unten durchsacken. Dazu kam ein plötzliches Gefühl der Beklemmung, das sich über meinen ganzen Oberkörper erstreckte. Ich mußte mich festhalten, da ich Angst hatte, ich würde umfallen. Der ganze Spuk war nach höchstens zwei Minuten wieder vorbei. Ich war danach zwar etwas schwach, konnte jedoch allein zurück nach Hause gehen. Die Idee, an diesem Tag arbeiten zu gehen, hatte ich aufgegeben und legte mich wieder zu Bett.

Etwa zwei Monate später, ich war von der Angina längst genesen, passierte mir etwas Ähnliches. Ich war in der Straßenbahn, die zu diesem Zeitpunkt ziemlich voll war. Wieder dauerte alles nur relativ kurze Zeit, mein Angstgefühl dabei war jedoch sehr stark.

Am nächsten Tag kam ich nicht einmal bis zur Straßenbahnhaltestelle. Ich mußte mich unterwegs wieder an eine Hauswand lehnen und es dauerte diesmal viel länger als sonst. Als alles wieder halbwegs ging, versuchte ich weiterzugehen, doch das Herzrasen wurde so stark, daß ich aufgab. Zwischendurch hatte ich das Gefühl, das Herz setzt aus oder macht Sprünge. Ich bat einen Passanten, mich nach Hause zu begleiten. Der rasch herbeigerufene Arzt konnte jedoch keine organische Ursache finden, nicht einmal die Spuren des Anfalles konnte er registrieren. Zwar hatte ich etwas überhöhten Blutdruck, jedoch schien das diesen Anfall keinesfalls zu erklären.«

Ein Teufelskreis

Bedingt durch diese Vorfälle war Martha, damals Ende zwanzig, zutiefst verunsichert. Sie konnte sich das alles nicht erklären und begann, nach äußeren und inneren Anzeichen für das Auftreten der gefürchteten Zustände zu suchen: »Ich war bestrebt, möglichst früh herauszufinden, wann es wieder kritisch wird. Wenn ich z. B. so ein allgemeines Unwohlgefühl in meinem Körper verspüre, gehe ich gleich gar nicht mehr außer Haus. Ich kann dieses Gefühl am besten beschreiben, indem ich das Bild eines Autos hernehme: Der Motor läuft bereits auf vollen Touren, die gleichzeitig gezogene Handbremse verhindert aber ein Abfahren. Ich habe das Gefühl, daß in dem Augenblick, wo eine Belastung auf mich zukommt, alles blockiert ist. Aber auch dazwischen ist es so, als wäre mein ›Standgas‹ etwas zu hoch eingestellt. Auch wenn gar nichts passiert, ich gar nichts zu leisten habe, bin ich eigenartig erregt und fahrig.

Ich entwickelte bestimmte *Tricks,* um mich *abzulenken.* Ich hatte z. B. stets meine Handtasche dabei, in der ich dann, wenn es kritisch wurde, einfach die verschiedenen Dinge durchstöberte. So als würde ich nach etwas suchen. Auch Zeitunglesen half, mich von den Gedanken des drohenden Angstanfalles abzulenken. Ich versuchte es auch mit Zählen oder indem ich irgendwelche Eigenarten an den Häusern besonders konzentriert beobachtete. Leider hatten diese Ablenkungsversuche nur dann Erfolg, wenn meine Nervosität nicht allzu hoch war oder die Angst sich erst in der Anfangsphase der Entstehung befand. Da versuchte ich dann auch fast krankhaft, die ersten körperlichen Anzeichen ansteigender Erregung einfach zu ignorieren. Wenn es aber dennoch richtig losging, war all das nutzlos. Konfus und bis zum äußersten erregt, konnte ich nur noch ein Ziel anstreben: nichts wie raus aus der Situation und auf dem schnellsten Wege nach Hause.

So begann sich innerhalb eines Jahres mein Lebensraum mehr und mehr einzuengen. Mein Alltag war angefüllt mit angstvoller *Erwartung* und dem *Planen,* wie ich die nächste Problemsituation am besten vermeiden könnte. Mein Mann hat sich in dieser Phase rührend um mich gekümmert, doch ich war sehr unglücklich darüber, daß er meinetwegen all diese Umwege und die Mehrarbeit übernehmen mußte.«

War Marthas Ehemann anfangs sehr geduldig und hilfsbereit, so wurde er im Laufe der Zeit zunehmend abweisender, leicht verärgert und zur Hilfe nur in den wirklich allernotwendigsten Dingen bereit. Das war letztlich auch der Auslöser dafür, Psychotherapie zu beanspruchen. Verwandte und Bekannte sollten nichts erfahren, weil Martha fürchtete, sie könnte von ihnen für verrückt gehalten werden. Sie hatte in der Anfangsphase manchmal versucht, Verständnis für ihre Probleme zu bekommen, war dabei jedoch auf das Gegenteil gestoßen. Man hielt sie für eine Simulantin oder gab ihr triviale Ratschläge.

Danach hatte es Martha aufgegeben, die entferntere Verwandtschaft zu informieren. Statt dessen hatte sie sich mehr und mehr zurückgezogen. Wenn dennoch jemand zu Besuch kam, war sie angespannt, schweigsam, überließ ihrem Mann die Konversation. Dies führte dazu, daß sie sich im Laufe der Jahre sozial stark isolierte, eine unsichtbare Mauer zwischen sich und den anderen errichtete. Sie selbst und ihr Mann bedauern das sehr. In dem Maße, in dem sich nun das Verhalten des Mannes ihr gegenüber zu verändern begonnen hat, kommt für Martha zu den beschriebenen Ängsten noch die Angst vor einer möglichen Trennung hinzu. Kein Wunder, daß auch ihr Sexualleben freudlos ist.

Marthas Alltag ist durch ein Übermaß an Streß und Angst gekennzeichnet, durch ständige Erwartung neuer Schwierigkeiten und eine Kette von Erfahrungen der Hilflosigkeit und Behinderung. Die angenehmen Seiten des Lebens sind für sie praktisch nicht mehr existent. Das höchste der Gefühle, zu denen sie in diesem Dilemma fähig zu sein scheint, ist das *Ausbleiben* einer Angstreaktion oder die *Erleichterung* nach erfolgreicher Vermeidung einer »kritischen« Situation.

Blockierung gegensätzlicher Kräfte

Die eben geschilderten Schwierigkeiten werden im Fachjargon als Platzangst oder Agoraphobie bezeichnet. Letztere enthält den griechischen Stamm »agora«, was so viel wie Versammlung, aber auch Marktplatz bedeutet. Damit soll ein typischer Aspekt des Angstproblems charakterisiert werden, die Angst vor freien, offenen Plätzen, die insbesondere dann auftritt, wenn sich auf diesen Plätzen viele Menschen befinden.

Agoraphobie ist ein relativ häufiges Phänomen. Die leichteste Form tritt in Form eines Unbehagens vor Reisen, Trennungen, Öffentlichkeit auf. Bei mittlerem Ausprägungsgrad kann es sein, daß das Auftreten der Angstgefühle auf bestimmte Situationen beschränkt ist, z. B. einen ganz bestimmten Marktplatz oder ein ganz bestimmtes Theater. Agoraphobie tritt gar nicht so selten gemeinsam mit dem scheinbaren Gegenteil, der Klaustrophobie, auf, der Angst vorm Eingeschlossensein. Diese recht wissenschaftlich, weil griechisch, klingenden Bezeichnungen sind jedoch im Grunde irrelevant. Sie tragen zum Verständnis des Problems und vor allem zur Veränderung desselben nichts bei.

Angst vorm »anderen Ich«

Auffallend ist die enorme Intensität der Erregung, die jedoch nicht in eine eindeutige Handlung kanalisiert werden kann. Der Betroffene bietet vielmehr das Bild eines Menschen, der zwischen zwei extrem starken Handlungsimpulsen steckenbleibt, dem Wunsch nach Freiheit und Unabhängigkeit und dem Wunsch nach Schutz, Abhängigkeit, Sicherheit.

Diese Elemente lassen sich auch in der Biographie immer wieder finden. Da gibt es die Erfahrung zu früher Erziehung zur Selbständigkeit, verbunden vielleicht mit der versteckten Botschaft an das Kind, daß es im Grunde dazu nicht fähig ist. Auch reale Trennungen von geliebten Personen in der Kindheit können diese Angst vor alleiniger Verantwortung bedingen. Die Angst vor freien Plätzen steht dann für die Angst vor Freiheit im übertragenen Sinn.

Mag sein, daß die Befürchtung auch eine Rolle spielt, daß man bei tatsächlichem Gebrauch der Freiheit im zwischenmenschlichen Bereich völlig über die Strenge schlägt. Immer wieder kommt die Äußerung im Gespräch, daß bei Wegfallen der Angst der »andere« Teil der Persönlichkeit zum Zug kommt, der rücksichtslose, aggressive, alle Tabus sprengende. Um diese vermeintlich entsetzliche Erfahrung nicht zu riskieren, bleibt man lieber ängstlich, abhängig, unreif. Der Preis ist allerdings hoch.

Die Entstehung dieser Form der Angst ist ziemlich sicher in Bedingungen der frühen Entwicklung angelegt. Wie im skizzierten Fall können aber akute *Phasen allgemeiner körperlicher und seelischer Labilisierung* das Auftreten auslösen. Das kann durch eine eben überstandene physische Erkrankung oder eine Änderung des biologischen Gleichgewichts, wie z. B. im Verlauf einer Schwangerschaft, geschehen. Aber auch einschneidende Lebensveränderungen wie die Auflösung einer Ehe, Arbeitslosigkeit oder Tod einer wichtigen Bezugsperson können diese Prozesse in Gang setzen. Die Bereitschaft dazu ist jedoch viel früher entstanden.

Die akute Labilität ist für den Betroffenen meist körperlich spürbar. Die aus dieser Situation heraus auftretenden Gefühle des Verlustes der Kontrolle über den eigenen Körper und die damit einhergehenden Panikgefühle werden von dem Betroffenen als schrecklich erlebt.

Einer der einfachsten und elementarsten Lernprozesse, zu denen wir fähig sind, ist an dem weiteren Geschehen beteiligt. Es ist die Eigenschaft, einmal ausgelöste Reaktionen, vor allem wenn sie vom vegetativen Nervensystem her gesteuert werden, dann wieder auftreten zu lassen, wenn wir uns wieder in ähnliche Situationen begeben: *die Konditionierung von Affekten*. Wir wollen uns verständlicherweise vor einem ähnlichen Erlebnis schützen. Daher versuchen wir, Situationen, in denen es auftrat, gar nicht mehr aufzusuchen. Die ansatzweise Auslösung der konditionierten Erregung führt zu Flucht und Vermeidung. Würden diese ohne Widerstand ausgeführt, gäbe es keine Angst, höchstens Furchterregung als fluchtbegleitendes Gefühl. Angst wird daraus erst, indem die Vermeidung nicht restlos gebilligt wird. Der Betroffene macht sich Vorwürfe, bekämpft seine Fluchtimpulse und bleibt so zwischen den einander widersprechenden Kräften förmlich stecken.

Ein Mensch, der konsequent und aus innerer Überzeugung alle möglichen Belastungen vermeidet, wird vielleicht ein sehr reduziertes Leben führen, aber kein Angstproblem haben. Dazu kommt es erst, wenn er sich selbst Vorwürfe macht, sich an anderen mißt, sein Versagen beklagt, aber dann nur *halbherzig* bekämpft.

Vermeidung bewirkt zwar eine momentane Erleichterung, langfristig fixiert sich gerade dadurch jedoch die konditionierte Angst. Dieser Mechanismus betrifft auch die persönliche *Selbsteinschätzung*. Jemand, der Angstsituationen vermeidet, wird gleichsam als Rechtfertigung stets aufs neue sagen, daß er diese oder jene Situation nicht erfolgreich und angstfrei bewältigen *kann*. Die damit einhergehende *Erwartung* eines Angstanfalles bewirkt eine *erhöhte Bereitschaft* für das tatsächliche Eintreten einer Angstreaktion. Die ersten Anzeichen gesteigerter Unruhe sind dann auch tatsächlich jedes Mal die Bestätigung dieser Erwartung; die Situationsangst wird neuerlich »verstärkt«, die fixe Idee der eigenen Unfähigkeit zur Angstbewältigung noch etwas weiter gefestigt.

Ein plausibles Modell für die Entstehung dieser Ängste könnte somit lauten: In einer Phase an sich unspezifischer körperlicher und / oder seelischer Schwächung und Verunsicherung kann es zu ein oder zwei extrem belastenden körperlichen Erfahrungen in Form von Schwächeanfällen oder Kreislaufstörungen kommen. Erst durch die damit einhergehende Panikreaktion und später durch Vermeidung der angstmachenden Situation kann es zu einem starren »Angstkomplex« kommen. Negative Sekundärgefühle – als Folge der Abwertung der eigenen Person – führen zu einer depressiven Grundstimmung. Aufgrund frühkindlicher Erfahrungen mit Trennungen, doppeldeutiger Selbständigkeitserziehung, unerfüllten Abhängigkeitswünschen, trifft dieser akute Angstprozeß auf eine erhöhte Bereitschaft in symbolischer Form, die alten Verhaltensmuster zu wiederholen.

Solche Ängste können aber auch ohne besonders dramatisches Erlebnis, ganz allmählich, entstehen: Eine unklar erlebte Unruhe tritt immer dann auf, wenn sich die Person von zu Hause wegbewegt. Um diese Unruhe zu vermeiden, werden dann die Ausflüge immer kürzer und seltener. Eines Tages ist dann das Endergebnis das gleiche wie in den »klassischen« Fällen, deren Malheur mit Panik und Kreislaufattacken begonnen hatte.

Die Anfälle panischer Angst können unterschiedlich lang sein. Ich habe Personen kennengelernt, bei denen diese Reaktionen nur eine Minute dauerten. Bei anderen dauerten sie u. U. mehrere Stunden. Es ist eher die Regel, daß sich die betroffenen Personen nach dem Anfall sehr erschöpft und niedergeschlagen fühlen. Es kann aber auch sein, daß sie nachher keinerlei Probleme haben und über mehrere Wochen hinweg kein intensives Angsterlebnis mehr auftritt.

»Vorbeugendes« Understatement

Gerade diese *starken Schwankungen der Anfälligkeit* sind es, die den Betroffenen zu schaffen machen. Wie soll man auch der Umwelt klar machen, daß das Fahren im öffentlichen Bus an dem einen Tag keinerlei Beschwerden macht, daß an einem anderen Tag aber vielleicht Todesängste auftreten. Diese von den verschiedensten Faktoren äußerer und innerer Art abhängige Inkonsistenz des Angstphänomens führt dazu, daß die unter diesem Problem Leidenden sich manchmal sozusagen *präventiv in einem schlechteren Zustand präsentieren* als es im Moment tatsächlich der Fall sein mag. Das hat den Vorteil, daß nicht jedes Mal, wenn es wirklich »kritisch« wird, *auch noch die Auseinandersetzung* mit dem Partner geführt werden muß. (Die kann man ohnehin dann besser führen, wenn es einem nicht ganz so schlecht geht.)

Die vielen Tricks der Vermeidung

Die Jahre des »Stellungskrieges« gegen die Angst machen den Agoraphobiker ausgesprochen raffiniert im Ausnutzen aller Möglichkeiten, die ihm helfen, kritische Situationen zu vermeiden. Das gilt eigentlich für jeden von uns, ob wir nun an einer manifesten Angst leiden, oder ob wir es schaffen, sie vor anderen und vielleicht auch vor uns selbst zu verstecken. Deshalb werden sich nicht nur Leser mit »klassischen« Agoraphobien in diesem Abschnitt wiedererkennen.

Aber was ist eine »kritische Situation«? Das sind z. B. die Gelegenheiten, bei denen die Gefühle der Angst so stark werden, daß wir die Kontrolle über sie, die Situation und uns selbst zu verlieren glauben. Irgendeine oft gar nicht genau präzisierbare Katastrophe wird dann erwartet. So wie das Kind es nicht wagt, seine Mutter zu verlassen, ohne genau zu wissen, was ihm widerfährt, so fürchtet der Erwachsene die Trennung, ohne den Gedanken wirklich zu Ende zu führen. Die vermeintliche Katastrophe gilt es dann um jeden Preis zu vermeiden.

So kann es geschehen, daß wir oft ein Leben lang vor diesen vermeintlichen Katastrophen davonlaufen. *Damit berauben wir uns aber der Gelegenheit, die Gefährlichkeit der Situation wirklich zu testen.* Vielleicht könnten wir andernfalls feststellen, daß die Katastrophe gar keine ist. *Gerade bei irrationalen Ängsten kann es nämlich sehr wohl sein, daß in dem Moment des Kontrollverlustes, bedingt durch das Aufgeben des Widerstandes gegen die übergroße Angst, eben diese Angst auch schon aufgelöst ist.* Nur, wie wir alle wissen, helfen solche *Einsichten* kaum, unser Tun und Denken im Augenblick der Panik zu beeinflussen.

Manche unserer Vermeidungstricks setzen an der Außenwelt, manche an der Innenwelt an, wir verfügen über zahlreiche äußere und innere Manipulanten:

In erster Linie ist hier die Perfektionierung der »Hilflosigkeit«, das *Organisieren der Unterstützung durch einen Begleiter* zu nennen. Die Betroffenen fühlen sich sicherer und ruhiger, wenn sie sich jemandem anvertrauen können, der sie auf ihrem Weg begleitet. Das ist verständlich, und dagegen ist an sich auch nichts einzuwenden. Häufig ist jedoch zu beobachten, daß diese Unterstützung zu einem *Abhängigkeitsverhältnis* führt, das dem Betroffenen auf der einen Seite sehr angenehm, weil nützlich ist. Gleichzeitig schürt das aber auch unterschwellig sehr viel *Ärger* und *Aggression*. Diese ambivalenten Gefühle werden jedoch im allgemeinen nicht artikuliert, da der Betroffene fürchtet, verlassen zu werden. Man hilft sich dann, indem man seinen Ärger gegen die eigenen Impulse nach Selbständigkeit richtet. Was bleibt, ist *chronische Anspannung*, die zwischen *hilfloser Unterwürfigkeit* und *unterdrücktem Ärger* förmlich steckengeblieben ist. *Das aber ist ein Dauerstressor, der neue Angstreaktionen erst recht wahrscheinlich macht.*

Ein eingespieltes System

Es ist jedoch manchmal schon erstaunlich zu beobachten, wie gut etwa der unter Ängsten Leidende und sein Betreuer aufeinander »eingespielt« sind. Manchmal handelt es sich hier geradezu um eine menschliche *Symbiose*, eine Art sozialer Arbeitsteilung, bei der beide ihre Aufgabe erfüllen müssen, um als Paar so zu funktionieren, wie dies sonst vielleicht ein einzelnes Individuum tut.

Da ist es dann auch manchmal so, daß die Gesprächsgewohnheiten zwischen den Partnern, die keineswegs Geschlechtspartner sein müssen, bestimmten, sich stets wiederholenden Gesetzmäßigkeiten folgen: Der Agoraphobiker erklärt frank und frei, daß er völlig auf den anderen angewiesen ist, ohne den anderen hilflos ist, wahrscheinlich rasch sterben würde. Gleichzeitig signalisiert er jedoch dem Helfer, daß dieser zum bedingungslosen Helfen *verpflichtet* sei. Andernfalls würde er sich der Mißachtung der selbstverständlichsten aller moralischen Regeln des Zusammenlebens *schuldig* machen. Und wer will sich schon gerne sagen lassen, daß er einen Hilfsbedürftigen im Stich gelassen hat. So ist der Helfer dazu »verdammt«, seine Rolle weiter auszuüben.

Nebenbei sei noch erwähnt, daß in einer »gut eingespielten Beziehung mit einem Agoraphobiker« der Helfer natürlich auch oft seinen heimlichen, nicht bewußten Grund hat, warum er sich in diese Mühle einspannen läßt. Er zieht seinen »Gewinn« u. a. daraus, daß er die Rolle des Selbstlosen, des geduldigen Samariters übernehmen kann, die es ihm auch erlaubt, über die Belastung durch den anderen zu klagen. Das lenkt von den eigenen Problemen und Trennungsängsten ab. Sie treten erst auf, wenn der »Patient« in dieser Beziehung plötzlich angstfreier und dadurch bewegungsfreier wird. Es ist gut möglich, daß der Helfer, der angeblich die Heilung des »Patienten« so sehr wünscht, Maßnahmen ergreift, die den Therapiefortschritt des anderen sabotieren.

Ein kleines Beispiel dafür ist der Dialog zwischen einer Klientin und ihrem Mann. Er spielte sich tatsächlich in der wiedergegebenen Form ab, nachdem die Frau erstmals nach vielen Jahren wieder allein um einen Häuserblock gehen konnte und dies voll Freude dem Mann berichtet hatte, der sie von der Therapiestunde abholen kam:

Er: »Na, das ist ja sehr gut, daß du das kannst. Dann brauchst du mich eigentlich gar nicht mehr. Dann kann ich ja gleich morgen auf drei Wochen ins Gebirge fahren, um Urlaub zu machen.«

Sie: »Nein, nein, so weit bin ich ja noch nicht. Das ist ja der allererste Anfang, und es kann jederzeit ein Rückschlag kommen. Das wäre ja schrecklich, wenn ich dann allein wäre.«

Er: »Also gut, wenn du mich noch brauchst, dann verzichte ich eben auf den Ausflug und bleibe hier.«

Der Griff zur Tablette

Ein heikles Thema aus der Vermeidungstrickkiste ist der Gebrauch und Mißbrauch von *Beruhigungstabletten*. Sie haben im Augenblick des ansteigenden Angstzustandes eine lindernde und entspannende Funktion. Wenn sie richtig und gezielt eingesetzt werden, können sie das Problem zweifellos abschwächen, den Angstanfällen die Spitze nehmen. Leider ist es so, daß diese Medikamente häufig *über Bedarf* eingenommen und auch verschrieben werden. Das führt dazu, daß zu den anderen, ohnehin schon reichlich vorhandenen *Vermeidungsmaßnahmen* noch eine weitere, nämlich die *medikamentöse* hinzukommt. Es kann vorkommen, daß sich um die Medikamentendöschen richtige Vermeidungs- und Beschwörungsrituale ranken. Ein Klient berichtete, daß er allein bei dem Gedanken, er könnte seine »Pülverchen« nicht dabeihaben, den Ansatz eines Angstanfalls verspürte. Das führte dazu, daß er in alle Kleidungsstücke vorsorglich kleine Pharmadosen steckte, in manche sogar eingenäht hatte.

Der Vollständigkeit halber ist zu sagen, daß die meisten Klienten wissen, daß sie von Beruhigungstabletten keine anhaltende Lösung ihres Problems erwarten können. Außerdem ist, auch bei zuweilen anderslautender Beschreibung der Präparate, das Auftreten unerfreulicher Nebeneffekte einzukalkulieren. Diese betreffen die Einengung und Trübung der Wahrnehmung, die Verlangsamung der Reaktionstätigkeit, die Abnahme der Merkfähigkeit und des Denkens. Ungewohnte körperliche Zustände, wie etwa Übelkeit, Schwindel, taubes Körpergefühl, können dazukommen. Man kann verstehen, daß viele Betroffene angesichts derartiger Erfahrungen bezüglich der Medikamenteneinnahme einen zusätzlichen Konflikt erleben. Aus einer Studie unseres Instituts geht hervor, daß *mehr als die Hälfte aller Klienten mit chronischen Ängsten auch eine sekundäre Medikamentenabhängigkeit entwickeln.*

Angst vor der Angst

Das Hauptproblem bei der Agoraphobie scheint die *Angst vor der unkontrollierbaren Angst* zu sein. Ein Mensch mit Agoraphobie befindet sich ständig in Erwartung der Angst, während sein Denken auf rechtzeitige Vermeidung ausgerichtet ist. Erwartungsangst und Vermeidungsverhalten bestimmen so den Tagesablauf. Wenn das Angstgefühl dann doch auftritt, vielleicht im Ansatz noch gar nicht so stark ist, wird die gerade in Gang befindliche Handlung abgebrochen und zum bedingungslosen Rückzug geblasen. *Der Betroffene hofft und wartet darauf, keine Angst mehr zu haben, um dann die kritischen Situationen und Wege besser bewältigen zu können.*

Doch diese Situation wird nicht so ohne weiteres eintreten. Es ist genau das umgekehrte Verhalten, das zu einer Lösung führt mit der Bereitschaft, einen Weg, den man sich vorgenommen hat, zu Ende zu gehen, und zwar auch dann, wenn dabei Angstgefühle auftreten sollten. Damit ist ein allgemeingültiges Prinzip zur Bewältigung irrationaler Ängste angesprochen: *Erst wenn ich mich in meinem Verhalten nicht mehr vollständig durch das Angstgefühl bestimmen lasse,* sondern eine Handlung trotz Angsterleben ausführe, dann erst kann die Auflösung des Angst-Vermeidungs-Zirkels in Gang kommen.

Dieser Weg ist meist mühsam und langwierig. Dabei ist vielleicht ganz hilfreich, wenn wir unsere Definitionen von Mut etwas genauer hinterfragen. Ist derjenige mutiger, der *angstfrei* die schwierigste Situation besteht, oder etwa jener, der trotz starker Ängste seine Aufgabe unter großer Anstrengung und mehr schlecht als recht durchführt?

Angst vor Freiheit und Verantwortung

Was würden Sie tun, wenn Sie plötzlich frei von Ihren Ängsten wären? Sicher könnten Sie eine lange Reihe von Tätigkeiten aufzählen: ein neues Leben anfangen, reisen, selbständig werden und all das nachholen, was man bisher wegen dieser alles dominierenden Schwierigkeiten versäumt hat. Die Sehnsucht nach Freiheit im sozialen, im emotionalen und im physischen Bereich ist sicher echt. Dennoch ist fraglich, wie gut es auf Anhieb gelingen würde, die neu gewonnene Freiheit zu nutzen. Um die Bereitschaft und um die Fähigkeit, für das eigene Leben Verantwortung zu übernehmen, muß im Alltag jedesmal neu gerungen werden.

Es kann sein, daß Agoraphobie ein Versuch ist, der Angst vor Selbstverantwortung und Freiheit ein etwas anderes Gesicht zu geben. Im Grunde gilt das aber nicht nur für speziell diese, sondern vermutlich für die meisten Alltagsängste. Oft sind die lebenseinengenden psychischen Probleme nicht offen erkennbar.

In psychologischen Experimenten an zufällig ausgewählten Personen konnte festgestellt werden, daß häufig die *Wahlmöglichkeit* zwischen zwei Alternativen dem *Zwang zu einer der beiden Alternativen* vorgezogen wird. Das gilt auch dann, wenn sie ohnehin die Alternative gewählt hätten, zu der sie gezwungen worden sind! In einer diesbezüglichen Untersuchung wurde z. B. festgestellt, daß es uns meist angenehmer ist, darüber *entscheiden zu können,* ob wir etwa eine Spritze im Krankenhaus gleich oder erst in einigen Stunden bekommen. Stehen wir dann aber tatsächlich vor der Wahl, so tritt *Entscheidungsunlust* auf, die als unangenehm erlebt wird.

Wir drängen uns zwar nach der Freiheit, *wählen* zu können, solange wir diese Freiheit nicht haben. Wird sie uns aber gegeben, versuchen wir uns vor der *Entscheidung* zu drücken. Je mehr Wahlmöglichkeiten, also je mehr Freiheiten, desto schlimmer. Dies gilt nicht nur dann, wenn die Entscheidung zwischen unangenehmen Dingen zu treffen ist, sondern auch dann, wenn beide Wahlmöglichkeiten durchaus positive Konsequenzen haben!

In einer anderen Untersuchung zum gleichen Thema wurde festgestellt, daß Menschen, die keine Kontrolle über Teile ihres Arbeitsgebietes haben, viel Energie dafür verwenden, diese Kontrolle zu erlangen. Sobald sie ihnen jedoch gewährt wird, tritt die neue Form der Belastung auf, nämlich die Entscheidungsunlust und die Angst vor der Verantwortung.

Nicht selten passiert es dann, daß diejenigen, die sich zuerst sehr anstrengten, in eine Entscheidungsposition zu kommen, nachher bemüht sind, sich diese wieder zu nehmen. Sie versuchen zum Beispiel, diese Verantwortung wieder an einen formalen Mechanismus zu delegieren. Mag sein, daß zumindest ein Aspekt der Bürokratisierung unseres Lebens die Angst der Menschen vor persönlichen Entscheidungen und den damit einhergehenden Verantwortungsgefühlen ist. Die buchstabengetreue, strikte Einhaltung einer Verordnung oder eines Gesetzes fällt manchem Verantwortlichen leichter, als eine flexible Entscheidung mit Rücksichtnahme auf die jeweilige Situation.

Dieses Thema der Emanzipation unseres Handelns im Arbeits-, Sozial- und Freizeitleben wirkt in die verschiedensten Lebensbereiche hinein. Es hat aber sicher auch eine Bedeutung für das Problem der Aufrechterhaltung chronischer Angstreaktionen. So unangenehm und offensichtlich behindernd diese Ängste für den Betroffenen wohl auch sind, so haben sie doch auch, zumindest um einige Ecken herum, vordergründig gewisse scheinbare Vorteile: Der mühsame und schwierige Entwicklungsprozeß, der für das Wachsen und Entfalten der Persönlichkeit notwendig ist, zieht Rückschläge und schmerzhafte Erfahrungen unweigerlich nach sich. Sie sind auf andere Art belastend als die Angstanfälle: Sie bringen Phasen der Einsamkeit, der Trauer, der selbstverantwortlichen Lebensorientierung.

Der Entwicklungsprozeß zum selbstverantwortlichen Menschen kann damit uneingestanden enorm viel Angst auslösen, der wir uns vielleicht gar nicht stellen wollen. Etwa nach dem Motto: In den Himmel kommen, wäre schon eine feine Sache, aber vielleicht findet sich jemand, der mich dorthin trägt. Außerdem, muß ich wirklich schon heute damit anfangen?

Durch die Verklammerung im Netzwerk der Vermeidungsstrategien, durch das Festhalten an unreifen Angstlösungen werden Risiken umgangen, aber auch Chancen zur persönlichen Weiterentwicklung verspielt, und damit wird der Vorgang der Persönlichkeitsentfaltung auf eine kaum merkliche Weise *eingefroren*. Man kann diese Überlegungen auch so zusammenfassen: Die neurotischen Ängste sind unangenehm und im Alltag behindernd – das ist der eine Preis. Sie behindern zudem die persönliche Weiterentwicklung, wodurch der Betroffene seine Möglichkeiten nicht wirklich ausschöpft – das ist der zweite Preis. Der heimliche, scheinbare Gewinn dieser Stagnation der persönlichen Reifung ist das Ausbleiben derjenigen schmerzhaften Erfahrungen, die mit dem Erwachsenwerden notwendig einhergehen: Trennungen, Einsamkeit, Verantwortung.

Neben der Stagnation der persönlichen Reifung kann der Preis dafür eine absurde und dennoch reale Angst sein. Wir müssen dann viel Kraft aufwenden, um uns durch unerledigte und stets wiederkehrende innere Kämpfe an der Fortführung unseres Lebens zu hindern. Ich bezweifle es allerdings, ob das Leben diesen »cop-out«, dieses Ausbüchsen mittels stellvertretenden Leidens, etwa in Form einer manifesten neurotischen Angst, auf Dauer zuläßt. Oft fügen sich die Lebensumstände so, daß wir mit den relevanten Fakten unserer Existenz wieder und wieder konfrontiert werden.

Es ist möglich, daß Psychotherapie einiges davon vorwegnehmen hilft. Katastrophen, die wir in unserem Innenleben erfahren und verarbeiten konnten, müssen sich vielleicht in der äußeren Realität nicht wieder ereignen. Mag sein, daß wir lernen, durch diese Vorwegnahme den Zwang zur Wiederholung selbst- und fremdzerstörerischer »Programme« aufzulösen.

Angst verändert das Denken

Bestimmte Formen des Denkprozesses können auch der Angstvermeidung dienen: Ablenkung, sich konfus machen, Ignorieren von Fakten etc. Eine Form dieser inneren Vermeidung erlebte ich bei Lisa.

Ich traf sie an einem sonnigen Februarnachmittag in einem geschlossenen Altersheim in Los Angeles. Dieses Heim ist eine Einrichtung für alleinstehende alte Leute, die im Zuge des Nachlassens ihrer Verstandes- und Gedächtnisfunktionen nicht mehr in der Lage sind, sich im Alltag zurechtzufinden.

Lisa ist ein Außenseiter in dieser Runde. Sie ist erst 45 Jahre alt, und ihr zweiter Mann ist vor einem Jahr an Herzversagen gestorben. Sie hat anschließend einen Suizidversuch unternommen, wurde in bewußtlosem Zustand gerettet und hat seither ihr Gedächtnis über die letzten 30 oder 35 Jahre verloren. Lisa ist gebürtige Deutsche. Sie kam als Teenager nach Amerika und blieb dort. Sie hat einen Sohn aus erster Ehe, den sie zeitweilig sieht, aber nicht als ihren Sohn erkennt.

Ich wurde eingeladen, mit Lisa zu sprechen, da ich es in deutscher Sprache tun kann und auf diese Weise den Wiederherstellungsprozeß ihres Erinnerungsvermögens fördern könnte.

Lisas Störung wurde diagnostiziert als die Folge einer »funktionalen Hirnschädigung«. Darunter ist im Klartext zu verstehen, daß man nicht genau weiß, was ihr fehlt. Eine organische Beeinträchtigung des Gehirns wird zwar aufgrund bestimmter Eigenarten in ihrem Verhalten vermutet, sie kann jedoch neurologisch nicht nachgewiesen werden. Vor dem Gespräch mit Lisa habe ich erfahren, daß ihre zweite Ehe problematisch war, sie von Freunden als häufig depressiv, überkritisch, unzufrieden, extrem intelligent und für ihre bürgerlichen Lebensverhältnisse als zu nachlässig in den äußeren Dingen bezeichnet wird. Ihr verstorbener Ehemann wird als besonders rücksichtsvoll, liebevoll und gutmütig, auf alle Eskapaden seiner Frau geduldig eingehend beschrieben.

Als ich Lisa das erste Mal begegne, bin ich überrascht. Sie sieht jünger aus als 45. Ihre Augen sind neugierig, ständig in Bewegung, sie ist über meinen Besuch sichtlich erfreut. Sie begrüßt mich auf Englisch, was überraschend ist. Sie hat nämlich erst einige Tage vor meinem Besuch zaghaft begonnen, englische Wörter sporadisch und wie automatisch wieder zu benutzen – Phrasen, wie »how do you do«, »I don't know«, »who are you«, »what's your name« u. ä.

Ich spreche mit ihr Deutsch und stelle zu meinem Erstaunen fest, daß das Gespräch fließend und lebendig, sehr flexibel abläuft. Allerdings erinnert sie sich nach wenigen Minuten nicht mehr, worüber wir zuvor gesprochen haben. Außerdem ist auffallend, daß sie von selbst mehr und mehr ins Englische zurückkommt. Dies geschieht dann jedoch stärker in automatisierten Floskeln, bei denen ich den Eindruck habe, daß sie »irgendwie nicht dahinter steht«.

Sie beginnt statt dessen, mit mir auf eine sehr direkte Art zu flirten, was mich zuerst einmal ganz schön verunsichert. Sie ist im wahrsten Sinne des Wortes präsent, in der *Gegenwart,* und zwar vollständig. Sie scheint keine Gedanken an die Zukunft und die Vergangenheit zu verschwenden. Was *da* ist, ist real.

Das bedeutet, daß sie über weniger konventionelle Vorsichtsmaßnahmen und Hemmungen im zwischenmenschlichen Kontakt verfügt, als dies bei Frauen ihres Alters und ihres kulturellen Hintergrundes sonst üblicherweise der Fall sein mag – und worauf sich ein männlicher Gesprächspartner auch implizit einstellt, vor allem beim Besuch in einem Altersheim.

Das Fehlen dieser Schranken bedeutet auch, daß Lisa durch die unmittelbar vorgegebene Situation in ihrem Bewußtseinsablauf *gefangen* ist. Sie kann nur auf das reagieren, was sie unmittelbar wahrnimmt. Meine Neugierde ist geweckt. Was hat diese Frau an psychischen Funktionen verloren, daß ihr Erleben diese Form annimmt? Ist sie der absolute Gegenwartsmensch, der erste wirkliche Existentialist? Verkörpert sie die in so vielen »Hier und Jetzt«-Ideologien angestrebte paradiesische Lebenshaltung einer von den Fesseln der Vergangenheit und den Ängsten vor der Zukunft freien Existenzweise? Oder ist sie einfach – auf eine für sie angenehme Weise – verrückt?

Sie lacht, ist voller Energie und dabei neugierig und scheu zugleich, wie ein Kind. Hier ist unser Dialog:

W.: Du willst wissen, wie alt ich bin. Ich bin 38. Wie alt bist Du?

L.: 38, 38, ist schön, 38 ist mein Boyfriend. Er lebt in Hameln. Du kannst ihn sehen, er besucht mich hier. Er heißt Udo. Du könntest auch mein Boyfriend werden.

W.: Aber wie alt bist Du?

L.: Ich bin 13. Awful, 13 ist awful.

W.: Was ist so schlimm daran, 13 Jahre alt zu sein?

L.: Es ist einfach schrecklich. Man kann nichts tun, gar nichts kann man tun. 13 ist schlimm. Ich bin 18.

W.: 18? Wie ist es, 18 zu sein?

L.: O. k., nichts Besonderes, aber ganz gut, besser als 13.
W.: 13 ist also vorbei. Vergangen. Was ist vergangen, was ist Vergangenheit? Weißt Du etwas, was vergangen ist?
L.: Keine Ahnung, nein, ich weiß nicht, was vergangen ist.
W.: Versuch Dich zu erinnern, wie es war, als Du ein Kind warst.
L.: Nein, ich weiß nicht, was vergangen ist.
W.: Versuch Dich zu erinnern, wie es war, als Du ein Kind warst.
L.: Nein, nein, ich kann es nicht.
W.: Schade, aber vielleicht versuchst Du es einfach. Stell Dir vor, wie es war, als Du ein Kind warst.
L.: Wie mach ich das?
W.: Schließ die Augen und stell Dir vor, wie Deine Mutter aussieht. Stell Dir vor, Du gehst in die Schule. Wie sah es in der Schule aus?
L.: Ich weiß es nicht, ich weiß nicht, wie meine Mutter aussieht. Du kannst sie sehen, wenn sie kommt. Ich weiß nicht, ich war nicht in der Schule. Doch, ich war in der Schule, aber ich weiß nicht, wie es dort aussieht. Die Augen zumachen, das kann ich nicht. Ich kann nicht die Augen zumachen. Oh, nein, nein, ich mache die Augen nicht zu.
W.: Was würde passieren?
L.: Ich weiß nicht, aber ich kann die Augen nicht zumachen. Kannst du die Augen zumachen?
W.: Schau her, ich mach die Augen zu. Ich stelle mir jetzt vor, wie ich ein Kind war, ich stelle mir meine Schule vor, diese Holzbänke, bei denen die Sitze und das Pult fest zusammengeschraubt sind, in einer langen Reihe, dazu der dunkle, eingelassene Boden. Ich erinnere mich sogar an den komischen Geruch in diesem Zimmer.
L.: Du machst wirklich die Augen zu. Du gefällst mir, wenn Du die Augen zumachst. Dann schaust Du nicht so, daß ich Angst habe.
W.: Hast Du Angst?
L.: Nein, ich hab keine Angst. Nein, hast Du vielleicht Angst?
W.: Sicher, manchmal, dann mach ich meistens meine Augen auf.
L.: Ich will versuchen, meine Augen zuzumachen, aber Du paßt

auf, daß nichts passiert. O. k., ein ganz klein bißchen mach ich sie zu. (Sie schließt tatsächlich für zwei Sekunden die Augen)
W.: Gut, war es schlimm? Na also, es war nicht schlimm. Jetzt versuch Dir vorzustellen, wie das früher war. Mach die Augen zu und denk daran, wie Du als Kind in die Schule gingst.
L.: Ich will nicht rein in die Schule, und ich will sie nicht sehen. Ich bin ja nicht in der Schule ... (Augen wieder offen)
W.: Kennst Du John (ihr verstorbener Ehemann)?
L.: Ja, er ist mein Boyfriend. Er ist nett.
W.: Dein Boyfriend? Sie haben mir gesagt, daß er Dein zweiter Ehemann ist.
L.: Nein, er ist mein Boyfriend. Er ist mein Boyfriend und kommt und besucht mich regelmäßig.
W.: Sie haben mir gesagt, daß er ...
L.: Nein, nein, nein, er lebt und er kommt mich besuchen. Er lebt, er ist nicht gestorben!
W.: Kennst Du Michael?
L.: Ja, er ist mein Boyfriend. Er ist nett.
W.: Sie haben mir gesagt, daß es Dein Sohn ist. Er ist jetzt 21.
L.: Nein, er ist nicht mein Sohn. Er ist mein Boyfriend. Er sieht so ähnlich aus wie Du. Du bist mein Boyfriend.
W.: Sag mir, wie Dein Vater aussieht. Du hast ihn sehr gern gehabt, nicht wahr?
L.: Ja, meinen Vater habe ich sehr gern, aber ... Ja, wie sieht er aus. So wie mein Vater halt aussieht.
W.: Sie haben mir gesagt, daß Dein Vater im Jahr 1950 oder so gestorben ist.
L.: Nein, nein, nein, er lebt, er lebt. Er ist nicht gestorben. Mein Vater lebt, und er wird auch nicht sterben.
W.: Gibt es überhaupt jemanden, der gestorben ist? Ist überhaupt schon einmal jemand gestorben?
L.: Nein, alle leben. Niemand stirbt, wozu doch?
W.: Was glaubst Du, wozu die Menschen dann Friedhöfe bauen? Weißt Du, wie ein Friedhof aussieht?
L.: Ein Friedhof, nein, ich weiß nicht, wie ein Friedhof aussieht. Ich war noch nie in einem Friedhof.
W.: Doch, erinnere Dich!

L.: It's awful! All these dead bodies around. It's an awful place, I don't like it.
W.: Du hast Angst vor dem Sterben?
L.: Ja, nein, ich werde nicht sterben. Du wirst auch nicht sterben.
W.: Ich glaube, daß ich sterben werde.
L.: Nein, willst Du denn sterben? Bleib bei mir, bleib doch hier, dann stirbst Du nicht. Dann bist Du immer glücklich. Warum willst Du denn sterben? Laß uns doch leben! Ich will nicht, daß Du stirbst, bleib bei mir, dann sterben wir beide nicht ... (Sie lächelt, hintergründig, verschmitzt. Ich hingegen bin ziemlich verdattert.)

Sie hat »beschlossen«, sich das Paradies auf Erden zu holen. Sie macht das, indem sie versucht, die *Zeit* aus ihrem Denk- und Erfahrungsrepertoire zu streichen. Sie hat keine Vergangenheit und keine Zukunft und deshalb konsequenterweise auch keine Angst ... oder? Ihre Augen begannen jedesmal unruhig zu flakkern, wenn eine der Fragen auf die Vergangenheit, die Vorstellung vergangener Erlebnisse, die Zukunft, die Möglichkeit des Todes kam. Ihre Kopfbewegungen, ihre Augenbewegungen, die Atmung, alles deutete darauf hin, daß in ihrem Bewußtseinsablauf eine Blockierung all jener Vorstellungsinhalte vor sich ging, die eine potentielle Bedrohung ihres Paradieses darstellten.

Und da sitze ich nun, soll ich weitermachen und versuchen, sie dem Paradies zu entreißen? Soll ich sie in das Elend und Dilemma des um seine Sterblichkeit Wissenden zurückrufen? Wird ihr Paradies halten? Welche Kämpfe muß sie führen, um dieses System aufrechtzuerhalten?

Wenn sie zurückkommt, kommt sie zurück in ihre frühere Persönlichkeit: depressiv, nörglerisch, einmal geschieden, einmal verwitwet, in einem fremden Land, das gegenüber mittellosen Kranken nicht sonderlich barmherzig ist, mit der Möglichkeit des nächsten Suizidversuches?

Was ist *mein* Interesse an Lisa? Ich komme mir in dieser Situation ein bißchen vor wie die Schlange im Paradies, die den beiden ersten Menschen versucht, den Apfel vom Baum der Erkenntnis wieder schmackhaft zu machen. Dabei beschäftigt mich auch das Interesse der Schlange an diesem Prozeß.

Kann sie – kann ich – diesen Lösungsversuch Lisas akzeptieren? Ihr Suchen nach konfliktfreier Harmonie ist ein Rückschritt. Sie hat jenen Teil des Denkens ausgeschaltet, wo Gegenwärtiges mit Vergangenem verglichen und Zukünftiges entworfen werden kann. So könnte ihr eine Art Rückkehr in ein nicht-reflektiertes Ablaufen »der Ereignisse« gelingen. Damit aber wäre der Verzicht auf all die Eigenschaften verbunden, die uns sozusagen erst als Menschen bestimmen, und auf die wir gelernt haben, stolz zu sein: das Denken, das objektive Analysieren, das Zurücktretenkönnen aus dem Ablauf der Ereignisse, um die Dinge von außen zu betrachten. Und nicht zuletzt gehört dazu auch die *Versachlichung* des Todes, den wir durch diese Operationen auch für *uns* denken können, und damit wohl auch die Versachlichung des Lebens? Das Denken hat uns mit unserem Tod konfrontiert, jetzt soll es uns auch helfen, diesen Schock durch Versachlichung zu vermeiden. Prinzipiell sind wir dann nicht so viel anders dran als Lisa.

W.: Hast Du John gesehen, als er starb?

L.: Ich habe ihn gesehen, aber er ist nicht gestorben. Er besucht mich. Heute abend kommt er wieder. Er ist mein Boyfriend. Nein, er ist mein Husband. Er ist ganz nett, aber ich hab Dich lieber. Sie sagen, daß er gestorben ist? Hm ... mag sein, ich weiß es nicht ...

Für einige Sekunden verharrt sie bei dieser Erfahrung. Ihre Augen werden ruhig und feucht, als würde sie jeden Augenblick zu weinen beginnen. Doch dann wird sie wieder unruhig, die Augen beginnen zu flackern, und sie ist wieder in ihrer Gegenwart, vollständig.

Der Ausflug in die Vergangenheit war kurz, wahrscheinlich schmerzhaft. Die Angst vor der totalen Überwältigung durch die Erfahrungen, die in ihrem Unbewußten schlummern, ist zu groß, als daß sie dieses Risiko jetzt weiter eingehen möchte. Sie schlägt die Tür zur Vergangenheit, zu *ihrer* Vergangenheit wieder zu. Sie hat sich anscheinend entschieden, lieber ein Gefangener der Gegenwart als ein Gefangener der Vergangenheit zu sein.

Ich verabschiede mich von ihr. Sie ist wirklich traurig, doch als sie sich umdreht, lacht sie wieder. Sie hat mich und unsere gemeinsamen Augenblicke gleich wieder vergessen. Sie läßt sich freundlich und willig von der Pflegerin wegführen. Im Weggehen höre ich sie etwas über ihren Boyfriend erzählen ... Welcher wird es wohl sein?

Ich bin betroffen, verwirrt, verunsichert. Die Erfahrung mit Lisa *wirkt nach:* Die Fähigkeit zur Erinnerung an Vergangenes ist die Voraussetzung für die Fähigkeit, Zukunft zu denken. Ohne Zukunft und ohne Vergangenheit gibt es keine Angst. Ohne Angst ist das Leben paradiesisch. Wir sind dann zwar Spielball unmittelbarer, gegenwartsbezogener Reaktionen und unwiederbringlich Gefangene unserer inneren und äußeren Umgebung. Dafür aber sind wir dann auch in Harmonie mit unserer Umwelt, selbst wenn diese uns umbringt. Aber ... *sind wir das nicht ohnehin, selbst wenn unser Denken uns etwas anderes sagt?*

Durch die Fähigkeit, voraus- und zurückzudenken, haben wir uns die Illusion der Unabhängigkeit, die Illusion der Fähigkeit zur Auflehnung gegenüber den Unbilden dieser Welt erworben. Als Preis dafür haben wir *subjektiv* die Harmonie verloren.

Aber, hat Lisa das Paradies wiedergefunden? Ich zweifle daran. Zu sehr kämpft sie um die *Erhaltung* des Zustandes. Die Abwehr nicht in dieses Paradies passender Informationen ist noch sehr dicht. Sie wird es vermutlich nicht lange bleiben. Mit der Rückkehr der englischen Sprache werden langsam, aber stetig, auch die jüngeren Erlebnisse wieder zurückkommen. Noch hilft ihr die Angst und ihre Fähigkeit zur *blitzartigen inneren Angstvermeidung durch Nichtdenken* diesen Prozeß der Erinnerung aufzuhalten. Wie lange? Wahrscheinlich wird sie »zu uns« zurückkommen müssen, mit allen Konsequenzen, also auch der, zu *wissen,* daß sie eines Tages stirbt, so wie wir auch. Oder?

Der Prozeß der Absperrung von Erfahrungen aus dem Bewußtsein dient der Schonung der Gegenwart. Im Falle besonders dramatischer Erlebnisse ist diese Absperrung besonders deutlich, wie es das Schicksal Lisas demonstriert. Grundsätzlich sind wir aber alle diesem Prozeß der Absperrung ausgeliefert, für den es Begriffe wie Verdrängung, Verschiebung, Projektion usw. gibt. Bedrohliche, unser Weltbild gefährdende Erinnerungen und damit verbundene emotionale Erlebnisse sind aus dem Bewußtsein eliminiert. Ihre Wiederaktivierung ist angstauslösend und, wenn wir uns diesem Prozeß stellen, schmerzhaft und überwältigend.

Die Bewältigung dieses schmerzhaften Prozesses entweder gleich zum Zeitpunkt des ersten Erlebens desselben oder in der Wiederbearbeitung im Rahmen einer Therapie führt nach der Schmerzerfahrung im allgemeinen zu einem Gefühl großer Erleichterung, der Zufriedenheit mit sich selbst, der Harmonie – bis zum nächsten Schock.

Die Grenze zwischen Pathologie und »Normalneurose« ist auch hier fließend. Ist der Unterschied zwischen dem erleuchteten Guru im Himalaja und Lisa im Altersheim von LA eine Frage des Vorzeichens, der sozialen Einbettung und Wertung desselben Verlangens nach ewiger Harmonie? Oder sind es einfach zwei verschiedene Methoden, die Verzweiflung angesichts des antizipierbaren Todes zu vermeiden, wobei wir im Falle Lisas dazu »pathologisch« sagen? Vielleicht ist der Weg des Guru ein ganz besonders trickreicher Weg zum selben Ziel – dem Wiedereintritt in das verlorene Paradies durch die freiwillige Rückgabe des Apfels der Erkenntnis?

Oder besteht zwischen dem Weg des Guru und dem, den Lisa gewählt hat, doch ein qualitativer Unterschied? Betrachten wir ihre Lage auf dem Hintergrund der Idee, daß das Leben Einübung in das Sterben ist, daß wir während des Lebens gezwungen werden, seine Inhalte auch wieder gehen zu lassen, daß wir auf eine Stabilität unseres Seins verzichten müssen, ein Vorgang, der immer wieder Neues, Unbekanntes bringt, der Angst macht. So gesehen ist Lisa in einem Stadium, in dem sie dieses Gehenlassen der Vergangenheit im einzelnen nicht bewältigt. Sie versucht dieses Problem zu lösen, indem sie die Vergangenheit als Ganzes streicht. Dieses Streichen ist aber kein Abgeben, kein »letting go«, sondern ein Gewaltakt.

Das Zurücklassen von Dingen, die ihr nahe stehen, muß für sie derart schmerzhaft sein, daß sie damit nicht umzugehen bereit ist. Regressiver Kampf gegen den Lauf der Ereignisse und die Erfahrung der damit verbundenen seelischen und körperlichen Schmerzen machen auf die Dauer krank – seelisch und körperlich.

Die »Existenzangst«, die Angst vorm Nichtsein, kann durch Zulassen »neurotischer Angst«, der Angst vorm Sein, kaschiert werden. Welche Alternativen haben wir, wenn wir Lisas Weg nicht wählen? Das ständige Einüben im Loslassen von Vergangenem, seien es nahestehende Personen, die wir liebgewonnen haben, Bequemlichkeiten, die uns unentbehrlich erschienen? Das Einüben des Sterbens in den kleinen alltäglichen Dingen, das Ertragen des Zusammenbrechens unserer Pläne im Kleinen und im Großen, auf körperlicher, emotionaler und kognitiver Ebene? Das heißt nicht, gegenwärtiges Erleben zu negieren, abzuwerten, das heißt nicht, kampflos zu leben, im Gegenteil! Aber durch das Bewußtsein von der Endlichkeit unserer Erlebnisse, der positiven wie der negativen, können wir sie annehmen, genießen, erleiden etc. Festhalten an Vergangenem behindert jedoch das Erleben dessen, was ist – das aber ist die Realität unseres Lebens. Früher oder später müssen wir uns von diesen Dingen trennen, und diese Trennung wird uns um so leichter fallen, wenn wir uns vorher in der Fähigkeit geübt haben, Trennung, Verzicht und Enttäuschung zu ertragen.

Erklärtes Ziel der meisten Psychotherapien ist unter anderem, die Fähigkeit, sich trennen zu können, irrationale Lebensbindungen hinter sich zu lassen und Trennung auszuhalten, erstmals aufzubauen oder sie wiederherzustellen. Für manche Menschen ist dies vielleicht auch die Vorbereitung auf eine reifere Möglichkeit des Lebens, die religiöse Hingabe an das Unfaßbare.

Die Hochkulturen der Menschheit haben sich seit Jahrtausenden vorrangig mit den Fragen nach Leben und Tod und ihre Einbettung in einen sinngebenden Zusammenhang beschäftigt. Erst unsere Zivilisation hat beispielsweise den Tod an den Rand des Alltags gedrängt. In den letzten Jahren sind nun neue Psychotherapien bzw. psychologische Konzepte stärker in den Vordergrund getreten, die ihren Ursprung in mystischen Erfahrungen verschiedener Traditionen haben. Diese Formen der Therapie, die eigentlich eher eine Lebens- oder Erlebensphilosophie sind, setzen jedoch eine Veränderung unseres Weltbildes, vor allem aber auch unseres Verständnisses von Krankheit, voraus. Das hat natürlich Konsequenzen für praktisch alle Lebensbereiche. Manche dieser neuen Psychotherapien betrachten den Menschen als integrativen Bestandteil des Universums; sie pflegen auch Seiten der menschlichen Existenz, die zuletzt mehr und mehr verdrängt wurden: Der Mensch als geistiges und transzendentes Wesen wird in diesen Therapieansätzen wieder berücksichtigt. Die klassischen Psychotherapien haben allerdings wichtige Vorarbeit in diese Richtung geleistet. Auch wenn sie die positive Bedeutung religiöser Erfahrungen unterschätzten, was nicht weiter verwundert, da sie ja vorwiegend mit den fatalen Auswirkungen repressiver religiöser Praxis auf die seelische Entwicklung zu tun hatten. Viele Traumen und als Folge davon die Abkehr von diesem Erfahrungsbereich sind auf unsensitive religiöse Anleitung zurückzuführen.

Angst vor den anderen

Die Angst vor den Mitmenschen hat viele Gesichter, sie tritt in den verschiedensten Situationen auf und kann sich subjektiv und im Verhalten sehr unterschiedlich äußern. Sie entsteht sehr früh als die Angst des Kindes, von seinen Eltern abgelehnt, nicht geliebt, gestraft, kurz, körperlich oder seelisch verletzt zu werden. Aber auch das Gegenteil kann zum Inhalt der Angst werden: die Befürchtung des Kindes, daß es von seiner Mutter mit »tätlicher Liebe« überschüttet wird, daß dabei seine eigenen Bedürfnisse ignoriert, seine physischen und psychischen Räume total ausgefüllt werden. Stark kontrollierende Formen von Zuwendung lassen zu wenig Platz zur Entfaltung der eigenen Persönlichkeit.

Es ist sehr wahrscheinlich, daß es im Grunde diese Formen kindlicher Ängste sind, die sich später beim Erwachsenen als Angst vor den Mitmenschen, als *Sozialangst* wieder zeigen. Da ist nicht nur die Angst des sozial Schwächeren, des beruflich Abhängigen, vor der abwertenden Kritik durch den Vorgesetzten oder die »kompetenten anderen«. Da ist auch die Angst eben dieses Vorgesetzten, des scheinbar Überlegenen und nach äußeren Maßstäben Erfolgreichen, seine Angestellten könnten an ihm eine Schwäche entdecken. Sie könnten seine Autorität mißachten, den Schutz, den ihm sein Status gibt, ignorieren und ihn direkt konfrontieren, wobei seine Schwächen offenkundig würden. Und das wäre dann die schlimmste Katastrophe.

Im Grunde sind dies zwei Seiten derselben Münze: Für das Gefühl, selbst etwas wert zu sein, eine Lebensberechtigung zu haben, wichtig und nützlich sein, dazu glauben wir die Anerkennung und die Zustimmung der anderen zu brauchen. Wenn sie uns diese aber versagen, fürchten wir eine entsetzliche, wenn auch meist unbestimmte Katastrophe. Allzuleicht bekommen wir auch von außen die Bestätigung für das, was wir heimlich schon immer ahnten, aber nicht realisieren wollten: unfähig, wertlos, unwichtig, kurz überflüssig zu sein.

Eigentlich hat es in diesem Dschungel von versteckten Katastrophenphantasien und Bewertungsängsten derjenige, der seine Angst vor dem Kontakt mit anderen zur Schau stellen muß, noch am leichtesten. Er ist möglicherweise noch besser dran als derjenige, dem es gerade noch gelingt, sie zu vertuschen. Eine häufig vertretene These über psychosomatische Erkrankungen nämlich besagt, daß sie gerade bei den Menschen am ehesten auftreten, die ihre Ängste und Konflikte vor ihrer Umwelt erfolgreich verbergen und chronisch »Heile Welt« demonstrieren.

Die Angst vor Ablehnung und negativer Bewertung kann sich in die *Liebesbeziehungen* zwischen Partnern ebenso einschleichen wie in den Sozialkontakt am *Arbeitsplatz*, in das *Lehrer/Schüler-Verhältnis* oder in *Familienbeziehungen*. Dies geschieht oft unmerklich, da sich die Angst nicht immer auch als subjektiv spürbares Angst*gefühl* äußern muß. Wir haben viele Tricks, um dieses unangenehme Gefühl nicht nur vor den anderen, sondern auch vor uns selbst zu verstecken: besondere Betriebsamkeit und Hektik, zur Schau gestellte Überlegenheit,

Gelassenheit; vielleicht auch das Lächerlichmachen desjenigen, der seine diesbezügliche Angst nicht zu verstecken versucht; das kritische Verwenden von Urteilen und Bewertungen, welche eine überlegene Distanz gegenüber anderen schaffen sollen, und zwar besonders dann, wenn wir an ihnen unsere eigenen Merkmale nicht sehen wollen.

All das sind nur einige Beispiele für die vielen Möglichkeiten, mit denen wir uns von der Wahrnehmung dieses unangenehmen Zustandes, des *Angstgefühls,* wegzuschwindeln versuchen. Es ist wichtig, diese Tricks kennenzulernen. Wir glauben sie notwendig zu haben, wenn wir nicht mehr wissen, wer wir sind, wenn wir als Kinder für unser So-Sein bestraft wurden und uns damit schützten, dieses So-Sein vor anderen und uns selbst zu verstecken. Dann aber müssen uns die anderen sagen, wer wir sind – wir sind ihnen in unserem Selbstwertgefühl ausgeliefert, geben ihnen die Macht, uns zu »definieren«, haben Angst vor jeder abwertenden Bemerkung.

Diesen Kampf kennt jener 36jährige Mann gut, dem dieses »Wegschwindeln« gar nicht oder nur sehr unvollständig gelang: *Walter.*

Er ist im wahrsten Sinne des Wortes *dünn.* Da ist zuerst einmal seine körperliche Erscheinung: Er ist groß, mager, mit fast durchsichtiger Haut. Seine Gesichtszüge sind differenziert. Insgesamt wirkt er eher zerbrechlich. Dazu kommt ein scheuer, unsteter Blick, der mit den Augen des Gesprächspartners nur kurz Kontakt aufnimmt, um dann weiterzuwandern oder »nach innen« zu gehen.

Wenn er spricht, tut er das leise, in wohlgeformten Sätzen, in die eine Fülle von zwar durchaus logischen, aber höchst komplizierten Gedankengängen gepackt ist. Auffallend ist, daß er beim Sprechen manchmal, und zwar ohne daß es sich vom Inhalt her anbietet, lange Pausen macht. Dann beginnen verschiedene Muskeln seines Gesichts zu zucken, er setzt ein paarmal zum Sprechen an, ohne daß etwas kommt. Dabei vermittelt er den Eindruck, als müßte er sich unglaublich anstrengen, um nicht zusammenzubrechen. In diesen Momenten scheint dann für logisches Denken und Ausformulieren von klaren Sätzen keine Kraft mehr zur Verfügung zu stehen.

Aber was führte ihn hierher, was drängte ihn, eine Beratungsstelle aufzusuchen? Es ist die Angst, mit anderen Menschen sprechen zu müssen, von ihnen angesehen zu werden und dann zu versagen. Er hat in solchen Situationen das Gefühl, als würde sich in seinem Kopf alles durcheinander drehen, er ist dabei sehr aufgeregt und spürt, wie ihm die Röte ins Gesicht steigt. Dieses äußere Zeichen ist es, was er dabei am allermeisten fürchtet. Er versucht, sich dagegen zu wehren, aber je mehr Anstrengungen er unternimmt, um so verläßlicher kommt »es«. Er kann selbst gar nicht angeben, *was* er eigentlich *verstecken* möchte, auf was der Gesprächspartner nicht kommen darf. Er spricht von einem diffusen Gefühl des Unbehagens, des Wertlos-Seins, des Nicht-in-Ordnung-Seins.

Peinlichkeit

Es gibt bestimmte Situationen, in denen diese Angst stärker ist, in denen sie unausweichlich auftritt, von *Erröten* begleitet. Sehr schwer fällt es ihm z. B., in einen Bus einzusteigen oder ein Kino zu besuchen, besonders wenn sich dort viele Menschen befinden. Sie könnten ihn dann anschauen, sich über seine hagere Gestalt lustig machen oder sich einfach denken, daß mit ihm etwas nicht stimmt. Am allerärgsten sind für ihn Gruppen von halbwüchsigen jungen Mädchen, die mit Kichern und Tuscheln ihre Köpfe zusammenstecken, und dabei – so seine Phantasie – mit der Idee spielen, ihn gehörig in Verlegenheit zu bringen. Er fürchtet dann, daß sie ihm ein Angebot machen könnten, mit ihm zu kokettieren beginnen, es eigentlich aber darauf abgesehen haben, ihn *bloßzustellen*. Es darf ihm in dieser Situation erst recht kein peinlicher Fehler oder ein Versagen passieren.

Sitzt er dann, fühlt er sich *festgenagelt*. Und wenn dann erst die Türen zu sind, wird die Situation für ihn unerträglich. Er ist extrem aufgeregt, wagt dabei kaum zu atmen und schon gar nicht, sich zu bewegen. Kein Wunder, daß er dabei Angst bekommt, in *Ohnmacht* zu fallen. Er denkt auch an einen plötzlichen Schreikrampf, oder daß ihm irgendwelche Gesten oder Bemerkungen ausrutschen, ohne daß er es kontrollieren könnte.

Er versucht, solchen Überlegungen dadurch den Boden zu entziehen, daß er erst in letzter Sekunde ankommt, peinliches Warten in der Öffentlichkeit vermeidet. Meist aber bleibt er gleich ganz weg. Er vermeidet die Belastung, fühlt sich dadurch aber elend.

Auf die Frage, was er denn eigentlich in dieser Situation fürchtet, gibt er an, daß es die ungeheure *Peinlichkeit* ist, mitten im Kino oder Konzertsaal umzufallen und Aufsehen zu erregen. Er verbindet damit äußerste Demütigung, fürchtet den Zustand des in der Hilflosigkeit und Schwäche Ausgelachten.

Walter hat nur wenige Bekannte. Am Arbeitsplatz – er hat eine ruhige Bürotätigkeit, bei der er auf schriftliche Anfragen schriftlich reagiert und kaum mit jemandem sprechen muß – ist er imstande, zu den Kollegen eine gleichsam »würdige Distanz« zu wahren.

Als er zur Therapie kam, hatte er praktisch keine Kontakte mit Frauen, weder freundschaftlicher noch erotisch-sexueller Art.

Abspaltung der Kindheit

Auffallend ist, daß er so gut wie keine *Kindheitserinnerungen* berichten kann. Das ist auf den ersten Blick insofern überraschend, als er aus einer traditionsbewußten Familie kommt, in der die Leistungen der einzelnen Familienmitglieder über viele Generationen schriftlich vorliegen, ja sogar an den Wänden gerahmt hängen. Soviel wird dann auch im Gespräch klar, daß der Anspruch der Eltern an die Leistungen und das Verhalten der Kinder extrem hoch war bzw. von ihm so erlebt wurde.

Er hat ein deutlich spürbares Unbehagen, das er auch zur Schau trägt, wenn diese Fragen angesprochen werden. Offensichtlich will er an diese Erlebnisse und an diese Zeit nicht erinnert werden. Er stellt dann auch Fragen, wie »Muß denn das sein, das ist doch längst vorbei?« oder »Meine Eltern sind doch tot, was hat das denn noch für einen Sinn, all diese Geschichten aufzuwärmen?«

Energielos?

Neben den Ängsten beklagt er, daß er praktisch keinen *Antrieb,* keine *Energie* hat. Das ist immer dann am stärksten spürbar, wenn er in Kontakt mit einem anderen Menschen einen »Mißerfolg« erlebt hat. Danach ist er erschöpft, deprimiert. Er macht sich Vorwürfe, unfähig, schlapp, den geringsten Anforderungen an einen Normalbürger nicht gewachsen zu sein. Das Phänomen der subjektiv erlebten Antriebslosigkeit brachte ihn dazu, eine persönliche Theorie darüber zu entwickeln, daß all seine Probleme auf ein *genetisch* bedingtes Fehlen von *Lebensenergie* zurückzuführen sind. Diese These vertritt er mit großer Hartnäkkigkeit und hält sie allen Argumenten entgegen, die sie widerlegen könnten.

Ein solches Argument gegen seine Theorie ist z. B., daß die subjektiv erlebte Aufregung und Angst ja eigentlich ein Anzeichen einer starken Kraft ist, die sich nur nicht in gezielte Handlungen kanalisieren läßt. Mit dem Fehlen von Lebensenergie rechtfertigt er vor sich selbst, daß er den Versuch einer Änderung seines Verhaltens erst gar nicht unternimmt. Diese Selbstrechtfertigung könnte als ein erster Schritt zur Lösung seines Problems verstanden werden: Die *Schuld,* aber auch die *Verantwortung* für seinen Zustand wird abgelehnt. Etwa nach dem Motto: Es ist besser, wenn die Gene an der Misere schuld sind als ich oder meine Eltern. Dieser Lösungsversuch stellte sich aber als eine Art Bumerang heraus. Er ging nämlich leider nicht soweit, daß er zu seinen »Mängeln und Schwächen« auch stehen, sich mit ihnen abfinden konnte. Im Gegenteil, er brach diese Überlegungen auf halbem Wege ab und sprach sich, gerade wegen des vermeintlichen konstitutionellen Defizits, die *gesamte Existenzberechtigung* ab: »So einer wie ich hat kein Recht zu leben«.

Es war bedrückend zu sehen, wie diese selbstzerstörerischen Gedanken für ihn immer noch attraktiver waren als die Idee, für den Zustand selbst *Verantwortung* zu übernehmen.

Bewertungen

Worin besteht nun die Angst, die er vor den Menschen hat? Da ist einmal der Umstand, daß die anderen ihm einfach *durch ihre Existenz* ständig einen *Wertmaßstab* vorzulegen scheinen, von dem er einerseits glaubt, daß er ihn erfüllen müßte, um sich wohlfühlen zu *dürfen*. Andererseits ist er aber überzeugt, daß er diesen Maßstab auch bei größter Anstrengung niemals erreichen kann.

Sein Denken ist vollkommen bestimmt durch die Prozesse des *Bewertens*. Jede Situation, jede *seiner* Handlungen, *aber* – und das gibt er sich selbst nicht gerne zu – *auch die der anderen*, wird von ihm in »gut« oder »schlecht« eingeteilt. Meistens ist das Ergebnis ohnehin »schlecht«. Den Wert eines Menschen, seine Lebensberechtigung, meint er ausschließlich aus seiner Leistung und seinen Fähigkeiten bestimmen zu können. Der Maßstab wird durch die Mehrheit festgelegt. Die Idee, daß ein Mensch oder ein Lebewesen allein durch seine *Existenz*, wie auch immer diese konkret auf einer Wertskala betrachtet werden mag, seine *Lebensberechtigung* hat, ist ihm fremd, ja aus irgendeinem Grund bedrohlich.

Mit diesen alles dominierenden Bewertungen setzt er sich selbst ständig und massiv unter Druck, *anders zu sein als er selbst eben ist*. Er projiziert diesen Druck auch in seine Mitmenschen. Er glaubt, daß sie ihn ständig bewerten. Er fühlt sich von ihnen verachtet, wenn er ihren Kriterien nicht entspricht, und er glaubt, *daß sie dabei im Grunde recht haben*. Diesen sehr unangenehmen Einsichten versucht er zu entgehen, indem er den Kontakt mit den Mitmenschen nach Möglichkeit vermeidet. Seine bewertende Art zu denken führt auch dazu, daß er jede intuitive, impulsive, gefühlsmäßige Reaktion sofort als nicht angemessen unterbindet. Dabei vermittelt er den Eindruck eines Menschen, der ständig damit beschäftigt ist, sich selbst zu stoppen. Dahinter steht die Annahme, daß es eine bestimmte Art gibt, wie man sich eben zu verhalten hat. Und nachdem er glaubt, von »Natur« aus nicht so zu sein, daß das von selber geht, muß er seine Natur ständig unterbrechen. Gleichzeitig muß er sich ständig anstrengen, diese Verhaltensnorm zu erfüllen.

Er hat Angst vor negativer sozialer Bewertung durch andere. Gleichzeitig verurteilt er sich selbst für das Vorhandensein dieser Angst. Diese Bewertung führt zu einem sekundären Gefühl, einem *Gefühl über ein Gefühl:* Niedergeschlagenheit.

Seine »Natur«, seine ureigenen Bedürfnisse, kommen in diesem Teufelskreis natürlich zu kurz. So ist es kein Wunder, daß sie sich in Form von »Störungen« zwischendurch immer wieder bemerkbar machen. Die aber sind ihm unangenehm, weil subjektiv, normabweichend. So kommt es, daß er über weite Strekken seines bewußten Lebens mit diesem *Unterbrechen von Impulsen* beschäftigt ist. Im Gespräch zeigt sich das dann in Form von mehr oder weniger langen Pausen, wegwerfenden Handbewegungen. Eine Stimmung der bleiernen Schwere und des Unterdrückens von allem, was spontan und lebendig sein könnte, breitet sich aus. Das löst beim Gesprächspartner zuerst einmal Desinteresse, später Vermeidungs- und Fluchttendenzen aus.

Was bleibt, ist das Bild eines Menschen, der bereits zu seinen Lebzeiten versucht, sich im eigenen Grab einzuschaufeln, um sein Leben nicht leben zu müssen. Eine Lösung ist nur dann möglich, wenn er bereit ist, für seine Mißerfolge einzustehen, seine reale und phantasierte Minderwertigkeit anzunehmen, das So-Sein seiner Existenz erst einmal zuzulassen. Damit würde er die sekundären Gefühle auflösen und zur Verarbeitung der primären Angstgefühle fähig werden. Darauf können dann erst konkrete Änderungen des Handelns und Erlebens aufbauen.

»Liebeszwang«

Wer über Liebe schreibt, muß verrückt sein. Zuviel ist geschrieben und gesagt worden, und stets ist das Ergebnis banal für den, der das Ergebnis als Unberührter, sozusagen »im Trockenen« liest. Es erscheint leicht lächerlich. Dennoch ist das Thema von enormer Bedeutung, es beeinflußt unser aller Leben so entscheidend, daß die Beziehung dieses Zustandes zu dem der Angst in der Tat untersuchenswert ist. Liebe kann viele Facetten haben. Es ist daher vielleicht besser, von Liebesgefühlen zu sprechen. Sie sind im allgemeinen nicht nur auf reale Personen und Objekte bezogen, sondern sie sind in der Regel mit verschiedenen Gedanken, Vorstellungen, Überzeugungen verbunden, meist sogar ohne daß man es weiß.

Besonders problematisch sind diese Verbindungen, wenn sie die Liebe zu einer *Funktion* machen. Die Liebe soll einen Zweck erfüllen für den, der sie erlebt, wie auch für den, der die aus ihr hervorgehenden Taten und Verhaltensweisen empfängt. Soweit, so gut. Kritisch kann es werden, wenn wir indirekte *Maßnahmen ergreifen,* um die Liebe des anderen für uns zu *garantieren.* Hier setzen viele neurotische Störungen an. Liebe wird dann zum Werkzeug. So erwarten wir z. B., daß der Partner uns das gibt, was wir von den Eltern nicht oder nicht ausreichend bekommen haben. Wenn Eltern z. B. zu wenig verfügbar waren, so zieht das Kind vielleicht den Schluß, daß es selbst nicht liebenswert ist. Es glaubt, daß es etwas Bestimmtes leisten muß, um die unterstützende Zuwendung zu erhalten, die bedeutet, daß es liebenswert und demnach auch *lebenswert* ist.

Das Kind ist dann sehr erfinderisch in der Wahl der Manipulationen, mit denen es sich risikofrei ein gewisses Maß an Zuwendung erkämpft. So gelingt es ihm auch, in einem emotional dürftigen oder frostigen Klima zu überleben. Die übergreifende Botschaft, die es dabei aber lernt, besagt, daß es nur über diverse Tricks oder Anstrengungen die Zuneigung erhält: »An sich bin ich nicht liebenswert« – so lautet die negative Formulierung der

Botschaft. Probleme entstehen durch das zwanghafte Wiederholen dieser Methoden der »Liebesmanipulation«, die selbst bei völlig geänderten äußeren Umständen das Zusammenleben auch im Erwachsenenalter bestimmen können.

So laufen wir weiter durchs Leben, indem wir ständig unsere *damals* sinnvollen und *bedingt* erfolgreichen Methoden wiederholen, nicht sehend, daß das, was wir suchen, so nicht mehr erreichbar ist.

Es gibt viele Beispiele für solche indirekten Methoden, Liebe risikofrei erzwingen zu wollen. Eine ist z. B. die, vom Partner zu erwarten, daß er einen liebt, weil man ihn sonst nicht lieben kann. Das wäre nämlich zu riskant. Erst wenn sicher ist, daß er einen ständig liebt, kann man es riskieren, auch selbst zu lieben, sich auch zu öffnen und verletzbar zu machen. Dahinter steckt die Angst, in einem Zustand der Offenheit und Wehrlosigkeit abgelehnt, kritisiert oder lächerlich gemacht zu werden.

Die »Regel« dabei heißt, daß es besser ist, nichts zu riskieren und eher den anderen zur Liebe zu verlocken, als diesen Umstand selbst zuzulassen. Dieser Angst, dann seelisch verletzbar zu werden, liegen meist alte Erfahrungen der Demütigung und Abwertung durch so wichtige Personen wie die Eltern zugrunde. Sie können so traumatisch sein, daß noch der Erwachsene diese Erniedrigung nach Kräften meidet, auch wenn sie nur ansatzweise auftritt und real seine Existenz nicht mehr bedroht.

Die offenen und versteckten Ängste von Partnern ergänzen sich häufig in einer verblüffenden Weise, wie ineinander passende Bausteine. Und die gesamte Palette von Beziehungsproblemen ist dann Ausdruck dieser Angstverschränkung: Geld, Ausnutzen der Ängste vor Liebesverlust und Einsamkeit, Vorwürfe wegen Lieblosigkeit, das Sich-Verweigern, die Demonstration scheinbarer Unabhängigkeit, sprich Isolation, Sexualität als Mittel zum Zweck, Gewalt, nicht zuletzt aber auch Krankheit, Leid und Unglücklichsein. All das sind auch Mittel, den anderen unter Druck zu setzen, seine Aufmerksamkeit zu binden. Und das sind nur einige Beispiele aus dem »Karate der Partnerbeziehungen«. Die Liste läßt sich, je nach Phantasie der Beteiligten, fast beliebig erweitern.

Es ist nur ein kurzer Sprung von der Liebe durch Manipulation zu einer *bedingungsfreien* Form von Liebe, und dennoch scheint die Kluft unüberbrückbar zu sein: Die Kluft zu dem Zustand, in dem wir uns selbst die *Lebensberechtigung* zusprechen können, und dies auch von anderen *als selbstverständlich erlebt* wissen, unabhängig davon, ob wir irgendwelche Bedingungen erfüllen. Auch wenn wir nichts leisten, nicht wichtig sind, nicht offensichtlich von allen geliebt werden, ist das diesem Zustand nicht abträglich. Diese Augenblicke der Harmonie mit sich selbst und der Welt bergen vermutlich auch das höchste *Heilpotential*.

Es hilft aber wenig, sich das in Gedanken vorzusagen, wenn man es nicht empfindet. Dieses Gefühl stellt sich so nicht ein, es kann nicht »gemacht« werden. Eher entsteht es wie von selbst, wenn die Niederlage unserer alten Methode, Liebe erzwingen zu wollen, unausweichlich feststeht. Wenn wir die Vergeblichkeit, Liebe durch Manipulation zu erzwingen, einsehen und diese »Methode« aufgeben. Das heißt dann aber auch, sich dem Risiko des hinter der Ablehnung gefürchteten Gefühls der Unwichtigkeit, des Überflüssigseins wirklich zu stellen.

Es wird von selbst in diesem Augenblick klar, daß es »an sich« keine Bewertung mehr gibt. Gut und schlecht, richtig oder falsch, wichtig oder unwichtig, lösen sich auf in der Wahrnehmung des So-Seins und So-Gut-Seins. Bewertungen werden wieder im Hinblick auf eine Funktion, auf ein Ziel, sinnvoll. Sie sind keine Urteile über die Wertigkeit einer Existenz an sich. In diesem Zustand einer nicht mehr klammernden Liebe sind wir mit der Welt im Einklang.

Meist aber bleibt es nicht lange so. Es gibt viele Fallen, die wir uns selber stellen. Eine davon ist der Versuch, den Zustand der bedingungsfreien Liebe *festzuhalten*, auf Methoden zu sinnen, wie wir den Zustand konservieren können. Das ist der Anfang von seinem Ende. Andere Beispiele für solche Fallen sind die gedanklichen Prozesse des Beurteilens, des Vergleichens, des Analysierens, wenn sie der persönlichen *Distanzierung* dienen. Meist geht dem ein Gefühl des Nicht-in-Ordnung-Seins voraus. Es kann durch alte, auf kindliche Erfahrungen basierenden

Konditionierungen unangenehmer Emotionen hervorgerufen werden. Es kann aber auch durch Erkrankung, körperliche Schwächung, organische Defizite, physische Belastungen, durch entwürdigende Arbeit etc. ausgelöst werden. Die Aussichten, diesen neuen aversiven Zustand aufzulösen, sind vermutlich dann am größten, wenn wir in der Lage sind, das Unangenehme daran für das Erleben zuzulassen und seine Herkunft zu erkennen, ohne ihm in regressiver Weise auszuweichen. Mit »regressiv« sind die alten, früher unter anderen Umständen gelernten und da vielleicht angemessenen Bewältigungsmanöver gemeint, auf die wir bewußt verzichten müssen.

Liebe – Sexualität ... und Platz für viele Komplikationen

So abgegriffen dieses Thema auch sein mag: Wir wissen eigentlich sehr wenig über den Zusammenhang von Liebe und Sexualität. Tatsache ist jedoch, daß die Schwierigkeiten in diesem Bereich des Lebens trotz aller Fortschrittsorientierung und Enttabuisierung unserer zivilisierten Gesellschaft eher größer als kleiner geworden sind. Es scheint, daß durch die Hektik, den Erfolgs- und Effektivitätszwang unserer Zeit gerade die subtileren Lebensvorgänge als erste unter die Räder kommen, nämlich die der sich öffnenden Zuwendung an einen Mitmenschen. Dabei ist das Wechselspiel von psychischen, sozialen und physiologischen Vorgängen im Bereich der Sexualität noch vergleichsweise robust. Es »funktioniert« nicht nur in Begleitung zarter, fördernder Liebesgefühle, sondern kann ebenso von Komponenten des spielerischen Sich-Vorenthaltens, des Ärgers, ja Hasses, der Leistung oder auch der »reinen Sensorik« getragen werden. Dennoch, dies ist ein Bereich des menschlichen Kontaktes, in dem sich eine Reihe von Ängsten, die an sich das Zusammenleben überhaupt betreffen, in konzentrierter Form äußern können: Die Angst davor, in einem persönlichen, intimen Punkt abgelehnt zu werden, äußert sich bereits bei der *Kontaktaufnahme*. Aus dieser Angst heraus sind wohl verschiedene *indirekte* Wege motiviert, die dennoch einen Kontakt ermöglichen sollen. Das Risiko der Ablehnung soll so gar nicht erst entstehen. Dafür zeugt die Vielzahl von Tricks der Verlockung und Verführung. Dabei geht es dann häufig darum, wer mächtiger ist im Zurückhalten des eigenen Interesses. Gleichzeitig wird das Interesse des anvisierten Partners durch verschiedene Manöver »angeheizt«.

Es wäre eine lange Geschichte, auf die psychologische Genese der Verführungskunst ausführlich einzugehen. Wo die Kunst des Verführens zwanghafte Züge annimmt, spielt zweifellos die Angst, durch Ablehnung eines direkten Angebotes verletzt zu werden, eine wichtige Rolle. Macht und Kontrolle über den anderen wären dann verloren. Man braucht dieses Verhalten nicht unbedingt zu belächeln. Befriedigende Kontakte werden so eher behindert als ermöglicht. Aber dieses Verhalten hat auch eine *Schutzfunktion*.

Man denke z. B. an die schier endlosen Spiele der gerade in die Geschlechtsreife hineinwachsenden Jugendlichen, die diesen neu zu entdeckenden Lebensraum erst ausloten: Sich attraktiv machen, ohne sich direkt anzubieten, dabei die Attraktivität des anderen möglichst zu ignorieren, erhöht die Sicherheit. Ebenso die Ablehnung von etwas gar nicht direkt Angebotenem.

Um welche Ängste handelt es sich hier vorwiegend? Da ist einmal die Angst vor dem Eintritt in sehr intimen Kontakt zu nennen. Sie hat wohl auch etwas mit der Angst vor der *Selbstaufgabe* zu tun. Die Hingabe an den sensorisch-körperlichen Prozeß ist zumindest in der Phantasie mit der Aufgabe der eigenen Macht und Kontrolle über die Ereignisse, im weitesten Sinne also der Herrschaft über die Natur, verbunden. Das ist wohl eine der elementarsten Ängste, die wir zu mobilisieren in der Lage sind.

Und nicht zuletzt die Angst vor dem *Versagen*, dem Nichterfüllen einer Norm. Was gibt es nicht alles für Regeln, Meinungen und Erwartungen, gerade im Bereich der Sexualität. Wenn der Kontakt bestimmt ist durch die Angst, die Erwartungen des Partners nicht zu erfüllen, bleibt wenig Energie für den eigentlichen psychologischen Prozeß zur Verfügung: die erotisch sexuellen Empfindungen, die im Zuge der Annäherung der Partner auftreten, und jeweils die nächstfolgenden Handlungen tragen oder vorbereiten.

Angst vor dem Mißerfolg und die damit verbundene, manchmal sogar realistische Befürchtung, verlacht zu werden, abgewertet zu werden, beiseite gestellt zu werden, kann das Thema Sexualität zu einem so zentralen Thema im Bewußtseinsablauf eines Menschen machen, daß es alle anderen Lebensbereiche überschattet. Am Beispiel der Geschichte des Industriekaufmannes *Herbert* möchte ich diesen Konflikt veranschaulichen. Im Laufe der Gespräche mit Herbert stellte sich heraus, daß für ihn die sexuellen Probleme gleichsam zum Kristallisationspunkt einer Vielzahl von Ängsten geworden sind.

Er sieht eher aus wie ein Frauenheld, recht stattlich, etwas überlegen in der Gestik, elegant gekleidet. Er spricht sogar über seine Impotenz sehr gewandt. So als handle es sich dabei um den Flugplan eines Reiseunternehmens – nüchtern, ohne erkennbare Gefühlsregung. Er erweckt den Eindruck, als spräche er nicht über sich, sondern über jemand anderen. Seine so gehaltene Schilderung der »Sachlage« bringt folgendes zutage: Herbert ist der Überzeugung, daß er sexuell nicht richtig »funktioniert«. Er ist jetzt 40 Jahre alt und hat seiner Aussage nach in seiner Ehe niemals einen wirklich befriedigenden Sexualkontakt gehabt. Er kommt sehr selten überhaupt zu einer Erektion, am ehesten noch im Halbschlaf. Wenn es im Kontakt mit seiner Frau tatsächlich dazu kommt, erfolgt die Ejakulation noch vor oder zumindest einige Sekunden nach der Vereinigung. Seine Frau scheint darüber nicht sonderlich unglücklich zu sein, und sie findet, seiner Aussage nach, es sei kein Problem, wenn es nicht »klappt«. Da er sich von seiner Frau sexuell auch nicht sonderlich angezogen fühlt, mit ihr eher kumpelhaft zusammenlebt, macht sich Herbert darüber auch weniger Gedanken. Schlimmer ist für ihn der Umstand, daß es ihm auch mit jüngeren Frauen, die er schon von Berufs wegen relativ leicht kennenlernt, ähnlich ergeht.

Einerseits hat er Gefallen daran, attraktiv zu sein und anziehend zu wirken, andererseits wacht er bereits in einem sehr frühen Stadium des Kontaktes sorgsam darauf, daß die Sache nicht zu verfänglich wird. Manchmal, z. B. nach kräftigem Alkoholgenuß, überwindet er diese Angst, und er kommt dann tatsächlich »zur Sache«. Und mit großer Regelmäßigkeit geht dann alles »schief«. Das dann eintretende Gefühl der Demütigung, der Wertlosigkeit, des Versagthabens ist für ihn so unangenehm, daß er die Situation sofort beendet, den Kontakt zu dieser Frau abbricht und, um nicht wieder an dieses Unglück erinnert zu werden, auch später nicht mehr aufnimmt. Mittlerweile ist seine Umgebung voller »peinlicher Abbrüche«.

Das Ganze ist ihm unverständlich, zumal er in einem früheren Stadium der Annäherung, z. B. im Restaurant oder beim Tanzen, ein wirkliches Verlangen sexueller Art verspürt und die Erektion dabei »wie von selber« kommt. Nur wenn es dann wirklich »ernst« wird, beginnt sich die Angst vor der »Blamage« förmlich in seinem Kopf einzunisten. Er hofft, daß die ganze Sache jetzt nicht wieder »daneben« geht. Er beginnt sich mehr und mehr auf seinen Körper, dic Erhaltung der Erregung zu konzentrieren – bis sich die wohlbekannten Empfindungen der Lähmung und Lethargie unweigerlich einstellen. Ab diesem Moment geht es dann buchstäblich »bergab«. Die drohende »Niederlage« vor Augen, nimmt er seine Partnerin gar nicht mehr richtig wahr, sondern verwendet alle Energie darauf, seine Ängste zu verdrängen, um mit Anstrengung und Konzentration doch noch »die Leistung« zu erbringen, eine Leistung, die in diesem Bereich gar nicht gefragt ist: Sexualität folgt anderen Gesetzen. Der Rest ist ein unwürdiges Versteckspiel. Er versucht, die Schuld der Partnerin oder dem Alkohol zuzuschieben, ohne daß dadurch das mit dem Eindruck der Minderwertigkeit einhergehende Gefühl der Depression und Niedergeschlagenheit verscheucht wird.

Er kann das alles nicht recht verstehen. Er möchte, daß er auch in diesem Bereich so *funktioniert* wie in den meisten anderen Lebensbereichen. Er mißt sich an manchen seiner Berufskollegen, die mit ihren Liebschaften protzen. Er spielt in diesem Spiel mit, gibt sich so souverän und locker wie möglich und stimmt in die Imponiergesänge mit ein. Er fühlt sich dabei jedoch sehr ungemütlich und hat Angst, sich irgendwie zu verraten. Eigenartige Körperempfindungen, etwa Spannungen im Beckenbereich oder Atemnot, beginnen ihm dann gerade in solchen Situationen des subtilen Stammtischterrors das Leben vollends zur Hölle zu machen.

Im Gespräch lassen sich folgende Angstinhalte abgrenzen: Da ist einmal die Befürchtung, daß er rein *körperlich* nicht ausreichend ausgestattet ist, etwa daß sein Penis nicht groß genug oder die Erektion nicht stark genug ist. Er ist der Ansicht, daß er schon aus diesem Grunde besonders viel »tun« muß, um diesen Nachteil zu kompensieren. Daß er körperlich benachteiligt ist, an dieser Überzeugung können auch die Berichte über die relative Unwichtigkeit der Ausmaße des Penis nichts ändern. Im Grunde ist er überzeugt davon, daß er in diesem Bereich *inferior* ist.

Die nächste Angst bezieht sich darauf, diese vermeintliche Inferiorität nur ja nicht an die Öffentlichkeit zu lassen. Das äußert sich z. B. so, daß er intime Kontakte mit Frauen, die in irgendeiner Weise auch in sein Berufsleben hineinreichen könnten, strikt vermeidet. Die Möglichkeit des Bekanntwerdens eines Versagens ist für ihn noch viel schlimmer als das Versagen selbst. Die Art der Bewertung durch andere hat einen entscheidenden Einfluß darauf, wie er selbst seine Wertigkeit einschätzt.

Wenn es ihm gelingt, die anderen durch geschicktes Verstellen und Verstecken seiner vermeintlichen Mängel dazu zu bringen, daß sie ihn bewundern und schätzen, so kann er sich der Illusion, daß er tatsächlich bewunderns- und schätzenswert ist, zumindest eine Zeitlang hingeben. Dabei ist ihm nicht einsichtig, daß diese *Bewertungen* an dem *Sosein* seiner Existenz nichts ändern, daß sie im Grunde, egal wie sie ausfallen, an ihm nichts wirklich beeinflussen – außer seine Selbstbewertung.

Erst indem er der kritischen Bewertung durch andere den Stellenwert von etwas Realem gibt, etwas, das ihm Aufschluß über die eigene Realität vermittelt, zu der er selbst keinen direkten Zugang zu haben glaubt, erst dadurch macht er sich von diesen Bewertungen abhängig. Und da er sich durch sie definieren läßt, machen sie ihm verständlicherweise auch Angst.

Seine Angst vor Bewertung bezieht sich aber nicht nur auf den Bereich des Sexualverhaltens, sondern auch auf viele andere zwischenmenschliche Situationen. Dazu gehört die Beurteilung seiner Arbeitsleistung und seiner Persönlichkeit durch Vorgesetzte ebenso wie durch nachgeordnete Arbeitskollegen. Es geht um die Beliebtheit ganz allgemein. Sie zu erreichen, verwendet er viel Energie; und vieles, was zur Klärung von Situationen oft notwendig wäre, wird unterlassen. Das gilt besonders für sachlich gerechtfertigtes Kritisieren anderer, das Bestehen auf vereinbarten Leistungen, das Äußern von Forderungen. Dieses Netz von Sozialängsten bewirkt, daß sein Spielraum auch im beruflichen Leben nicht allzu groß ist, seine Durchsetzung gegenüber Vorgesetzten, aber auch gegenüber sich sicher gebärdenden Arbeitskollegen und Weisungsgebundenen, ist ziemlich nachhaltig beeinträchtigt.

Im weiteren Gespräch kommt dann noch eine Form der Angst zur Sprache, die nicht so offensichtlich war. Herbert fürchtet, im Falle eines »intakten« Verkehrs einfach als *Objekt* benutzt zu werden. Es könnte der Frau nicht wirklich etwas an ihm liegen, sondern sie könnte an ihm nur als Mittler für ihre eigene Bedürfnisbefriedigung interessiert sein. Die Vorstellung, ein *Werkzeug* zu sein, das nach Gebrauch beliebig beiseite gelegt werden kann, ist ihm äußerst unangenehm. Wenn er daran denkt, spürt er die Tendenz, sich zu *verweigern,* bei diesem Hin und Her nicht mitzumachen, von sich gar nichts herzugeben.

Die Verweigerung erscheint ihm intuitiv als die einzig wirksame Methode, sich dagegen zu schützen, von der Frau ohne Rücksicht auf seine eigenen Bedürfnisse in ein Wechselbad von Angst und Ablehnung gestürzt zu werden. Auf der körperlichen Ebene ist diese Verweigerung durch den erschlafften Penis gewiß effektiv, selbst wenn seine alarmierten Gedanken dagegen Sturm laufen und den üblichen autoaggressiven Terror der Selbsterniedrigung wegen des Versagens inszenieren, das eigentlich ein »Sich-ihr-Versagen« ist.

Der Jammer ist, daß diese Befürchtungen, die vermutlich auf sehr frühe Erfahrungen in der Liebe zur Mutter zurückgehen, jedesmal wieder auftreten, ohne daß ihm der genaue Ablauf und sein daraus resultierendes Verhalten klar einsichtig wird. Und vor allem läuft diese Kette von Angstgefühlen und Verweigerungsreaktionen unabhängig von den tatsächlichen Gegebenheiten ab: Die Ängste, absorbiert, mißbraucht, als Spielzeug benutzt zu werden, sind unabhängig von den realen Gegebenheiten der physisch gegenwärtigen Partnerin wie automatisch vorhanden.

So ist es nicht verwunderlich, daß für Herbert, wenn er in Intimsituationen gegenüber einer Frau Gefühle zuläßt, hinter dem koketten Verführungsspiel eher Ablehnung, Ekel und Haß, anstatt liebevolle Zuwendung spürbar werden. Diese Gefühle wiederum sind für ihn so unangenehm, daß sie mit dem selbst auferlegten Auftrag, die Sexual- und Sozialnorm durch einen »erfolgreichen« Geschlechtsverkehr zu erfüllen, unvereinbar sind. Aber er zieht es vor, die aversiven, aggressiven Gefühle nicht zu beachten, sie aus seinem Bewußtsein zu verbannen. Vermutlich macht er dies auch mit sehr vielen anderen unangenehmen Erfahrungen und das seit langer Zeit. So kommt es wohl, daß er von sich selbst berichtet, eigentlich kein Gefühlsleben zu haben, sich selbst eigentlich gar nicht richtig zu spüren.

Das einzige, was ihm zugänglich zu sein scheint, sind die Ängste in verschiedenen sozialen Situationen. Dies gilt besonders, wie erwähnt, für den geschlechtlichen Kontakt. Die verbleibende Unruhe, das Gefühl, innen leer und wie eine ausgebrannte Hülse zu sein, wäre für ihn jedoch kein ausreichender Grund gewesen, eine Beratung aufzusuchen. Erst das Nichterfüllen einer vermeintlichen sozialen Norm und die damit einhergehenden Komplikationen haben ihn zu diesem Schritt bewogen.

In all diesem Durcheinander von Ängsten, Bedrohung und Verleugnung der eigenen Erfahrung ist für eine Differenzierung des Gefühlslebens wenig Raum übrig. Die das Leben wesentlich bereichernden Gefühle der Öffnung, der Zuwendung, kurz der liebevollen Bejahung der eigenen Existenz und der Existenz anderer sind durch die defensiven Verkrampfungen nicht zur Entfaltung gekommen. Diesen Teil unseres Lebens wenigstens sporadisch wieder zugänglich zu machen, wäre, wie auch bei den anderen geschilderten Beispielen chronischer Angst, ein lohnendes Therapieziel.

III. Kapitel

Erklärungen

Woher, warum, wozu?

In diesem Abschnitt geht es darum, *Erklärungen* für das Phänomen Angst vorzustellen. Zuvor gibt es aber noch einen kleinen Exkurs über Sinn und Unsinn des Erklärens und Verstehens, wozu Erklärungen überhaupt gut sind, was sie nicht leisten können. Bei dieser Gelegenheit möchte ich auf die angststeigernde und möglicherweise auch angstreduzierende Wirkung des Denkens eingehen.

Das Auftreten intensiver anfallartiger Angstreaktionen ist für den Betroffenen weit über das akute Angsterleben hinaus beunruhigend. Die erlebte Hilflosigkeit, das unangenehme Angstgefühl und manchmal auch der Eindruck, die Kontrolle zu verlieren, verrückt zu werden oder zu sterben, all das macht den intensiven Wunsch verständlich, dieses belastende Phänomen »in den Griff zu bekommen«. So kommt es, daß wir uns *nach* einer Angsterfahrung noch ausführlich in Gedanken oder im Gespräch mit den verschiedenen Umständen beschäftigen, die dem ganzen Geschehen vorausgingen oder es begleiteten.

Die Kontrolle über das Angstphänomen scheint demnach über ein *Verstehen seiner »Ursachen«* und letztlich ein *»Erklären«* des Angsterlebnisses möglich. Unser Denken steht vorwiegend im Dienst dieser Suche nach Ursachen bzw. nach rechtzeitigen *Anzeichen,* die ein späteres Ereignis *bewirken* oder *vorhersagen*. Es soll uns die Anzeichen der Gefahr deuten helfen und uns die Möglichkeiten verschaffen, etwas dagegen zu unternehmen. Kommt es zu keiner Klärung, so bleibt die Unruhe bestehen, das Denken arbeitet weiter und weiter und weiter ... Dabei kann es sein, daß die objektive *Richtigkeit* des Denkens keinen Einfluß auf unser Unsicherheitsgefühl hat – solange *wir* unserem Denken selbst nicht recht trauen.

Nach jeder *Überraschung,* ob angenehmer oder unangenehmer Art, beschäftigen wir uns in Gedanken sofort mit den *Anzeichen* der Überraschung, wie unter Zwang. Das Ziel ist dabei, aus einer »Überraschung« in Zukunft eben keine »Überraschung«, sondern ein vorhersehbares Ereignis zu machen. Bei unangenehmen Erfahrungen ist dieser Wunsch verständlich, er hat aber auch einen gewaltigen Pferdefuß.

Ein Kind, das über einen Stein stolpert und sich dabei sein Knie aufschlägt, wird, sofern es vom Schmerz nicht überwältigt ist, zuerst einmal zurückschauen und die »Ursache« seines Sturzes suchen. Das kann sogar dazu führen, daß sowohl die *Wahrnehmung* des Schmerzes als auch das entsprechende *Ausdrucksverhalten,* das Weinen und Schreien, solange aufgehalten werden, bis das Kind »weiß«, was seinem Sturz vorausging. Erst dann kann es, gleichsam erleichtert, in Tränen ausbrechen. Wenn das Kind dann einen Zusammenhang zwischen einem markanten Ereignis, etwa einem Hindernis, und einer darauffolgenden schmerzhaften Erfahrung erkannt hat, kann es sein eigenes Handeln und Erleben auf diese Gefahrensignale einstellen. Es kann z. B. lernen, zukünftig in ähnlichen Situationen sein *Verhalten* zu ändern, indem es um den Stein herumläuft, den Fuß höher hebt, öfter beim Laufen auf den Boden schaut, das Laufen selbst einstellt, Knieschützer und Sturzhelm trägt, seine Eltern vorschickt, um das Terrain zu erkunden, etc.

Unser Gehirn hat die Fähigkeit, zwischen den *Gefahrensignalen* einerseits und der tatsächlichen *Bedrohung* andererseits eine spezielle Form des Verstehens zu *stiften,* nämlich die »Einsicht« über einen ursächlichen Zusammenhang. Der Stein in Verbindung mit unachtsamem Laufen wird zur »Ursache« für das darauffolgende Stolpern. Ein Teil der Welt »draußen« (Stein) und ein Teil der Welt »innen« (Unachtsamkeit) werden zur Erklärung des eigenen Verhaltens (Stolpern) und Erlebens (Schmerz) herangezogen und steuern zukünftiges Handeln.

Das *Finden* bzw. *Stiften* einer Ursache-Wirkung-Beziehung, also eines kausalen Zusammenhanges, beruhigt unsere Erregung, die mit dem unangenehmen, bis dahin vielleicht unerklärlichen Ereignis einhergeht. Wichtig ist dabei jedoch, daß wir nicht vergessen, *daß dieser Kausalzusammenhang ein Werk unseres Denkens* ist, also eigentlich ein »Hirngespinst«. Oft, vor allem in alltäglichen physischen Situationen, werden diese »Hirngespinste« uns hervorragende Dienste leisten. Oft genug aber irren wir uns, haben *falsche Erwartungen* entwickelt, müssen eine neue, unter Umständen schmerzhafte Erfahrung machen, auf die Suche nach neuen »Ursachen« gehen.

Ebenso wie für unsere physische Welt gilt das für unsere soziale Welt. Da dort die Zusammenhänge häufig viel schwerer zu »stiften« sind, sind wir auch dabei besonders der Gefahr ausgesetzt, »falsche« Ursachen zu er-finden. Je größer die allgemeine Angst, desto rascher greift man zu »Vor-Urteilen«. Im zwischenmenschlichen Bereich fehlen häufig die einfach durchschaubaren Zusammenhänge. Je simpler das Weltbild, desto einfacher werden die Vor-Urteile. Die Korrektur folgt hier selten so prompt, daß ein Umlernen, d. h. die Revision unserer Erwartungen, rasch und einfach erfolgte.

Außerdem identifizieren wir uns gerade in diesen zwischenmenschlichen Angelegenheiten viel mehr mit unseren »Welt-Anschauungen« und den daraus hervorgehenden Erwartungen. Wir können uns also schwerer von ihnen lösen, schreiben eine ihnen entgegenlaufende Erfahrung lieber dem Zufall oder den bösen anderen als unserem falschen Weltbild zu. Dieses Festhalten an unrealistischen Denkgebäuden kann dann zur *Falle* werden. Schauen wir uns die Sache etwas näher an: Die Idee, die hier zugrunde liegt, könnte etwa so formuliert werden: Je mehr ich die Welt vorhersagbar machen kann, um so größer sind meine Aussichten, bedrohlichen Entwicklungen zuvorzukommen, Gefahren abzuwenden. Die denkende Suche nach Ursachen und nach warnenden Hinweisen wird demnach besonders dann sehr intensiv erfolgen, wenn ich einen Angstzustand erlebe. Das ist dann der Fall, wenn ich eine gewisse *Ahnung* einer Gefahr zu haben glaube und noch nicht genau weiß, worin sie besteht, wann und woher sie kommt, und was ich dagegen unternehmen kann.

Der Haken bei dieser Sache besteht nun darin, daß auch diese Ahnung, aus der das Angstgefühl hervorgeht, wiederum Ergebnis eines Denkvorganges ist. Es sind die *Erwartungen* über das, was kommen wird. Diese Erwartungen können sich auf konkrete Hinweise gründen. Sie können aber auch die Folge einer diffusen Überzeugung der eigenen Unfähigkeit sein, mit Gefahren effektiv umgehen zu können. Diese Überzeugungen können sehr versteckt, dem bewußten Denken vielleicht kaum zugänglich sein. Sie sind meist sehr früh in unserer individuellen Entwicklung entstanden und durch den Beweis des Gegenteils, wenn überhaupt, dann nur kurzfristig zu beruhigen. Die nagende Unsicherheit ist rasch wieder da.

Je größer mein Vertrauen in meine eigenen Fähigkeiten ist, eine Gefahr zu bewältigen, desto natürlicher und auf konkrete Auslöser gerichtet werden die Angsterlebnisse sein, so sie überhaupt auftreten. Ist mein Lebensgefühl jedoch bestimmt von der Idee, daß ich eigentlich mit der Bewältigung der Lebensaufgaben nicht zurechtkomme, ich »im Grunde« unfähig bin *und* die Umwelt mir feindlich gesonnen ist, wird das Angstgefühl häufig und auch aus nichtigen Anlässen ausgelöst auftreten. (Die eine Seite der Angstreduktion – die Bereitschaft, auch schmerzhafte Erfahrungen als »Bestimmung« zu nehmen und die »Machbarkeit« des Lebens zu relativieren – soll hier vorerst nicht mehr erörtert werden. Darauf wird aber etwas später noch ausführlicher zurückzukommen sein.)

Nun ist zu beachten, daß gerade Personen, die unter häufigen und intensiven Angstzuständen zu leiden haben, einen sehr großen Teil ihrer Zeit dazu verwenden, über die *Ursachen* ihres Problems *nachzugrübeln*. Sie hoffen, damit schon möglichst lange im voraus warnende Anzeichen einer Gefahr bzw. einer Verstärkung des Angsterlebens zu identifizieren, um so genügend Zeit zur Vorbeugung oder Abwehr zu haben.

Der »Denkfehler« besteht hier unglückseligerweise darin,

daß auch bei noch so perfekter Vorhersage der Ereignisse *das allgemeine Gefühl der Inkompetenz,* nicht zuletzt auch hinsichtlich der Verläßlichkeit des eigenen Denkens, nicht oder nur kurzfristig eliminiert wird. So laufen diese Menschen auch trotz größter faktischer Effizienz im Alltag dem Wunsch eines angstfreien Lebens nach, ohne je zu dem angestrebten Ergebnis zu kommen – der Weg ist der falsche.

Und wenn die Methoden der Angstabwehr auch aggressives Potential mobilisieren, so kann das zwischen Individuen wie auch zwischen größeren Gemeinschaften zu einer Art Wettrüsten führen. Wenn ich mich nur sicher fühlen kann durch die absolute Überlegenheit meiner Abwehrmittel, bin ich gezwungen, einem vermuteten Gleichgewicht stets vorauszurüsten.

Wenn man will, kann man unsere gesamte westliche Kultur auf dem Hintergrund dieser Überlegungen betrachten. Wir lassen uns von einer sehr allgemeinen Existenzangst antreiben, letztlich vielleicht von der Angst vor dem Tod unserer individuellen Form des Seins, anderswo auch als »Ich-Tod« bezeichnet. Der Versuch, diese Angst aufzulösen, erfolgt jedoch mit denselben Mitteln, die diese Angst zuerst überhaupt möglich machen: durch die Perfektionierung des äußeren Lebens, die Schaffung von vielfachen Sicherungen gegen individuelle Gefahren, im Physischen ebenso wie im Sozialen.

Wie »erfolgreich« uns dabei die Angstbewältigung gelingt, können wir täglich erfahren. So wie der einzelne mit seinen Zwangsgedanken die Angst nur vor sich herschiebt, gelingt uns auf diesem Wege auch als Kultur nur die kurzfristige Abwehr der Bedrohung, die Lawine wird vielmehr gerade durch diese Form der Abwehr von mal zu mal größer. Die Lösung kann nur grundsätzlich anders erfolgen.

Wohl ist es richtig, daß die Errungenschaften der Zivilisation zu einem großen Teil auf die besondere Entwicklung des Ursachendenkens aufgebaut sind. Wir verwenden eine unglaubliche Technologie in den verschiedensten Lebensbereichen, um uns vor unangenehmen Erfahrungen zu schützen. Tatsächlich erreichen wir auf diese Weise die *äußeren Voraussetzungen* dafür, um eigentlich weitgehend ein Leben in angst- und schmerzfreier Bequemlichkeit führen zu können.

Es bedarf aber gar keiner allzu großen Spekulation, wenn wir feststellen, daß dies nicht wirklich gelingt. Die Summe von Angst und Streß steigt eher mit dieser Form manipulativer Perfektion an. Das hinter diesem Perfektions- und Erfolgszwang liegende Ziel, nämlich die Lösung diffuser existentieller Ängste, wird auf diesem Wege eher *behindert*. Das Erleben von Niederlagen, von Schmerzen, von Versagen, das Aufgeben von irrealen Hoffnungen und Selbstidealen, das sind die harten Auseinandersetzungen im Alltag, vor denen wir Angst haben. Gerade diese Auseinandersetzungen bergen die Erfahrungen, aus denen heraus wir existentielle Ängste auflösen können.

Die Angst vor diesen existentiellen Erfahrungen ist verständlich, denn sie sind im übertragenen Sinn eine Form des Sterbens und wir wehren uns eben dagegen. Wenn die Angst siegt, bleiben unsere irrationalen Weltbilder am Leben. *Langfristig* bedeutet das die *Fixierung der Angst* und die zunehmende Unfähigkeit, sozusagen im Detail zu sterben.

Mit der Entwicklung neuer technischer Möglichkeiten zur Förderung unserer Bequemlichkeit und zur Abschirmung von Gefahren liefern wir uns der durch Angstvermeidung selbst provozierten Dauerängstlichkeit aus. Zudem treten neue, bisher nicht bekannte Bedrohungen zu den alten Gefahren hinzu. Sie können wieder neue »Ursache«, eigentlich aber nur Auslöser für neue Ängste sein, die zugleich die alten sind. Sie scheinen für den einzelnen Betroffenen hinsichtlich des Ausmaßes der Bedrohlichkeit immer weniger einschätzbar und kontrollierbar zu sein.

Die enorme Unruhe, die der forcierte Ausbau der Energieversorgung z. B. durch Kernkraftwerke auslöst, ist ein gutes Beispiel in diesem Kreislauf, der von vielen als unheilvoll und katastrophenträchtig erlebt wird. Wenn man dann bedenkt, daß zumindest ein Teil dieser so gewonnenen Energie dazu benutzt wird, unsere Städte und sogar die Dörfer nachts zu erhellen, damit wir uns in der Finsternis nicht zu sehr fürchten – und zudem den Sternenhimmel nicht mehr sehen müssen – wird die

Absurdität dieses Kreislaufes deutlich. Die Angst vor der Finsternis ist unmittelbar und, wenn man will, täglich spürbar. Etwas verkürzt könnte man sagen, daß eine Riesentechnologie bis zum Kernkraftwerk hin in Gang gesetzt wird, um die Finsternis und die damit einhergehenden Nachteile zu beheben. Daß durch die Technologie eine möglicherweise viel stärkere Bedrohung quasi durch die Hintertür wieder Einzug hält, wird erst durch Nachdenken, Information oder an den Spätfolgen erkennbar.

Aber kommen wir auf das Ausgangsthema zurück: Angst ist zumindest zum Teil die Folge unserer Fähigkeit zu denken, nämlich *Erwartungen* über die Zukunft auszubilden und damit in einer besonderen Weise umzugehen. Durch Denken versuchen wir, die erwartete Bedrohung zu bannen. Im Extrem kann das zu *zwanghaftem Grübeln* führen: Wenn wir z. B. unserem Denken im Grunde mißtrauen, seine Lösungen nicht akzeptieren und es dennoch als einziges Instrument der Angstreduktion ansehen. Es gibt aber noch eine andere Möglichkeit, das Denken zu uneffektiver Angstbewältigung zu mißbrauchen – die Pseudoerklärung.

Angstbewältigung durch Pseudoerklärungen

Das »Erklären« von überraschenden Geschehnissen *im nachhinein* hat einen willkommenen Beruhigungseffekt. So kann es passieren, daß irgendeine »Erklärung« hergenommen wird, die mit der tatsächlichen Entwicklung der Geschehnisse vielleicht gar nichts zu tun hat. Das ist um so leichter möglich, wenn wir diesen »Erklärungen« nicht wirklich beobachtbare »Ereignisse« zugrunde legen. Beobachten Sie einmal die Gespräche am Biertisch, im Fußballklub, im Elternbeirat oder von mir aus in den Fakultäten der Universitäten. Es wimmelt nur so von ad hoc herbeigeholten Scheinerklärungen, die meist dieselbe psychologische Funktion zu haben scheinen, die der Angstreduktion nämlich.

Im Alltag spielt uns diese Form des »Erklärens« viel subtilere

Streiche als etwa im Falle des relativ einfach durchschau- und belächelbaren Beispiels mit der schwarzen Katze, die Unglück bringt, wenn sie von links den Weg kreuzt. Wenn überhaupt, machen wir dann erst später die Erfahrung, daß diese »Erklärungen« uns beim nächsten kritischen Ereignis keine Hilfe waren. Etwa weil wir durch Abschaffen oder Beeinflussen der vermeintlichen Ursache – es muß ja nicht gleich das Umbringen aller schwarzen Katzen sein – nichts erreichen konnten. So kann es also auch auf diesem Wege, gerade *wegen* des besonders beruhigenden Effektes des Erklärens, passieren, daß wir im Falle des Mißerfolgs beginnen, an unserem Denken als der idealen Methode der »Ursachenfindung« und damit der Angstreduktion zu zweifeln.

In der Tat ist es so, daß dieses Denken viele Fehlerquellen hat. Wir können die Richtigkeit unserer Überlegungen jedoch dann überprüfen, wenn die »Erklärungen« Ursachenfaktoren enthalten, die unserem Handeln zugänglich sind. Anders formuliert: eine Erklärung, die keine Handlungen anleitet, hilft herzlich wenig. Die beste Methode, den »Erklärungswert« einer Überlegung (einer Theorie) zu prüfen, besteht darin, die Güte der durch sie ermöglichten Vorhersage zu testen. Und zwar ist sie in dem Ausschnitt der Realität zu überprüfen, für den sie Gültigkeit haben soll.

Der häufig etwas salopp verwendete Satz, wonach man *hinterher* immer alles besser weiß, hat hier seine besondere Bedeutung. Was man nicht *vorher* weiß, ist Scheinwissen. *Ob* es das ist, kann man aber leider immer erst *nachher* sagen.

Der verläßlichste Anhaltspunkt für die Brauchbarkeit einer »Ursache« ist die *Bewährung* der daraus abgeleiteten Prognose. Das ist im Bereich der Technik eine Selbstverständlichkeit. Andernfalls würden wir uns kaum einem Auto oder gar einem Flugzeug anvertrauen. Im psychologischen Bereich aber, wo es um die Vorhersage von Verhalten und Erleben der Menschen geht, wird die Überprüfung von Erklärungshypothesen meist recht kompliziert. Sie gelingt auch selten genug, wenn überhaupt. Daß hundertprozentige Sicherheit aber auch in der technischen Manipulation unserer physischen Welt nicht möglich ist, mag dem frustrierten Sozialwissenschaftler ein schwacher Trost sein.

Was brauchen wir denn überhaupt zur Vorhersage? Grundsätzlich brauchen wir Informationen über drei verschiedene Aspekte:

Was ist es denn überhaupt, das erklärt werden soll? Z. B. die Angst mancher Menschen vor Prüfungen.

Unter *welchen* Bedingungen, in welcher Situation tritt das, was erklärt werden soll, überhaupt auf? Z. B. vor und während einer Prüfung, beim Gedanken daran, im Gespräch mit anderen Kandidaten oder auch während der Prüfungsvorbereitung.

Besteht eine *gesetzmäßige* Verbindung, eine »Regel«, zwischen den *Umständen* des Verhaltens (seinen »Ursachen« oder Rahmenbedingungen) und dem zu *erklärenden* Verhalten selbst?

Nehmen wir ein anderes Beispiel: Jemand geht zu seiner Wohnungstür und öffnet sie. Wenn wir das Verhalten erklären möchten, versuchen wir, seine »Ursache« herauszufinden bzw. in unserem Denken zu »stiften«. Dazu brauchen wir weitere Informationen darüber, was dem Verhalten »zur Tür gehen und rausschauen« vorausgegangen ist. Nehmen wir an, es war Musik im Radio, die Sonne schien beim Fenster herein und es hat außerdem an der Tür geklingelt. Wir »wissen« natürlich sofort, daß der Mann nicht zur Tür ging, weil die Sonne schien, sondern weil »es geklingelt hat«. Wir wissen auch, daß meistens, wenn es klingelt, jemand draußen steht, der herein möchte oder eine Nachricht überbringt.

Um all das zu »wissen«, haben wir aus unserer Erfahrung Annahmen darüber, wie das Verhalten des Öffnens der Tür von innen und das Klingelzeichen »gesetzmäßig« zusammenhängen. Gleichzeitig kann etwas Ähnliches über die Musik im Radio oder die Sonnenstrahlen, die beim Fenster hereinkommen, nicht gesagt werden. Sie hängen in unserer Erfahrung mit dem Öffnen der Tür nicht zusammen.

Hieraus wird deutlich, daß die *Ursache*, die wir zwischen zwei Ereignissen *stiften*, etwas ist, das von unserem Gehirn erst durch die Denkoperation hergestellt wird. Häufig sind diese Ursachenhypothesen im Alltag für bestimmte Ziele wirklich hilfreich. Leider sind sie aber manchmal, vor allem im Bereich des Zusammenlebens, also im Sozialverhalten, oft das Ergebnis von Ängsten und Fixierungen, die mehr schaden als nützen. Und das Schlimmste ist, daß die »richtigen« von den »falschen« Annahmen und Ursachen nur sehr schwer zu trennen sind – zumal sie mit der »Angstberuhigung« durch Ursachenfindung oft sehr trickreich verbunden sind.

Aus all dem wird verständlich, daß zu ein und demselben Problem sehr viele *vermeintliche* Ursachen gefunden bzw. *gestiftet* werden können. Auch den verschiedenen psychologischen Schulen geht es da nicht viel besser. (Andererseits leben sie aber auch von dieser fast grenzenlosen Freiheit im Spekulieren um die Ursachen dafür, warum wir so sind, wie wir sind.)

Beim menschlichen Verhalten ist es, wie gesagt, sehr schwierig bis unmöglich, all die »echten« Ursachen, also die Hinweise, die mit großer Wahrscheinlichkeit mit der Angst zusammenhängen, ja sie »bewirken«, von den vermeintlichen »Ursachen« zu trennen, die mit dem zu erklärenden Verhalten oder Erleben nichts zu tun haben. Am ehesten ist das noch bei der Erforschung einfacher Lernvorgänge und physiologischer Reaktionen gelungen, jedoch stets unter drastischer Reduktion der Verhaltensvielfalt, die es zu erklären galt.

Die verschiedenen Methoden, Angst zu erklären, unterscheiden sich demnach auch nicht zuletzt darin, wie weit man sich in der Erklärungstheorie von dem zu erklärenden Problemverhalten zeitlich und inhaltlich entfernt. Man denke hier an so divergente Modelle wie die der Psychoanalyse oder der Lernpsychologie. Der Beweis für die »Richtigkeit« der Theorie – damit versteht man praktisch die Kette von Vorhersage und Güte der Übereinstimmung mit der zu erklärenden Realität – ist wirklich zwingend kaum zu führen. So existieren all diese theoretischen Ansätze mehr oder weniger fröhlich nebeneinander her. Sie geben Anlaß zu jahre- und jahrzehntelangem Streit zwischen Therapieschulen und um theoretische Positionen. Die Sache selbst, nämlich die Entwicklung und Überprüfung brauchbarer Erklärungen für das Phänomen Angst, wird dadurch kaum wesentlich vorangetrieben, eher behindert. Deshalb sollen die verschiedenen Erklärungsversuche mit ihren Vor- und Nachteilen auf den nächsten Seiten auch nur gestreift werden. Die praktische Bedeutung für die Klärung und Lösung unserer Ängste ist viel geringer als gemeinhin vielleicht *gedacht* wird.

Medizinische, psychophysiologische, genetische Gesichtspunkte

Der allererste Versuch, eine extreme und der Situation nicht angemessene Angstreaktion aufzuklären, ist wohl die Suche nach einer *körperlichen Erkrankung,* die den Angstzustand unmittelbar zur Folge hat. Wie bereits erwähnt, ist diese Erklärungsmöglichkeit aus verschiedenen Gründen sehr verlockend. So ist es z. B. sozial durchaus akzeptabel, im Zusammenhang mit bestimmten körperlichen Erkrankungen auch hin und wieder absonderliche Verhaltensweisen zu zeigen oder skurrile Erlebnisse zu haben. Wenn man dafür hingegen keine *Krankheit* vorschieben kann, so wird man von der Umwelt unter Umständen schief angesehen. Es könnte ja etwas im Kopf nicht ganz stimmen. Auch könnte es sein, daß die Mitmenschen die erlebten Schwierigkeiten einfach nicht glauben, sie zu bagatellisieren versuchen.

Für den Betroffenen selbst wäre es eine große *Erleichterung,* wenn eine organische Erkrankung gefunden würde. Seine Zweifel und Unsicherheiten, die ihm durch die eigenartigen und bedrohlichen Erlebnisse entstanden sind, wären ihm genommen. Wenn es etwas Medizinisches wäre, dann wird es irgendwo schon einen Experten geben, der die richtigen Medikamente verschreiben kann. Man bräuchte dann lediglich zu warten, bis die Medikamente wirken und könnte dann wie bisher mit dem Leben fortfahren.

Die Idee, für das Entstehen bzw. auch für die Veränderung des Angstproblems selbst zuständig zu sein, ist eher unangenehm. Das Delegieren des Genesungsprozesses an eine vom Experten ausgetüftelte medizinische Maschinerie ist demgegenüber viel bequemer. Wir werden zu Opfern der Umstände und begeben uns gerne in die Rolle des passiven Patienten.

So verlockend diese Vorstellung auch ist, leider ist es so, daß gerade bei Schwierigkeiten mit Ängsten diese Einstellung des Klienten den Prozeß der Angstbewältigung eher behindert. Diese passive Einstellung ist aber wohl verantwortlich für das Ergebnis einer Untersuchung, die wir an unserem Institut durchgeführt haben. Unter anderem ging es dabei um die medizinischen Behandlungsversuche bei Angstpatienten:

Bei einer Stichprobe von über 200 Personen mit starken chronischen Ängsten verschiedener Inhalte, die im Durchschnitt seit 12 Jahren bestanden, ließen sich zwei Teilgruppen unterscheiden. Die Personen der einen Gruppe hatten eine sehr lange Geschichte von verschiedenen medizinischen Therapieversuchen hinter sich. Die Personen der anderen wiederum hatten sich überhaupt geweigert, wegen ihres Angstproblems zum Arzt zu gehen.

Die erste Gruppe war im Durchschnitt seit 5 Jahren in medizinischer Behandlung, wobei diese Behandlung vorwiegend medikamentös erfolgte. In dieser Zeit gab es auch im allgemeinen eine große Anzahl aufwendiger medizinischer Durchuntersuchungen mit sehr verschiedenen, zum Teil widersprechenden Diagnosen. Die beliebteste Diagnose war »vegetative Dystonie«, eine Bezeichnung, aus der lediglich hervorgeht, daß es sich bei dem Problem u. a. um eigenartige Erscheinungen im Bereich der vom vegetativen Nervensystem versorgten Organe handelt. Diese »Diagnose« besagt auch, daß die eigentliche Ursache dieser Erscheinung *nicht* bekannt ist. Die medikamentöse Behandlung erfolgt in der Mehrzahl durch Verschreibung beruhigender Psychopharmaka bzw. kreislaufstabilisierender Präparate.

Die Personen der zweiten Gruppe der Stichprobe hatten sich geweigert, zum Arzt zu gehen. Sie befürchteten, daß ihr Leiden nicht ernst genommen würde und daß sie mit guten Ratschlägen oder Beruhigungstabletten nach Hause geschickt würden. Vor allem den indirekten Vorwurf, sie seien zu zimperlich und hätten keine wirkliche Krankheit, wollten sie sich ersparen.

Eine englische Forschergruppe hat die Mitglieder eines Klubs für Personen mit Agoraphobie befragt, warum sie keine ärztliche oder psychologische Hilfe aufgesucht hätten. In vielen Fällen war die Antwort, daß der Weg zu einem Arzt oder Psychotherapeuten bereits so beschwerlich sei, daß sie darauf verzichtet hätten. Andere gaben an, daß sie zu diesen Formen der Betreuung kein Vertrauen hätten und sich nicht vorstellen könnten, daß ihnen da wirklich geholfen werden könnte.

Ich bringe diese Hinweise nicht, um von einer gründlichen medizinischen Untersuchung abzuraten. Im Gegenteil, chronische Ängste sind ja auch ein körperliches Phänomen, und es ist wichtig, die dabei beteiligten Organe auf ihre Funktionstüchtigkeit hin zu untersuchen. Worauf ich jedoch hinweisen möchte, ist, daß bis heute kein wirklich brauchbares medizinisches Erklärungsmodell vorliegt, demzufolge exzessive Ängste primär die Folge organischer Veränderungen im Sinne einer Erkrankung sind. Zwar werden manchmal leichte Überfunktionen der Schilddrüse, manchmal auch leichte Unterfunktionen, leichte Auffälligkeiten im Bereich der Hormon- und Drüsentätigkeit, des Kalziumhaushalts usw. registriert. Abgesehen davon aber, daß diese Diagnosen nur bei einem Teil der Klienten möglich waren, gibt es auch unter denen mit klarer organischer Diagnose nur selten eine einfache Erklärung für den Zusammenhang der diagnostizierten organischen Abweichung mit dem Angstphänomen. *Auch ist nicht klar, ob die beobachteten körperlichen Veränderungen bereits die Folge der chronischen Angsterlebnisse sind oder ob sie diese verursachen.* Tatsache ist, daß den organischen Prozessen eine gewichtige Rolle in der Entstehung und Aufrechterhaltung des Angsterlebens zukommt, daß jedoch eine Reihe anderer Faktoren im Bereich des subjektiven Erlebens bedeutsam ist: U. a. gedankliche Tätigkeiten, wie z. B. das Ausbilden von *Erwartungen,* die *Bewertung* der eigenen Fähigkeiten der Angstbewältigung, die *erlebte Kontrolle* über sich und andere, um nur einige zu nennen. Daß diese Tätigkeiten wichtig sind, beweist die *Situations- und Verhaltensabhängigkeit der Ängste.* Wenn die Angstreaktionen nämlich rein organisch wären, müßten sie ja praktisch bei jeder Gelegenheit auftreten. Genau das Gegenteil ist der Fall. Sie können im allgemeinen durch bestimmte *Situationen,* manchmal auch schon durch die *Vorstellung* solcher Situationen ausgelöst werden. Das Ändern dieser Situationen oder der entsprechenden Vorstellungen hingegen kann sie auch wieder reduzieren. Damit ist der Wahrnehmungs- und Denktätigkeit ein entscheidender Platz in der Auflösung und Aufrechterhaltung der Angstphänomene zugeteilt.

Die Psychophysiologie versucht, den Zusammenhang zwischen subjektivem Erleben und den damit einhergehenden bzw. dadurch ausgelösten körperlichen Vorgängen zu untersuchen. Ein bekannter psychophysiologischer Erklärungsansatz ist das Streßmodell. Die Wahrnehmung einer Gefahr, im einfachsten Fall ein schmerzhafter Reiz, im komplizierten Fall die symbolische Reaktivierung eines unbewußten Traumas aus der Kindheit, führt zur Bereitschaft des Körpers für Kampf oder Flucht. Diese Bereitschaft wird durch die Aktivierung desjenigen Anteils am vegetativen Nervensystem, der u. a. die erhöhte Wachsamkeit der Sinne und die bessere Durchblutung der Willkürmuskulatur steuert (Sympathikus), hergestellt. Über die Ausschüttung eines Hormons der Hypophyse (adrenocorticotropes Hormon) wird die Nebenniere zur Aktivierung und Absonderung von Adrenalin stimuliert, das wiederum über verschiedene Sensoren eine Beschleunigung der Herz-Kreislauftätigkeit bewirkt.

Kommt es zu keiner *Umsetzung* dieser Aktivierung in einen abreaktiven Bewegungsablauf (z. B. Kampf oder Flucht), so tritt eine verlangsamte Beruhigung ein. In dieser Phase ist der Körper erhöht reaktionsbereit. Das bedeutet, daß er auch auf irrelevante Reize rascher reagiert. Dabei wird zusätzliche Energie benötigt, um die übersprungartige Abreaktion zu verhindern.

Kommt es wiederholt zu diesen psychophysiologischen *Alarmreaktionen,* ohne daß eine angemessene Abfuhr erfolgt, so ist mit chronischer Angsterwartung und körperlichem Dauerstreß zu rechnen. Genau das geschieht bei ständiger (gedanklicher) Erwartung einer Gefahr. Langfristig sind dann auch schädigende Veränderungen der entsprechenden Organe nicht auszuschließen.

Das Modell läßt sich aber auch umdrehen. Es kann sein, daß durch verschiedene nicht-psychologische Umstände, wie etwa Krankheit, spezifische Ernährung, Konstitution oder das Wetter, eine generell erhöhte Erregbarkeit des vegetativen Nervensystems entsteht. In diesem Zustand können dann auch gedankliche und emotionale Prozesse ausgelöst werden, die ihrerseits normalerweise Streßreaktionen auslösen oder zumindest mit ihnen *einhergehen:* Erwartung einer Gefahr, Zweifel an der Bewältigungskompetenz, zwanghaftes Grübeln etc. Diese streßsteigernden psychischen Prozesse verstärken wiederum die organische Streßreaktion und können einen unseligen *Kreisprozeß* in Gang halten. Beispiele dafür sind Krankheitsverläufe, die je nach Art der psychischen Bewältigung zu einer Beschleunigung oder Verlangsamung des Heilprozesses führten.

Wichtig scheint zu sein, daß wir auch im Falle der Angst mit noch näher zu untersuchenden psychophysiologischen Wechselprozessen zu rechnen haben, die von beiden Seiten her ausgelöst, aber auch reduziert werden können.

Ist Angst vererbbar?

Es steht ohne Zweifel fest, daß die *Fähigkeit,* Angst zu haben, insofern vererbt ist, als ja die *physischen Aspekte* des vegetativen und des zentralen Nervensystems als die Träger von Gefühlen weitgehend genetisch bedingt sind. Das ist ganz gut so. Unser Gefühlsleben – dazu gehört ja auch die Angst – hat eine enorme lebenserhaltende Bedeutung. Es steuert nicht zuletzt unsere elementaren Verhaltensweisen und ist durch Lernprozesse nur innerhalb gewisser Grenzen beeinflußbar. Das gilt vor allem für Lernprozesse, die primär vom Verstand her vermittelt werden, z. B. Bewertungen von Situationen anhand bestimmter Regeln und Normen. Oder sagt Ihnen vielleicht die Vorstellung zu, daß ein Heer von Pädagogen und Erziehungswissenschaftlern für jede Generation immer neu auch diese Aspekte unseres Lebens »entwirft«? (Sie tun es zwar, aber der Mensch ist zum Glück robuster, als es mancher Erziehungsreformer wahrhaben will.)

In der Vergangenheit wurde die Frage der Vererbung psychischer Merkmale, wohl auch aus historischen Gründen, recht kontrovers geführt. Es ist jedoch falsch, diese Frage im Stil von »Entweder-Oder« zu formulieren. Jedes Erleben und Verhalten ist nämlich als Ergebnis einer langen Kette von *Interaktionen* zwischen Anlage und Umwelt zu sehen. So wie wir uns zu einem bestimmten Zeitpunkt vorfinden, sind wir durch die Auseinandersetzung mit der jeweiligen Umwelt in den physischen und psychischen Entwicklungsstufen geworden. Und die Umwelt konnte maximal nur soviel beeinflussen, als grundsätzlich an Lernmöglichkeit aufgrund unseres genetischen Programmes vorgesehen war.

Vermutlich ist es jedoch ein Irrtum, wenn für das *Dominieren* bestimmter Gefühle bei verschiedenen Menschen Vererbung als Erklärung herangezogen wird. Vererbt wird zwar die grundsätzliche Fähigkeit für verschiedene Gefühle, und zwar für alle Gefühle, die es gibt. Ob es bei diesem oder jenem Menschen dann besonders viele von den eher angenehmen oder besonders viele von den eher unangenehmen gibt, das ist vermutlich das Ergebnis seiner *Gefühlsentwicklung*. Sie beginnt bereits in allerfrühester Kindheit, wobei u. a. Methoden gelernt werden, mit denen bestimmte Gefühle gefördert, andere behindert werden. Bei den eher neurotischen, das Leben einengenden Gefühlen, bei Ängsten oder Depressionen irrationaler Art, wurde häufig die These vertreten, daß hier eine physiologische Disposition vorliege. Das wäre eine erhöhte Bereitschaft zur Entwicklung dieser eher unangenehmen und unerfreulichen Formen des Erlebens.

Bei Menschen lassen sich solche Fragen aber nicht untersuchen, weil solche Kausalfragen nur im kontrollierten Experiment hinreichend befriedigend bearbeitet werden können. Es gibt aber im Tierversuch die Möglichkeit zur *experimentellen, selektiven Aufzucht*. Dabei können nicht nur körperliche Merkmale wie Farbe, Größe, Dichte des Fells etc., sondern auch Merkmale des *Verhaltens* als Zuchtkriterium verwendet werden. Über den Bereich der Vererbung von elementaren lebenserhaltenden Funktionen, wie z. B. Angst- und Ärgerverhalten, kann man so mehr erfahren. So konnten durch selektive Züchtungen besonders ängstliche Ratten »erzeugt« werden. *Und selbst dann, wenn diese Tiere von einer nicht ängstlichen »post-natalen Mutter« aufgezogen wurden, änderte sich an ihrer allgemeinen Ängstlichkeit wenig.*

Die Umwelteinflüsse, die vom Zeitpunkt der Geburt an über die Form dieser Aufzucht wirksam werden, haben somit keinen oder zumindest einen deutlich geringeren Einfluß auf die allgemeine *Ängstlichkeit,* wohl aber auf das einschlägige *Angstverhalten.*

Dauerhafte Unterschiede zwischen den beiden Zuchtgruppen, den ängstlichen und den relativ angstfreien Tieren derselben Spezies, gibt es auch im Hinblick auf das Lernen. Für unsere Fragen sind besonders die Untersuchungen über das Lernen von Flucht- und Vermeidungsverhalten von Interesse. Erstaunlicherweise lernen die eher ängstlichen Tiere *langsamer,* einer unangenehmen Situation, z. B. einem signalisierten elektrischen Schlag, durch ein *vorbeugendes* Verhalten, also durch eine Vermeidung zu entkommen.

Ein gutes Beispiel dafür ist die »Schüttelbox«: Ein elektrischer Schlag wird einige Sekunden vorher durch ein Lichtsignal angezeigt. Das Tier kann dem Schlag entkommen, wenn es von einem Teil der Box über eine Barriere in den anderen Teil springt. Springt es erst, wenn der elektrische Schlag kommt, so kann es durch das Springen die Dauer desselben verkürzen. Springt das Tier jedoch bereits *nach* Auftreten des *Warnsignals,* so kann es den Schlag vollständig vermeiden.

In einem derartigen Versuch lernen die eher ängstlichen Tiere *langsamer* als die angstfreien Tiere: Sie brauchen mehr Wiederholungsdurchgänge, bis sie bereits auf das Warnsignal hin springen. Die angstfreien Tiere scheinen trotz der durch das Warnsignal ausgelösten Angst genügend »Freiraum« zu haben, um mit rechtzeitigen Gegenmaßnahmen zu kontern. Die ängstlichen Tiere dürften durch die Angst eher paralysiert und daher am Lernen einer angemessenen Gegenmaßnahme behindert sein. Manche kauern sogar regungslos auf dem Boden und sind nach Einsetzen des Schlages weder zur Vermeidung noch zur Flucht in der Lage. Sie vermeiden *passiv*, was bei der geschilderten Anordnung aber wenig bringt.

Der im folgenden zu schildernde Versuch wird dem Tierfreund vermutlich gar nicht behagen. Er gibt jedoch Aufschluß über die Auswirkung der Ängstlichkeit auf das Verhalten in einer *Konfliktsituation*. Man dressierte die Tiere zuerst, sich ein Futterkügelchen zu holen, wenn ein Ton dargeboten wird. Nachdem die Tiere das gelernt hatten, wurde die Versuchsregel verändert. Wenn das Tier *sofort* nach dem Ton das Kügelchen holte, fiel es in ein Becken und bekam noch dazu einen Schock versetzt. Wenn es hingegen drei Sekunden zuwartete, dann konnte es das Futter holen, ohne dabei diese unangenehmen Erfahrungen machen zu müssen. Dieser Test macht den *Aufschub* eines gelernten Verhaltens zugunsten der Vermeidung unangenehmer Erfahrungen erforderlich. Er verlangt vom Tier eine ziemlich differenzierte Kontrolle in einer Situation, in der ein angenehmer (appetitiver) und ein unangenehmer (aversiver) Reiz zeitlich eng nebeneinander liegen.

Die angstfreien Ratten lernten diese schwierige Aufgabe relativ rasch, sie warteten nach Auftreten des Tones und dem Darbieten des Futterkügelchens einige Sekunden und holten sich dann erst die Belohnung. Die eher ängstlichen Tiere waren langsamer im Erlernen dieser Aufgabe. Sie zeigten außerdem zwei Arten des weniger erfolgreichen Verhaltens. Die erste Art wäre, das Futter zu früh zu holen und dafür bestraft zu werden, etwa durch Schock und Absturz. Das Fehlverhalten der zweiten Art wäre, auf das Futter überhaupt zu verzichten.

Diese zwei Arten weniger erfolgreichen Verhaltens können als Analogie zum Verhalten neurotischer Menschen gesehen werden. Im einen Fall wird aus Angst vor einer unangenehmen Erfahrung die gesamte Situation vermieden und dadurch von der Möglichkeit einer differenzierteren Bewältigung der Aufgabe kein Gebrauch gemacht: angstvermittelte Passivität. Im anderen Fall handelt es sich um eine Analogie zum Verhalten jener Personen, die angesichts einer einmal gelernten Form der Angstreduktion aus Rigidität diese immer wieder anwenden und dadurch eventuelle neue Gegebenheiten gar nicht berücksichtigen. Die meisten angstvermittelten Rituale, etwa bei Zwangsstörungen, passen in dieses Modell.

Zu wenig Angst zu haben, scheint eine dritte Variante zu sein: Sofortige Befriedigung unmittelbarer Bedürfnisse ohne Rücksicht auf die negativen Konsequenzen. Das erinnert an jenen Mann, der auf eine lange Liste kleiner Delikte, etwa folgender Art, verweisen konnte: Wenn er durstig war, schlug er in einem Schaufenster das Glas ein, hinter dem er eine Bierflasche sah. Er holte sie sich, setzte sich trotz der durch seinen Einbruch ausgelösten Alarmanlage vor dem Schaufenster auf den Boden, öffnete die Flasche und begann, den Inhalt zu entleeren. Er war damit noch nicht fertig, als die Polizei ihn auch schon »in Gewahrsam« nahm. Behagt hatte ihm das dann gar nicht, Angst jedoch hatte er in keiner Phase der Episode verspürt.

Tiefenpsychologische Erklärungen

Den tiefenpsychologischen und psychoanalytischen Vorstellungen über die Angst, und es gibt derer etliche, ist stets gemeinsam, daß die beim Erwachsenen auftretenden Angstgefühle die Wiederholung frühkindlicher Formen von Ängsten sind. Sie entstanden im Zuge schmerzlicher Erlebnisse in entscheidenden Stadien der kindlichen Entwicklung. Die Angst sollte dabei diejenigen Prozesse stoppen, die zum Wiederauftreten der schmerzlichen Erlebnisse führen könnten.

Ein solches Erlebnis kann z. B. die Frustration nach der Bestrafung für das Äußern der ersten frühkindlichen Sexualimpulse sein – Angst stoppt dann den Sexualimpuls. Es können aber auch Erlebnisse von Trennungen oder Ablehnungen, von Schmerzen während der Geburt selbst sein bzw. die unmittelbar nach der Geburt auf das Neugeborene zukommenden Erfahrungen.

Die später aktualisierten Ängste haben sich meist von dem ursprünglichen Angstinhalt entfernt. Das Individuum hat als eine Form der Angstbewältigung den ursprünglichen Angstauslöser verdrängt; er ist in den heutigen Angstauslösern nur mehr symbolisch gegenwärtig.

Sigmund Freud

Als typisch für diese Betrachtungsweise gelten Sigmund Freuds frühe Angsttheorien, die manchmal etwas despektierlich auch als »Dampfkesseltheorie« bezeichnet werden. Bereits in den ersten Lebensjahren hat das Kind sexuelle Impulse, die auf eine direkte Weise zur Befriedigung drängen. Dabei wendet sich das Kind in erster Linie an seine Mutter. Sie wird der geltenden Sozialnorm und ihrem eigenen psychosexuellen Entwicklungsstand entsprechend auf diese Regungen mit Unsicherheit, Ablehnung, vielleicht auch Bestrafung oder Lächerlichmachen reagieren. Erfahrungen dieser Art können nach Freud zu einer Blockierung der sexuellen Impulse führen, was wiederum eine Art Erregungsstau bewirkt. Diese Blockierung einer aufsteigenden Erregung wird als Angst erlebt. Das Angsterlebnis selbst bewirkt, daß die sexuellen Impulse gleichsam umgewandelt werden und ihre unmittelbare Bedrohung verlieren. Angsthaben ist sozusagen weniger bedrohlich im Hinblick auf eine mögliche Bestrafung als ein sexueller Impuls.

Das Individuum entwickelt dann eine Fülle von *weiteren Strategien*, um diese Angst selbst auch wieder zu reduzieren. Je nachdem wie erfolgreich diese Strategien sind, wird im späteren Leben das Angsterleben manifest auftreten oder nicht. Bekannte Beispiele für diese Formen der Angstabwehr sind Projektion, Sublimierung etc. Auch Zwangsrituale oder die Entwicklung zwanghafter Verhaltens- und Denkweisen sind hier ebenso zu nennen wie die totale Verdrängung der Angst, die mit der Gefahr der Entwicklung psychogener körperlicher Erkrankungen verbunden ist.

In einer späteren Version hat Freud den *Signalcharakter* der Angst betont. Angst hat danach grundsätzlich die Funktion, uns auf bedrohliche Ereignisse in der Außenwelt, aber auch in unserer Innenwelt hinzuweisen. Angst vor Außenweltvorgängen wäre die *Realangst,* während die Angst vor als gefährlich erlebten Impulsen, die in uns selbst auftreten, die *neurotische Angst* wäre.

Eine spezielle Form der Angst aus tiefenpsychologischer Sicht ist auch die »Überich-Angst«. Sie entsteht bei einer Diskrepanz zwischen bewußter Handlung einerseits und Normen, die wir aufgrund unserer Erziehung übernommen haben, und nach denen wir unsere Handlungen in »gut« und »schlecht« einteilen. Wenn wir diese Normen durch unsere Handlungen nicht erfüllen, befürchten wir irgendwo in unserem Bewußtsein eine *Bestrafung,* die dem früheren Liebesentzug durch die Eltern entspricht.

Wilhelm Reich

Reich, ein ehemaliges Mitglied der Wiener Psychoanalytischen Vereinigung, der jedoch bald gegen die Freudschen Ansichten rebellierte, hat in seiner »Charakterlehre« neue Gesichtspunkte zum Verständnis der Angst formuliert. »Charakter« ist ihm zufolge eine Art Kanalisierung von Lebensprozessen; er moduliert quasi den Energiefluß des Individuums. »Charakter« ist ein *körperlicher Vorgang,* eine Art Programm, das unter anderem in dauerhafter Anspannung bestimmter Muskelbereiche besteht. Dadurch wird eine chronische Unterbrechung solcher Lebensprozesse vorgenommen, die aufgrund bisheriger Erfahrungen des Individuums einen bedrohlichen Konflikt mit der Umwelt nach sich ziehen könnten.

»Charakter« ist somit buchstäblich die körperlich gewordene Forderung der Gesellschaft, aber auch der physischen Umwelt, an das Individuum. Er bewirkt, daß wir nicht in jedem Augenblick neu und frei auf unsere inneren und äußeren Reize reagieren, sondern sie auf verschiedenste Weise verändern oder unterbinden. Und die Weichen speziell des Gefühlslebens werden in der frühen Kindheit gestellt.

An sich wäre das eine sehr hilfreiche Form des Lernens aus Erfahrung. Nicht selten jedoch sind die frühkindlichen Erfahrungen so traumatisch, daß sich das Individuum nur durch die Entwicklung eines starren, nur wenig Flexibilität und Ausdruck ermöglichenden Charakterpanzers retten konnte. Diese Form der Programmierung ist für eine Zukunft mit emotional und sozial neuen Situationen, wie sie ja beim Erwachsenen meist gegeben sind, störend und führt zur Entwicklung von Verhaltens- und Erlebensstörungen.

»Charakter« ist somit gleichsam die Nahtstelle zwischen dem »ursprünglichen« Individuum und den Anforderungen der Gesellschaft. Es ist an sich nichts Gutes oder Schlechtes. Es ist vielmehr ein wichtiges Hilfsmittel, Vorerfahrungen im Umgang mit unserem Triebleben zu machen, und diese in zukünftigen Situationen nutzbar einzusetzen. In manchen Fällen ist jedoch die traumatische Erfahrung so nachhaltig, daß sie ein flexibles Eingehen auf neue Situationen und neue Gegebenheiten unmöglich macht. In diesem Falle wird der »Charakter« ein Vehikel zur *chronischen Entstellung* unseres Erlebens ebenso wie unseres Stils, die Umwelt wahrzunehmen.

Aus dem Gesagten wird klar, daß die Reichsche Verwendung des Begriffes »Charakter« eine andere Bedeutung hat als die alltagssprachliche.

Offen ist sowohl bei Freud als auch bei Reich die Frage, wie nun konkret sexuelle Impulse in Angsterlebnisse umgewandelt werden.

Alexander Lowen

In der klassischen psychoanalytischen Theorie haben die Abwehrmechanismen die Aufgabe, Angst abzuwehren. Ein Nachfolger Wilhelm Reichs, Alexander *Lowen,* nimmt in Anlehnung an seinen Lehrer ebenfalls an, daß die *Angstabwehrmechanismen körperlicher Art* sind.

In unserer Muskulatur kommt es dort zu chronischen Verspannungen, wo im Falle der Entspannung Körperempfindungen auftreten, die aufgrund früherer Erfahrungen als bedrohlich gelten und die daher Angst machen. Das soll vorwiegend im

Bereich der Sexualfunktion, aber auch im Bereich der Atmung geschehen. Lowen weist jedoch darauf hin, daß gerade beim *Aufgeben* dieser Abwehrprozesse, beim seelisch-körperlichen »Öffnen« gegenüber der unterdrückten Erregung, erstaunlicherweise auch das Gegenteil von Angst eintreten kann, nämlich Lust und Entspannung. Er fragt daher mit Recht, wie es sein kann, daß ein Prozeß, der ja eigentlich der Angstabwehr dient, bei seiner Aufhebung das Gegenteil von Angst möglich macht. Das Vorhandensein der Angstabwehr schafft sogar erst recht die Voraussetzung, überhaupt Angst zu haben.

Die Antwort auf diese Frage scheint in der Entwicklung dieser Formen von Abwehr zu liegen. Ursprünglich dienten sie nicht dem Schutz gegen Angst, das ist erst ihre heutige Funktion, sondern sie hatten vorher die Aufgabe, uns vor noch schmerzhafteren Gefühlen oder Empfindungen zu schützen. Im Zustand seelisch-körperlicher Offenheit sind wir fähig, Lustgefühle zu erfahren, wir sind aber auch äußerst ungeschützt vor Verletzungen. Im Gefolge schmerzhafter Erfahrungen wird durch chronische Anspannung bestimmter Körperregionen die Lustfähigkeit, aber auch die Verletzlichkeit reduziert. Wiederöffnung im Zuge einer Therapie macht das Erlernen neuer Schmerz-Angst-Abwehrsysteme erforderlich. Andernfalls wiederholt sich das alte Trauma. Jene »Therapien«, die nur auf das Sich-Öffnen aus sind, vernachlässigen unter Umständen die Bereitstellung neuer, flexibler Angstabwehren sträflich.

Das spricht jedoch nicht gegen Therapie an sich. Die Existenz der alten Verteidigungsmechanismen hat ja zur Folge, daß chronische Angst erst recht erhalten bleibt. Das wiederum führt zu einer weiteren »Rechtfertigung«, die Abwehren aufrechtzuerhalten. Das kann so weit führen, daß die Person ausschließlich in ihren eigenen Abwehrmechanismen gefangen ist, zwar keine Angst *verspürt*, aus dieser Abschirmung aber nicht herauskommt und ein extrem reduziertes Leben mit dem Risiko psychosomatischer Erkrankung führt.

Erst wenn sie an ihrem eigenen Verteidigungssystem »rüttelt«, z. B. in einer Therapie oder durch entscheidende Lebensereignisse, entsteht spürbare Angst – und das, obwohl man die Therapie ja eigentlich aufsucht, um von Problemen, also auch von Angst *frei* zu werden! Durch diese Angst muß man aber gleichsam »durch«. Die mit dem Sich-Öffnen einhergehenden Gefühle, die solche des Wohlbefindens sein können, aber nicht müssen, können erst dann wieder erlebt werden. Die Anfangsphase dieses Prozesses ist jedoch sehr schwierig: Eine Person, die aus vermeintlich gutem Grunde, nämlich wegen traumatischer Erfahrungen in ihrer Kindheit, wirksame Abwehren aufgebaut hat, wird sich ohne den bewährten »Panzer« zuerst einmal sehr verletzlich fühlen.

Erst die Erfahrung, daß, zumindest in bestimmten Situationen, die Verletzlichkeit nicht ausgenutzt wird, bzw. daß es andere Methoden des Schützens gibt als die der muskulären Abschirmung, kann zu einer Stabilisierung des neuen emotionalen Geschehens führen. Das Sich-Öffnen ist ein wichtiger Schritt in der Therapie, er reicht jedoch keineswegs aus. Zu oft geschieht es, daß Personen nach intensiver Arbeit in Richtung eines Abbaues ihrer Abwehr- und Verteidigungsmechanismen in einer dafür unvorbereiteten sozialen Umwelt reihenweise in die offenen »psychischen Messer« laufen. *Ziel der Therapie sollte deshalb eine bessere und realistischere Kontrolle über den Prozeß des Sich-Öffnens sein.* Die Abwehren sollen nicht unspezifisch und rigide ablaufen, sondern den Bedingungen der jeweiligen Situation entsprechend differenziert einsetzbar werden.

Fritz Perls

Er hat mit der *»Gestalttherapie«* eine vor allem stärker gegenwartsbezogene Form der Psychotherapie entwickelt. Sein Erfahrungshintergrund ist ebenfalls die klassische Psychoanalyse. Er geht jedoch vor allem in der Arbeitsweise weit über diese hinaus. In seinen Schriften widmete er sich auch ausführlicher den Problemen chronischer Ängste. Dabei kritisierte er an den klassischen psychoanalytischen Vorstellungen, daß sie nicht für Angstgefühle und Angstprobleme spezifisch sind. Bei vielen anderen Problemen werden genau die gleichen Erklärungen angeboten. Außerdem stellt er die Frage, *wie* denn eigentlich ein Angstgefühl entsteht. Die Theorien zur Entstehung von Angstgefühlen teilte er in drei große Gruppen ein:

1. Geburtstrauma, bzw. traumatische Erfahrungen bei der Nahrungszufuhr und vor allem bei der Atmung.
2. Angst als Folge verdrängter bzw. unterdrückter Triebe und Instinkte.
3. Angst als Signal für eine auftretende Bedrohung.

Für die erste Gruppe ist typisch, daß das Angstgefühl durch ein *Sauerstoffdefizit* ausgelöst wird. In der zweiten Gruppe steht ganz allgemein eine Angst vor *Aufregung* im Vordergrund. Diese Aufregung kann beim sexuellen Orgasmus, bei Temperaments- und Wutausbrüchen, aber auch bei starken körperlichen Anstrengungen auftreten.

Jeder Angstanfall ist zuerst einmal durch diese beiden Aspekte charakterisiert, nämlich die *große Erregung* und das *Atemproblem*. Die erhöhte Erregung führt auch zu einem beschleunigten Stoffwechsel, zu erhöhter Aktivierung des sympathischen Nervensystems, was u. a. mit beschleunigter Herztätigkeit einhergeht. Normalerweise wird sich dabei auch die Atmung beschleunigen.

Bei einem Angstanfall kommt es jedoch unter Umständen zu einer dramatischen Veränderung der Atmung: Der Brustkorb verengt sich, das Zwerchfell wird nach oben gepreßt und die gesamte Atemmuskulatur verkrampft sich, so daß die Atmung verflacht und der nichtbelüftete Anteil des Lungenvolumens zunimmt. Die *akute Konfliktsituation spielt sich somit auf körperlicher Ebene zwischen Atmung und Erregungskontrolle ab*. Dabei führt die reduzierte Sauerstoffzufuhr – eine Folge reduzierter Atmung – erst recht zu einer Erhöhung der Pulsfrequenz. Da die Muskeln zur Aktion bereitgestellt werden – das ist die Funktion der sympathischen Aktivierung –, müssen sie auch mit ausreichend Sauerstoff versorgt werden. Wenn diese Versorgung aufgrund reduzierter Atmung ausfällt, muß sie durch verstärkte Kreislauftätigkeit kompensiert werden. Dies geht zudem mit einer Verengung der Blutgefäße einher. So betrachtet ist das Angsterleben das Ergebnis von autonom-nervöser Erregung und gleichzeitigem Sauerstoffdefizit.

Auch durch eine Art forcierter Hyperventilation mit stoßartigem Einatmen ist keine Lösung möglich. Da bei dieser Art Hyperventilation das Ausatmen vernachlässigt wird, bleibt mehr Residualluft und damit mehr Kohlendioxyd in den Lungen. Aufgrund dessen und wegen der Erregung des sympathischen Nervensystems entsteht ein Sauerstoffdefizit. Angespannte Ruhelosigkeit charakterisiert den Angstkonflikt: *Bereitschaft zur Aktion* mit gleichzeitigem *Sauerstoffdefizit* und der entsprechenden *Anspannung*

Im Normalfall würde die Bereitstellung der Angriffs- oder Fluchtmotorik rasch zu einer entsprechenden, die Spannung lösenden Aktion führen. Die soziale oder physische, vielleicht aber auch die intrapsychische Realität verhindert dies häufig. Dann sind die einfachen Reaktionen nicht verfügbar, weil z. B. der Fluchtweg verbaut oder der Gegner zu stark ist. Als Folge davon kommt es dann zu einer Desintegration der motorischen Aktivität. Die Muskeln sind zu sehr mit der *Erregungskontrolle* beschäftigt, als daß eine zielgerechte, präzise, glatte Bewegungsabfolge möglich wäre.

Lösungsmöglichkeiten sieht Perls einmal in der *Bewußtmachung des Atmungsprozesses* und der Forcierung des *Ausatmens* auch in den kritischen Phasen. Außerdem ist es nötig herauszuarbeiten, was der Betroffene in seiner Phantasie als Konsequenzen auf seine Erregung fürchtet. Er vertritt die Ansicht, daß die festgefahrenen Abläufe bei chronischen Angstprozessen auch lösbar werden, indem die Blockierung der Erregung aufgehoben wird und die Erregung zu einem organischen Abklingen kommt. Er behauptet, daß dieser Prozeß auch ohne langjähriges Aufarbeiten frühkindlicher Traumen durch die klassischen Prozesse des psychoanalytischen Vorgehens geleistet werden kann.

Die Arbeit, die er als Alternative vorschlägt, ist stärker gegenwartsbezogen. Wenn die Blockierung der Erregung aufgehoben wird, können starke emotionale Reaktionen auftreten, die lange Zeit unterdrückt waren, solange die Atemblockierung und die Angst stark genug waren. Die Einsicht in die frühkindlichen Entstehungsbedingungen dieser Emotionen und der dabei erworbenen Methoden, sie zu blockieren, ist bei der neuerlichen Bearbeitung dieser Prozesse zweifellos *hilfreich*. Sie ist jedoch Perls zufolge für die Lösung des Angstkonfliktes keine unabdingbare Voraussetzung.

Die dritte Gruppe von analytischen Betrachtungsweisen des Phänomens der Angst wurde von Perls als die Gruppe der *Signaltheorien* bezeichnet. Die Signaltheorien betonen die Bedeutung der Angst als Warnfunktion. Anzeichen für gefährliche oder schmerzhafte Ereignisse werden wahrgenommen, und diese wahrgenommenen Anzeichen lösen bereits das Angstgefühl aus. Dieses hat die Aufgabe, Gegenmaßnahmen zur Bewältigung dieser Bedrohung zu entwickeln. Mit diesem Teil des Angstproblems, dem Signalaspekt, befassen sich die lernpsychologischen Erklärungen. Sie werden im folgenden deshalb etwas ausführlicher dargestellt, weil sie die Grundlage für neuartige Lösungsansätze darstellen.

Angst als gelernte Reaktion

Zu den allereinfachsten Lernvorgängen, über die wir verfügen, gehört die Konditionierung. Tritt z. B. Angsterregung in einer Situation auf, in der zufällig auch ein bestimmtes Licht, eine spezielle Musik etc. vorhanden war, so kann bald allein dieses Licht oder die Musik die Angst reaktivieren, obwohl die ursprünglichen Auslöser der Angst fehlen.

Konditionierung von Angsterregung läßt sich leicht beobachten. Das Kind, das sich an einem Ofen verbrannt hat, wird das nächste Mal, wenn es nur in seine Nähe kommt, eine unangenehme Erregung verspüren, unruhig werden und weglaufen. Der *Anblick* des Ofens ist zum *konditionierten Auslöser* für die Angsterregung geworden. Ähnliches kann auch mit Erlebnissen geschehen, die nicht unmittelbar schmerzhaft sind. Ein Kind, das das erste Mal in einen Kindergarten gebracht wird und dort von seiner Mutter allein gelassen wird, dürfte mit einiger Wahrscheinlichkeit am nächsten Tag schon allein bei der

Ankündigung, in den Kindergarten gehen zu müssen, Angst bekommen.

Konditionierung ist ein elementarer, lebenswichtiger Prozeß, der sich bei Lebewesen verschiedener Entwicklungsstufen im allgemeinen als sehr nützlich erweist. Er fördert unsere Aufmerksamkeit für nützliche Umweltvorgänge, macht es aber auch möglich, daß wir vor schädlichen Ereignissen gewarnt werden.

Wir müssen jedoch beachten, daß wir diesem Prozeß irgendwie ausgeliefert zu sein scheinen. Es ist zwar so, daß das bewußte Denken, vor allem das Erkennen von Zusammenhängen zwischen Signal und gefährlichem Ereignis, diesen Konditionierungsprozeß noch weiter verstärken kann. *Wir sind jedoch nur in Grenzen in der Lage, uns mit unserem Verstand gegen diese konditionierten Reaktionen zu wehren.* Von der Waschmittelwerbung bis zur »Gehirnwäsche« durch angstvermittelte Konditionierung wird unsere Abhängigkeit von diesem elementaren Lernvorgang ausgenutzt.

Konditionierte *Erwartungsangst* bleibt auch bestehen, wenn man vom Verstand her weiß, daß keine Gefahr droht. Sie tritt wie automatisch auf.

Es macht keinen großen Unterschied, ob die konditionierte Angstreaktion durch tatsächliche Erfahrung eines unangenehmen Schmerzreizes, oder nur durch die *Androhung* eines solchen ausgelöst wurde. Allein die Androhung eines elektrischen Schlages führte in einem Experiment dazu, daß bei Darbietung des angekündigten Schmerzsignals die körperlichen Anzeichen der Angst auftraten. Wurde diesen Personen jedoch gesagt, daß sie jetzt keinen elektrischen Schlag mehr befürchten müssen, so verschwand diese allein durch Androhung hergestellte »Konditionierung« auch gleich wieder. Das war jedoch *nicht* der Fall, wenn die Erwartungsangst aufgrund einer tatsächlichen Schmerz*erfahrung* konditioniert worden war. Es scheint somit eine Art *stellvertretende Konditionierung* über die *Sprache,* unser *Denken* und unsere *Vorstellungen* zu geben. Diese ist jedoch leichter wieder aufzuheben, als wenn die Konditionierung das Ergebnis tatsächlicher realer Erfahrungen ist. Nimmt man dieses Ergebnis ernst, so hat es Konsequenzen für das Vorgehen in der Therapie mit Angstpatienten. Man wird versuchen, die Unbegründetheit von chronischer Angst *erfahrbar* zu machen, statt darüber zu reden.

Das Konditionierungsmodell ist für die Erklärung auch extremer Ängste deshalb so attraktiv, weil es deutlich macht, warum eine Beruhigung vom Verstand her, also durch unser Denken, durch Beratung, durch gute Vorsätze, dann nur selten möglich scheint. Gute Erklärungen und die Versicherung, daß die Angst unbegründet ist, können diese nicht eliminieren. Das Angstgefühl mit all seinen körperlichen Anzeichen tritt automatisch auf und scheint der bewußten Steuerung nicht zugänglich zu sein. Man kann als sicher annehmen, daß in jedem Angstprozeß ein wesentlicher Anteil durch klassische Konditionierung vermittelt wird. Wahrscheinlich reicht jedoch das Modell der klassischen Konditionierung nicht aus, um ein so komplexes Geschehen vollständig zu erklären. Ein zusätzlicher Aspekt wird durch die Lernpsychologie selbst angeboten: *das Lernen am Erfolg*.

Angst treibt uns an, gegen die Bedrohung etwas zu tun. Sie motiviert Maßnahmen, die im einfachsten Fall in Angriff oder Flucht bestehen. Das erfolgreiche Verhalten, das die Angst wieder zum Verschwinden bringt, wird beibehalten. Das heißt, daß es in einer ähnlichen Situation mit größerer Wahrscheinlichkeit wieder angewendet wird. Es handelt sich dabei, wie gesagt, um eine Art des Lernens am Erfolg. Der »Erfolg« besteht darin, daß der sehr unangenehme Angstzustand aufhört. *Angstreduktion* ist dabei das verstärkende Erfolgserlebnis, es fixiert das entsprechende Verhalten. Personen mit starken Ängsten tendieren dazu, die Angstreduktion eher passiv zu versuchen, durch Stillhalten. Seltener wird die Lösung mittels aktiver Flucht oder Vermeidung, ganz selten durch Angriff versucht. Dagegen wäre an sich nichts einzuwenden. Aktive und passive Vermeidung sind wichtige Schutzmaßnahmen, ohne die wir vermutlich von einer Kalamität in die andere stolpern würden. Aber es ist nun gerade eine Eigenart der Vermeidung, daß sie dem Betroffenen die Gelegenheit nimmt zu testen, ob die Angst noch begründet ist. *Bei irrationalen Ängsten wird gerade durch die erfolgreiche Vermeidung der Angst die zugrunde liegende Fehlkonditionierung aufrechterhalten*, ja, sie fixiert sich sogar noch weiter. Dieser Mechanismus bringt zwar eine momentane Angstreduktion, zementiert aber langfristig das Angstproblem.

Ein Vermeidungsexperiment, allerdings an Ratten durchgeführt, kann dieses Denkmodell veranschaulichen. Der Käfig ist in zwei Abteile getrennt. Eines davon ist am Boden mit einer Metallplatte versehen, durch das das Versuchstier einen elektrischen Schlag bekommt. Kurz vor Auftreten des elektrischen Schlages leuchtet ein Licht auf, das sehr bald zum konditionierten Reiz wird.

Während der ersten Darbietungen wird das Tier in große Erregung geraten und in dem Abteil wild herumlaufen, um schließlich mehr zufällig in das andere Abteil zu springen. Dieser Sprung führt zur Beendigung des elektrischen Schlages, denn im anderen Abteil gibt es diese Metallplatte nicht.

Sehr bald lernt das Tier, daß es immer dann, wenn das Licht aufleuchtet, besser gleich in das andere Abteil springt, und auf diese Weise die unangenehme Erfahrung vermeidet. Auch die mittlerweile bereits durch das Lichtsignal ausgelöste Angsterregung wird dadurch beendet. Das Verhalten, nämlich bei Auftreten des warnenden Lichtes in das andere Abteil zu springen, wird somit durch Angstreduktion verstärkt und kommt in ähnlichen Situationen wieder und wieder zur Anwendung.

Selbst wenn der Versuchsleiter jetzt den elektrischen Schlag abstellt, der aversive Reiz also auf keinen Fall mehr dargeboten werden kann, wird das Tier sein Vermeidungsverhalten dennoch weiter fortführen. Immer dann, wenn das Licht auftritt, wird es in die benachbarte Box springen. Zwar wird die allgemeine Unruhe, die noch am Beginn des Lernprozesses da war, langsam zurückgehen. Das Tier wird gleichsam Experte im Vermeiden des vermeintlichen Schlages und damit wohl auch *sicherer.* Bei Auftreten des Lichtsignals wird aber dennoch gerade so viel an unspezifischer Angstaktivierung stattfinden, daß das rettende Vermeidungsverhalten ausgelöst wird. Zuletzt wird erreicht, daß das Tier ohne äußere Anzeichen von Angst seine Vermeidung mit Routine abwickelt.

Es kann jedoch sein, daß mit Fortdauer des Experiments diese Sicherheit so groß wird, daß es beginnt, sich manchmal etwas länger Zeit zu lassen, bevor es springt, und irgendwann vergißt es völlig zu springen. Wenn dann tatsächlich kein elektrischer Schlag mehr folgt, wird die *»Löschung«* des konditionierten Vermeidungsverhaltens möglich. Dieser Vorgang dauert im allgemeinen recht lange. Er kann aber beschleunigt werden, z. B. indem gleich nach dem Abstellen des elektrischen Schlages dem Tier die Möglichkeit genommen wird, weiterzuspringen. Diese *Vermeidungsblockierung* führt zuerst zu einer großen Steigerung von Erregung und Angst. Wenn dann jedoch der befürchtete Schmerzreiz, gleichsam der Inhalt der Angst, nicht eintritt, kommt es nach einigen wenigen Wiederholungen zu einer völligen Löschung der konditionierten Angst und damit auch der Vermeidungsreaktion.

Es ist auch aus mehreren Untersuchungen bekannt, daß es innerhalb der gleichen Art Tiere gibt, die sorgfältiger und ausdauernder vermeiden, andere wiederum, die hier schlampiger sind. Die mit der größten Ausdauer werden spontan auch viel länger brauchen, bis sich ihre konditionierte Vermeidungsreaktion legt.

Überträgt man dieses Modell auf die Situation eines Menschen, der vor bestimmten Situationen Angst hat, so ergibt sich dabei folgendes Bild: Eine Person erlebt vielleicht im Anschluß an eine körperliche Erkrankung oder in der Phase erhöhter emotionaler oder beruflicher Belastung einen Schwindel oder Kreislaufanfall, der mit Beklemmungszuständen und Todesangst einhergeht. Dieser Anfall wird vielleicht ausgelöst in einer voll besetzten Straßenbahn, aus der es im Augenblick des Anfalles kein Entfliehen gibt.

Der ganze Vorgang ist der betroffenen Person sehr unangenehm, auch weil er viel Aufmerksamkeit seitens der Fahrgäste verursacht und ihr das im Zustand erhöhter Hilflosigkeit eher peinlich ist. Sie kann sich mit Mühe bei der nächsten Station hinausschleppen, fühlt sich dann zwar etwas besser, aber noch wackelig, muß also mit dem Taxi nach Hause fahren, wo sie sich erleichtert ausruht. Gleichzeitig ist sie aber insgesamt sehr beunruhigt über das Erlebnis. Wenn sie dann das nächste Mal wieder in die Straßenbahn geht, wird die Wahrnehmung derselben Situation, sozusagen auf dem Wege der *klassischen Konditionierung*, die gleichen Angstreaktionen wieder auftreten lassen. Vielleicht kommt es nicht zu dem starken Anfall, aber das Gefühl der *Erregung*, der *Erwartungsangst*, ist da. Es löst auch sofort die damit einhergehenden Versuche aus, die Angst unter Kontrolle zu halten. Der Betroffene hat in diesem Augenblick nur einen einzigen Wunsch, nämlich aus der Straßenbahn herauszukommen. Er wird bei der nächsten Gelegenheit tatsächlich aussteigen und vermutlich merken, daß damit die Beklemmung schwindet und ein Gefühl der Erleichterung eintritt. Die Angstflucht war im Augenblick erfolgreich, die Vermeidung wird als *die* Methode der Angstreduktion gelernt. Die Wiederholung dieses Erlebnisses wird jedoch bewirken, daß beim nächsten Mal vielleicht schon allein der Anblick einer Straßenbahn ausreicht, um diese Erwartungsangst auszulösen. Diese Person wird unter Umständen bereits umdrehen, bevor sie noch in die Straßenbahn eingestiegen ist.

Wann immer sie nun den Versuch macht, doch wieder mit der Straßenbahn zu fahren, wird sie stets dieselbe Erfahrung machen. Sie glaubt bald, ihre Angst allein durch Vermeidung bewältigen zu können, die ihr die momentane Angstsituation löst. Langfristig wird aber ihre Angst vor dem Straßenbahnfahren erst recht fixiert, denn sie nimmt sich durch dieses Verhalten die Gelegenheit, die gegenteilige Erfahrung zu machen. Etwa die, daß sie in der Straßenbahn fahren kann, zwar mit Angst, aber ohne die dramatischen Erfahrungen des damaligen Kreislaufanfalles.

Allein die Angst ist jedoch mittlerweile bereits so unangenehm, daß ihretwillen eine derartige Situation vermieden wird. Dies kann sich nun nach dem Prinzip der Ählichkeit der Angstauslöser ausweiten: Auch bei anderen öffentlichen Verkehrsmitteln werden ähnliche Angsterlebnisse auftreten. Auch sie werden wieder auf die eine einseitige Weise gelöst werden. Das kann so weit gehen, bis schließlich auch das Weggehen ohne Begleitung, der Aufenthalt in fremden Räumen, kurz alles, was außerhalb der eigenen vier Wände geschieht, Angst macht und deshalb vermieden wird. Selbst der *Gedanke* an die U-Bahn wird nun Angst erzeugen.

Der Vorteil einer kurzfristigen Reduktion der Angst durch Vermeidung und Fluchtverhalten zieht den langfristigen Nachteil einer zunehmenden Lebenseinengung nach sich. Wo ist die Lösung? So wie im Experiment durch die vorwitzige Ratte, die manchmal einfach etwas länger wartet, bis sie aus der Situation flieht, so könnte auch hier der Teufelskreis unterbunden werden. Das allmähliche Verlängern der Zeit, wie lange die Angst ausgehalten wird, kann zu der Erfahrung führen, daß diese Phasen zwar nicht angenehm, aber auch nicht wirklich existentiell bedrohlich sind. Eine Art *Vermeidungsblockierung,* wie sie anhand des Tierversuches geschildert wurde, könnte diese »Angstspirale« durchbrechen. Allerdings mit einer Umkehr aus Angsterleichterung: blockiert man die üblichen Vermeidungsrituale, so tritt zuerst vermutlich sehr viel Angst auf, die es dann zu ertragen gilt; langfristig wird sie sich jedoch eher lösen.

Vermeidung schafft Angst vor der Angst

Auf die Rolle der Vermeidung innerer und äußerer Angstauslöser bei der Chronifizierung eines Angstproblems wurde bereits mehrmals hingewiesen. Die Vermeidung schädlicher Einflüsse ist für alle Lebewesen absolut essentiell und sozusagen das Natürlichste der Welt. Lebewesen unterschiedlicher Entwicklungsstufen haben Fähigkeiten entwickelt, Gefahren nicht nur durch Flucht zu entkommen, sondern ihnen auch vorweg auszuweichen, sie zu vermeiden.

Bei Menschen gilt dies für physischen ebenso wie für psychischen Schmerz. Und die Angst spielt dabei eine sehr wichtige Rolle. Sie signalisiert uns zumindest die Möglichkeit einer Bedrohung, schärft unsere Aufmerksamkeit und setzt unseren Organismus in erhöhte Bereitschaft zur Aktion.

Es kann jedoch leicht dazu kommen, daß Angst nicht nur zur Flucht oder Vermeidung motiviert, sondern daß der Umstand des Angsthabens selbst so aversiv wird, daß wir beginnen, diesen Zustand zu vermeiden.

Das heißt also, daß wir nicht nur in bedrohlichen Situationen durch Angst gleichsam wachgerüttelt und zum Handeln angetrieben werden, damit wir der Gefahr entgehen, sondern daß das Auftreten der Angst selber schon subjektiv zur Bedrohung werden kann. Dabei spielt es keine Rolle, wie berechtigt oder unberechtigt diese Angst ist. Das *Angsterleben* selbst ist schon die Katastrophe.

In diesem Fall wird unser Vermeidungsverhalten zum Bumerang, denn die *Angst vor der Angst* wird durch Vermeidung der Angst fixiert statt gelöst. Die Vermeidung der Angst selbst löst einen Teufelskreis aus, der sich durch kurzfristige Erleichterung ständig selbst unterstützt, langfristig aber die generelle Angst fixiert, den Lebensraum mehr und mehr einengt. Davonlaufen hat keinen Sinn mehr, da der »Angstgenerator« ständig dabei ist. Er ist in uns und kein Vermeidungssystem hilft uns, ihm auf Dauer zu entkommen.

Sehen wir uns in diesem Zusammenhang noch einmal den Unterschied zwischen aktiver und passiver Vermeidung an.

Unter *aktiver* Vermeidung ist zu verstehen, daß das Lebewesen beim Auftreten eines Hinweises auf eine mögliche schmerzhafte Erfahrung oder Gefahr nicht erst abwartet, bis dieses schmerzhafte Ereignis wirklich eintritt, sondern schon vorher geeignete Maßnahmen ergreift, um ihm zu entkommen. Das kann das Davonlaufen sein, also die *Flucht,* es kann aber auch die *Manipulation zum Abstellen* der Schmerzreizquelle oder unter bestimmten Umständen sogar der *Angriff* als eine Flucht nach vorne sein.

Passive Vermeidung bedeutet, daß bei Auftreten eines Hinweises auf eine bevorstehende schmerzhafte Erfahrung jede *Aktivität* völlig eingestellt wird. Es erfolgt dann weder eine Veränderung des Ortes (Flucht), noch der Situation (Manipulation oder Angriff). Statt dessen bleibt das Lebewesen still, vielleicht in sich zusammengekauert, an seinem Ort. In vielen Fällen wird diese Form des »Einfrierens« aller Aktionen, bei manchen Tierarten auch als Totstellreflex bekannt, zu einem glimpflichen

Verlauf der kritischen Situation führen. Vielleicht hat das Tier gelernt, daß Flucht eher die Unruhe erzeugt, die schlafende Hunde weckt.

Beispiele für aktive und passive Formen der Vermeidung bei Menschen: aktive Vermeidung in konkreten physischen Alltagssituationen ist es z. B., wenn man Nahrungsvorräte anschafft oder einen Regenschutz mitnimmt. Wenn man aber bei Regen vorzugsweise zu Hause sitzenbleibt, dann ist das ein Beispiel für passive Vermeidung.

Ähnliches läßt sich jedoch auch im zwischenmenschlichen Verhalten finden. Ein Beispiel für passive Vermeidung zeigt die Person, die ihrer sozialen Umwelt ihre Gefühlsregungen nicht zu erkennen gibt, um auf diese Weise Konflikten auszuweichen, oder das Ehepaar, das aus Angst vor den Folgen, Probleme nicht anspricht. So schiebt man die Konflikte vor sich her, der Kontakt läuft dabei Gefahr, zu verarmen, und die Kommunikation wird flach und friert ein.

Das heißt jedoch nicht, daß diese Art passiver Vermeidung grundsätzlich »schlecht« ist. Der direkte Ausdruck jeden Ärgers, jeder Gefühlsregung ist für den Interaktionspartner vermutlich ebenso belastend und auf die Dauer unerfreulich wie das extreme Gegenteil. Die Fähigkeit zu passivem Vermeiden in Verbindung mit dem Ansprechen eines kritischen Problems zum passenden Zeitpunkt und in der passenden Form ist für das Zusammenleben wichtig. Problematisch wird passive Vermeidung dann, wenn der Angstauslöser irrational ist, also keine wirkliche Bedrohung darstellt. In sozialen Situationen ist es nicht immer leicht, das festzustellen.

Vermeidung, Zwangsrituale und Vermeidungsblockierung

Das Verhalten des Menschen ist in einem viel größeren Ausmaß als wir glauben von oft fast rituell angewendeten Vermeidungsmaßnahmen bestimmt. Ein extremes Beispiel sind die *Zwangshandlungen*, bei denen bestimmte Tätigkeiten wieder und wieder durchgeführt werden, wie unter einem inneren Zwang. Unterläßt der Betroffene dieses Ritual, so erlebt er gewöhnlich starke Angst, die nur durch das Wiederaufnehmen der Zwangshandlungen reduziert werden kann. Relativ bekannte Beispiele sind zwanghaftes Händewaschen, wiederholtes Überprüfen von Gashähnen, Elektroschaltern, Türschlössern oder bereits verschlossenen Briefkuverts, ob auch nicht die Unterschrift vergessen wurde oder versehentlich etwas Unflätiges geschrieben wurde.

Wie läßt sich nun ein so stabiles Vermeidungsverhalten eliminieren, das an sich sinnlos, also nicht mehr notwendig ist?

Durch *Vermeidungsblockierung* kann man erreichen, daß die Vermeidungsreaktion relativ bald aufgegeben wird. Gleichzeitig mit der forcierten Löschung durch Vermeidungsblockierung kommt es jedoch vorerst eher zu einem Anstieg der Angstreaktion. *Die »Löschung« dieser Angst beansprucht dann noch längere Zeit.* Wird die Vermeidungsblockierung *zu früh* beendet, so kommt es nach einiger Zeit zu einer Wiederaufnahme des Vermeidungsverhaltens in der früher erlernten Form, auch dann, wenn dieses Verhalten nicht mehr durch primäre Schmerzerfahrung verstärkt worden ist.

Innere Vermeidung

Viele psychotherapeutische Schulen bauen ihre Theorien über psychische Störungen auf der fundamentalen Annahme auf, daß frühkindliche schmerzhafte Erfahrungen mittels interner Formen der Vermeidung beendet oder reduziert werden konnten. Diese Formen der Bewältigung eines emotionalen Traumas mögen in der Lebenssituation des jeweiligen Kleinkindes der einzig mögliche Ausweg aus einer ansonsten verzweifelten Lage gewesen sein. Sie ermöglichten damit das emotionale und wahrscheinlich auch physische Überleben.

Die späteren Probleme entstehen dann dadurch, daß diese früh erworbenen Formen der internen Vermeidung in auch nur entfernt ähnlichen Situationen wieder und wieder angewandt werden. Die Situationen stehen oft nur mehr in einem symbolischen Zusammenhang zum Ursprungstrauma. Durch die Wiederholung (Fixierung) der alten Formen der Problemlösung, etwa die interne Vermeidung, werden neue Formen der Konflikt- oder Problembewältigung nicht erlernt.

Das ansatzweise Wieder-Anklingen des damaligen Traumas führt gleichsam zu einem Erstarren der differenzierteren, neueren, flexibleren Bewältigungsfunktionen. Wir regredieren, d. h. fallen zurück auf den alten, in der damaligen Situation relativ erfolgreichen, heute aber behindernden Bewältigungs- oder Vermeidungsmechanismus. Dadurch verhalten wir uns heute scheinbar widersinnig und situationsunangemessen, provozieren ähnlich wie die Tiere im Zirkelschlußverhalten wieder und wieder neue aversive Emotionen. Das hat aber keinen Einfluß auf die *Löschung* des alten Defensivprogrammes, im Gegenteil. Das Problemverhalten wird wie eine Art Notfallreaktion gleichsam automatisch ausgelöst.

Was ist nun eigentlich innere Vermeidung?

Wir können annehmen, daß für »äußeres«, also beobachtbares motorisches Verhalten, ein interner Verhaltensentwurf notwendig ist. Damit erfolgt jede Handlung praktisch zweimal. Einmal in der Vorstellung oder in Gedanken, eben als kognitiver »Entwurf«, und einmal als beobachtbare motorische Aktion. Und häufig wird es so sein, daß auf den Verhaltensentwurf gar kein tatsächliches großmotorisches Verhalten folgt. Der *Verhaltensentwurf,* gleichsam eine Probehandlung ohne äußere Konsequenzen, eröffnet bereits die Möglichkeit, den Erfolg dieser Handlung antizipatorisch abzuschätzen. Diese Abschätzung mag richtig sein oder nicht, auf alle Fälle hat sie einen Einfluß auf das *Freilassen* des Verhaltensentwurfs in die Aktion.

Wir wissen auch aus vielen Experimenten, daß diese Probehandlungen nicht nur »im Kopf« erfolgen. Vielmehr werden bereits beim Handlungsentwurf ansatzweise Impulse an die bei dieser Handlung beteiligten Muskelpartien entsendet. Tatsache ist, daß durch *Vorstellen* bestimmter Bewegungen in bestimmten Situationen ein Lernprozeß in Gang gesetzt wird, der das *Ausüben* dieser Bewegung in der Realität dann wirklich erleichtert. Dieser Lernprozeß hat nicht nur einen Einfluß auf die bessere Gestaltung der Verhaltensentwürfe, also praktisch des Ablaufplans der Bewegung, sondern auch auf die physische Beschaffenheit der Muskulatur und der Gelenke. Durch wiederholte bildliche Vorstellung von Yogaübungen z. B. werden Gelenke und Muskeln bereits soweit vorbereitet, daß die dann tatsächlich ausgeführten Yogaübungen besser gelingen.

Vorstellungen und Gedanken können also mit einem gewissen Recht als *internalisierte Handlungen* betrachtet werden. Wir können uns die Handlung ebenso wie die Situation, in die diese Handlung eingebettet wird, vergegenwärtigen. Das gleiche gilt für den Erfolg, die Konsequenz dieser Handlungen. Damit haben wir in der Vorstellung prinzipiell dieselben Möglichkeiten, Lernprozesse stattfinden zu lassen, auch für das Vermeidungsverhalten.

Denkinhalt und Denkvorgang

Internes Flucht- und Vermeidungs»handeln« kann sich auf den Vorstellungs*inhalt* und auf den Vorstellungs*prozeß* beziehen. Wenn sie sich auf den *Inhalt* bezieht, erfolgt die Vermeidung, indem die Flucht- oder Vermeidungshandlung vorgestellt, bzw. gedacht wird. Wenn z. B. jemand mit einer extremen Angst vor einer Schlange sich vorstellt, er geht über eine Wiese, so wird er dort auch Schlangen herumkriechen »sehen«. Er wird sich dann vermutlich in der Vorstellung sofort wieder umdrehen und einen »sicheren« Ort aufsuchen. Das Ganze schließt dann vermutlich mit der Selbstaufforderung, in eine solche Situation in der Realität nie zu gehen. *Dabei wird dann im Inhalt der Vorstellung der Angstauslöser vermieden.*

Noch trickreicher, weil schwerer zu erkennen und dadurch auch schwerer zu kontrollieren, ist die *Vermeidung im Prozeß des Vorstellens* und Denkens selbst. Was ist damit gemeint? Wir können Gefühle, die uns unangenehm sind, und dazu gehört ja meist nicht nur die Angst, reduzieren oder ausschalten, indem wir den *Prozeß*, der uns diese Erfahrung vermittelt, *unterbinden*. Im Falle einer unangenehmen Vorstellung wird einfach *die Vorstellung abgebrochen*. Aber auch im Falle einer physisch gegenwärtigen Situation kann die Wahrnehmung dieser das Gefühl auslösenden Situation auf verschiedene Weisen »abgestellt« werden. *Typisch für das Denken bei ungelösten Ängsten ist, daß der Gedanke nicht zuende geführt wird, sondern daß das Denken wieder an den Anfang, an das Registrieren der Bedrohung zurückkehrt.*

Und ein drittes Beispiel ist die *direkte Unterbindung des emotionalen Prozesses* durch das Einnehmen von körperlichen und kognitiven Haltungen (Anspannung, Starrheit, Ignorieren der vom Gefühl getragenen Körperempfindungen). Diese Prozesse sind meist sehr subtil und vom Betroffenen selbst im Ablauf und in ihren Implikationen nicht erkennbar.

Eine weitere Möglichkeit zur vermeidenden Unterbindung eines unerwünschten Gefühls ist die *Intensivierung der Denktätigkeit* selbst. Unter der Bezeichnung »*Versachlichung* eines Problems«, was in unserem Kulturkreis mit einer durchaus positiven Wertigkeit versehen wird, kann die Wahrnehmung von Gefühlsreaktionen direkt unterbunden werden. Während ich über etwas angestrengt nachdenke, bin ich im allgemeinen nicht in der Lage, meine von Körperempfindungen getragenen Gefühlsreaktionen wahrzunehmen und ihrer Bedeutung nachzugehen. Besonders intensives sachliches Nachdenken über ein Problem, vielleicht sogar mit dem Ziel dieses Problem zu lösen, hat somit gleichzeitig die Funktion, die Wahrnehmung des aus dem Problem entstehenden aversiven *Gefühls* zu vermeiden.

Der Leser wird fragen, was denn da schlecht dran ist. Es ist doch gut, wenn wir viele verschiedene Möglichkeiten haben, unangenehme, vielleicht sachgemäßes Handeln störende Emotionen zu unterbinden. Das ist richtig. All die genannten Funktionen spielen eine wichtige Rolle für die Differenziertheit unserer Auseinandersetzungen mit uns und unserer Umwelt. Und daß bestimmte Formen des Denkens und Fühlens einander ausschließen, wird auch seinen Sinn haben. Man muß jedoch bedenken, daß dieses Denken auch vielfach zur Vermeidung einer konditionierten alten Gefühlsreaktion eingesetzt wird. So nehmen wir uns dann selbst die Gelegenheit, uns mit diesen alten Träumen auseinanderzusetzen. Stattdessen perpetuieren wir unser affektiv-kognitives »Zirkelschlußverhalten«: *Erinnerungen* an alte Auslöser durch entfernte Ähnlichkeit der jetzt gegebenen Situation ausgelöst, ansatzweises Auftreten der traumatischen Gefühlsreaktion und angstabwehrende Vermeidung des gesamten Komplexes. Letzteres kann u. a. über »Versachlichung« unserer Denktätigkeit und die damit einhergehende Ablenkung von der Gefühlswahrnehmung erzielt werden. Dieser Prozeß kann mehr und mehr zwanghaften Charakter annehmen und sich in den verschiedensten Lebensbereichen auswirken.

Auch wenn das Beispiel des Mannes, das ich dazu jetzt schildern möchte, manchem extrem und für ihn selbst nicht zutreffend erscheinen mag, die Prozesse gelten im Grunde für jeden von uns. Die Wachsamkeit gegenüber den doppelbödigen Tricks unserer Vorstellungs- und Denktätigkeit ist für jeden ein wichtiges Hilfsmittel gegen das langsame Erstarren in zwanghaften Gedankenabläufen.

Angstvermeidung durch Zeitunglesen

Der Mann war etwas über 50, als ich ihn zum erstenmal traf. Er gab an, große Angst davor zu haben, mit anderen Menschen, insbesondere in Gruppen, zusammenzutreffen. Und das war um so schlimmer, je weiter er sich von zu Hause entfernte. Es gab allerdings einige Sicherheitsplätze, wo ihm nichts passieren konnte: seine Wohnung, das Auto. Dabei war er im zwischenmenschlichen Kontakt sehr gewandt und eigentlich beliebt.

Als Kaufmann ließ er sich durch diese Angst in seinem Tätigkeitsradius stark einengen. Er mußte eine Fülle von Vermeidungsstrategien ununterbrochen ausführen. Das vielleicht Auffallendste war, daß er ständig mit einer Zeitung unterm Arm umherlief. Diese nahm er immer dann zur Hand, wenn er durch äußere Umstände zu einer kurzen Pause, zum Anhalten gezwungen war. In diesen Pausen war nämlich die »Gefahr« am größten, daß er sich in Gedanken und Vorstellungen mit seiner Angst und der Wahrnehmung der Angstgefühle beschäftigte. Und um davon *abzulenken,* begann er dann konzentriert in der Zeitung zu lesen. Dabei war er überhaupt nicht an dem Inhalt interessiert, sondern nur an der *konzentrierten Beschäftigung seines gesamten Denksystems.* Nur so glaubte er das Auftreten bzw. *Gewahrwerden der Angstgefühle* verhindern zu können. Das führte zu dem skurril erscheinenden Zwang, entweder dauernd selbst zu reden oder sofort zur Zeitung zu greifen und diese konzentriert zu studieren. Man kann sich leicht vorstellen, daß dieses Verhalten etwa bei Arbeitsbesprechungen mit Kollegen, aber auch bei Kundenbesuchen zu unangenehmen Erfahrungen führen mußte.

Hier hatte das Lesen als eine Form der Denktätigkeit die Funktion, ihn von den bedrohlichen Angstgefühlen abzulenken. Nun liegt es aber in der Natur dieser Art von Ablenkung, daß sie *nur in der Anfangsphase des Angstgefühls wirksam ist,* eine Phase, in der das Gefühl noch einen eher niedrigen Intensitätsgrad erreicht hat. Danach blieb unserem Mann dann nur mehr die Flucht aus der gesamten Situation, was ihm einige sehr demütigende Erfahrungen bescherte.

Gerade weil die einigermaßen tolerierbare Form der Vermeidung, die Ablenkung durch Wegdenken, nur in den Anfangsphasen eines Angstprozesses wirksam ist, mußte der Mann seiner Meinung nach ununterbrochen wachsam sein, um die »Katastrophe« zu vermeiden. Und selbst das gelang nur unvollständig.

Aber was sind denn das für Kräfte und Erfahrungen, die wir um jeden Preis abstellen, vermeiden wollen? Wo kommen diese Ängste her und was würde passieren, wenn wir uns gegen sie nicht sperren würden? Abgesehen davon, daß dieses »Sich-nicht-Sperren« über weite Strecken gar nicht mehr der willentlichen Kontrolle unterliegt, wir diesen Prozessen wie zwanghaft ausgeliefert sind, können wir den Inhalt unserer Ängste meist gar nicht restlos benennen. Die Angst hat über so viele Jahre hinweg auch bei ganz peripheren Hinweisreizen auf die eigentlich gefürchteten Gefühle als Alarmsignal gewirkt. Die einschlägigen Angstabwehrprozesse sind längst gelernt. So bleibt es uns erspart, mit den *»dahinter«* vermuteten traumatischen Gefühlen in Kontakt kommen zu müssen.

Die Angst vor der Angst und all die Manöver, die wir darum herum inszenieren, sind nur scheinbar zum Selbstzweck geworden. In Wirklichkeit geben sie uns Gelegenheit, mit viel Aufmerksamkeit und Konzentration uns an diesem noch relativ tolerierbaren Problem mit viel Energie festzukrallen. *Das »Haben« eines Angstproblems selbst kann wieder eine besonders trickreiche Vermeidung der Kontaktaufnahme mit erfolgreich verdrängten Gefühlsregungen sein.* Diese Regungen sind zwar subjektiv spürbar, werden jedoch über eine mehr oder weniger diffuse und gegenstandslose Angst gleichsam abgeschirmt. Scham, Einsamkeit, Verzweiflung, das Gefühl, nicht geliebt, abgelehnt zu werden, das sind einige Beispiele für Erfahrungen, die die meisten in den ersten Kontakten mit der Welt machen mußten.

Diese Erfahrungen sind wahrscheinlich unvermeidbar, selbst bei guten Eltern-Kind-Beziehungen. Die körperliche »Bereitschaft« für diese Emotionen ist bei jedem da. Wir müssen aber vermutlich erst lernen, diese Emotionen zu erfahren, sie durchlebend aufzulösen ohne in die üblichen Vermeidungsrituale zu verfallen.

Bei vielen Menschen sind wohl die Bedingungen zu schwierig gewesen, unter denen sie diese Gefühle erleben mußten. So konnte es kommen, daß sie Zuflucht zu den Prozessen des Abkapselns, des Abwehrens, des Unterbrechens nahmen, um nicht von Schmerz und Emotion überwältigt zu werden. Emotionales Überleben wäre ohne diese Vermeidungs- und Fluchtmöglichkeiten nicht zustande gekommen. *Diese Schutzfunktionen sind früher vermutlich sinnvoll gewesen.* Ihr zwanghaftes Wiederauftreten und Wiedereinsetzen wird später jedoch zum Bumerang, der den Menschen emotional auf diese frühen Entwicklungsstufen fixiert, seinen Lebensraum über die Gebühr eingrenzt und die Entfaltung seines Potentials behindert.

Die Ängste vor den alten traumatischen Erfahrungen sind insofern berechtigt, als diese Erfahrungen, wenn sie heute wieder aktiviert werden, tatsächlich immer noch sehr schmerzhaft sein können. Unberechtigt ist aber die mit ihnen verbundene Überzeugung, daß die verdrängten Schmerzen frühkindlicher Erfahrungen auch für den mittlerweile Erwachsenen noch ebenso wie vielleicht für den Säugling oder das Kleinkind nicht zu ertragen wären.

Die Therapie hat dann u. a. die Funktion, den Kontakt mit diesen Emotionen wieder anzubahnen. Das sollte in einer Weise geschehen, die berücksichtigt, wieviel der Patient an Möglichkeit entwickelt hat, mit seinen Gefühlen umzugehen. Das heißt, dieser schwierige emotionale Lernprozeß muß in behutsamen Schritten erfolgen und mit liebevoll einbettender Unterstützung die Verzweiflung auffangen.

Stile der Angstbewältigung

Der Spezialfall: Angst vor der Operation

Emotionen im Gefolge körperlicher Erkrankungen sind eine selbstverständliche, zum Leben einfach dazugehörende Realität, ob es nun Ängste vor der weiteren Entwicklung der Krankheit, der Angemessenheit der Behandlung, der Operation oder den möglichen Folgen sein mögen, etwa unzureichende Genesung, Behinderung oder Tod. Wie ja in anderen Lebensbereichen auch, haben aversive Gefühle der Angst eine Funktion, nämlich unsere Wahrnehmung, unser Denken und unser Handeln auf eine Gefahr hin auszurichten, um dieser angemessen begegnen zu können, sofern dies möglich ist.

Diese Gefahr kann physischer, aber auch psychischer Art sein. Kann die Bedrohung durch angstmotiviertes Verhalten nicht abgewendet werden, so ist es wohl unsere Aufgabe, die neuen Realitäten zu akzeptieren, und die Emotionen, die sich gegen diese Realitäten auflehnen, durchzuarbeiten. Auf diesem Wege ist es möglich, ein Verhalten, das nicht mehr realitätsgerecht ist, aufzugeben, bzw. zu verändern. Ein Vorgang, der die großen Lebensentscheidungen durchzieht und auch die kleinen Ereignisse des Alltags.

Das Interesse am emotionalen Geschehen bei *körperlicher Bedrohung,* besonders im Umfeld einer *Operation,* kommt von zwei Seiten, einer humanitären und einer utilitaristischen. Im einen Fall steht die Reduktion unnötigen Leidens im Vordergrund – und Angst ist eine Art vorweggenommenen Leidens. Im anderen Fall geht es eher darum, ob die Belastungen durch präoperative Angst die medizinischen Maßnahmen erschweren, unter Umständen deren Effektivität senken, die Genesung hemmen.

Es geht, etwas anders formuliert, um folgende Fragen: Sind die Emotionen des Kranken ein lästiges Übel, aber ohne wirkliche Bedeutung für die Organmedizin? Oder: Hängt selbst der Erfolg organmedizinischer Maßnahmen von der Art der »emotionalen Mitarbeit« des Patienten ab? Mitgefühl einerseits und Nützlichkeitsdenken andererseits werden oft gegeneinander ausgespielt, müssen einander aber nicht ausschließen. Daher ist es sinnvoll, die Frage der Angstbewältigung in der präoperativen Phase von beiden Perspektiven her zu beleuchten.

Angst ist auch in diesem Spezialfall, wie schon mehrmals betont, ein *Reaktionssyndrom,* das durch die Wahrnehmung einer Bedrohung physischer oder seelischer Art *ausgelöst* wird. Sie äußert sich im Subjektiven als Gefühl der Erregung bei gleichzeitiger Beklemmung und erlebter Enge. Im Körperlichen ist sie einerseits durch Erregung der Effektororgane des sympathischen Nervensystems und andererseits durch die peripher-motorische Blockierung (Anspannung) gekennzeichnet. Sie *aktiviert* die gedankliche und motorische *Suche* nach Lösungen und klingt – Spezialfälle ausgenommen – im allgemeinen nach erfolgreicher Lösung ab. Als grundsätzliche Lösungsmöglichkeiten kommen nur *Angriff-Flucht-Gefahrenentwarnung* bzw. *Aufgeben* in Frage. Hauptunterscheidungsmerkmale gegenüber anderen Gefühlszuständen sind, neben der Gefühlsqualität selbst, das Moment der *Bedrohung* und die *Handlungsblockierung* bei gleichzeitiger *Lösungssuche.*

Im Falle der präoperativen Angst ist zumindest subjektiv eine physische Bedrohung im weitesten Sinne gegeben, ebenso eine Einschränkung des eigenen Handlungsraumes. Dadurch sind rasche Angstlösungen im äußeren Handeln meist nicht möglich, und in den Versuchen, eine Lösung gedanklich – also durch inneres Handeln zu erreichen, sind die Menschen recht unterschiedlich erfolgreich.

Verkomplizierend wirkt oft, daß manifeste Angst von latenter Angst unterschieden wird, wobei sich die latente Angst nur indirekt zeigt und vor allem nicht verbal eingestanden wird, unter extremem Streß jedoch plötzlich manifest auftreten kann.
Zu folgenden Fragen wurden Untersuchungen durchgeführt:

1. Welche Erscheinungsformen, welche Ausdrucksweisen hat präoperative Angst?
2. Welche Angstbewältigungsstile sind zu finden und wie kann man sie unterstützen?
3. Wie wirkt sich präoperative Angst und ihre Bewältigung auf Prämedikation, Operationsverlauf sowie postoperative Anpassung und Genesung aus?
4. Kann durch gezielte Förderung der Angstbewältigung in der Operationsvorbereitung der Eingriff erleichtert und der Erfolg subjektiv und objektiv verbessert werden?

Dazu nun einige Befunde aus empirischen, psychodiagnostischen und experimentellen Untersuchungen.

Allgemeine Befunde

Insgesamt geben etwa 75% der Patienten erhebliche Ängste verschiedener Art an, wobei die Frauen etwas höhere Werte haben, mag das nun an mehr Ängsten oder weniger Hemmung, darüber zu sprechen, liegen. Die *Schwere der Operation* scheint dabei eine geringe Rolle zu spielen.

Besonders häufig wird als *Angstinhalt* in verschiedenen Studien die *Angst vor der Anästhesie,* bzw. dem dabei eintretenden Kontrollverlust, oder mehr oder weniger gut kaschierte Todesangst (»nicht mehr aufwachen«) genannt. Kaum seltener ist Angst vor Injektionen, Narkosemasken, dem Zustand des Aufwachens aus der Narkose oder möglichen Schmerzen während der Operation. Seltener sind hingegen andere narkosebezogene Ängste wie vor postoperativem Erbrechen, unkontrolliertem Sprechen in der Narkose, oder postoperativen Schmerzen. Auffallend ist, daß in den Tagen vor der Operation Todesangst kaum direkt geäußert wird. Sie erscheint vielmehr als Gefühl diffusen Unbehagens, wobei die Trennung von der Familie, die Sorge um die Daheimgeiassenen, Langeweile und wiederum die unspezifische Furcht vor Kontrollverlust primär genannt werden.

Die Haltung gegenüber dem Personal ist in der präoperativen Phase überwiegend positiv und enthält einen Vertrauensvorschuß. Der Patient braucht die Perfektion des OP-Teams als eine die Gefahr kontrollierende Autorität und antwortet oft mit seiner Vorstellung von »gut« – Stärke und Angstabwehr. Es ist offensichtlich, daß ein zu distanziertes, vielleicht gar harsch abweisendes OP-Team hier zusätzliche Konflikte schaffen kann.

Man kann drei Arten von Reaktionen auf präoperativen Streß unterscheiden:

1. die extreme, panikartige Angst mit völlig konfusen und uneffektiven Bewältigungsversuchen,
2. mittlere Angst mit realitätsgerechten, letztlich auch angstlösenden Bewältigungsmöglichkeiten gedanklicher und körperlicher Art.
3. Die völlige Angstverdrängung, wobei das gesamte Thema OP ignoriert wird, angebotene Informationsmöglichkeiten nicht genutzt werden.

Bei diesen drei Formen wird angenommen, daß sie nicht nur in der Intensität der geäußerten Angst variieren, sondern daß ihnen völlig verschiedene Angstbewältigungsstile, ja Persönlichkeitsmerkmale zugrunde liegen. Sie benötigen also auch unterschiedliche psychologische – vielleicht sogar medizinische – Operationsvorbereitung.

Am Anfang stand die fast triviale Feststellung, daß im Alltag ängstliche Personen auch in der Operationsvorbereitung mehr

Angst zeigen. Während bei *mittlerer Angst* in den Tagen vor einer Operation *realistische gedankliche* Auseinandersetzung gesucht wird, ist bei Personen mit *extrem hoher Erwartungsangst* die Bewältigung durch zuviel inneren Druck, chaotische Gedankenabläufe und ungeeignete Beruhigungsversuche gekennzeichnet. Bei Personen mit *unrealistisch niedrigem Angstspiegel* wird eine Abwehr von Gefahrensignalen innerer und äußerer Art (Verdrängung) angenommen, die in den Augenblicken vor der Operation eventuell zusammenbrechen und zur plötzlichen Panik führen kann.

Es gibt aber auch Personen mit der Tendenz, Angstsignale zu vermeiden oder zu unterdrücken (*»Verdränger«*), die bei Ankündigung der Operation sogar mit einem Angstabfall reagieren. Mit zunehmender Nähe zum OP-Termin steigt die Angst jedoch und erreicht am Tag der Operation ein Maximum. Personen mit der Tendenz, sich bei Gefahr mehr Information zu holen (*»Sensibilisierer«*), reagieren eher mit leichtem Angstanstieg auf die Operationsankündigung, bleiben dann aber relativ stabil.

Personen mit »unspezifischer Abwehr« reagieren am stärksten auf die Ankündigung, ihre Angstwerte nehmen danach jedoch ab.

Die Rolle der Körperwahrnehmung

Der Bewältigungsstil betrifft nicht nur die äußere Information über Krankheit, Art des Eingriffes etc., sondern auch den Umgang mit Wahrnehmungen am eigenen Körper. Personen unterscheiden sich stabil hinsichtlich ihrer Fähigkeit, bzw. Bereitschaft, Körperempfindungen überhaupt wahrzunehmen. In einem Projekt unseres Instituts wurde bei 98 Patienten vor der Operation die Angstintensität erhoben: beim Anästhesiegespräch am Abend vor der Operation, 30 Minuten vor der Prämedikation am OP-Tag, 10 Minuten nach der Prämedikation, fünf Minuten vor der Operation und einen Tag danach. Im Durchschnitt ist die Angst unmittelbar vor der Operation am größten. Es gab aber Unterschiede je nach Güte der Körperwahrnehmung einer Person: Gute Körperwahrnehmung ging mit insgesamt hohen Angstwerten, mit einem Maximum *vor* der Prämedikation einher. Mittlere oder geringe Körpersensibilität hingegen hatte eine kontinuierliche Zunahme der Angst bis kurz vor dem OP-Termin zur Folge.

Nachdem die Prämedikation konstant war, konnte man erkennen, daß gute Körperwahrnehmung auch zu besserer Reaktion auf die Prämedikation führt. Die Körperempfindungen signalisieren weniger Angst, und wer gewohnt ist seine subjektive Angst daran zu messen, *hat* dann auch weniger Angst. *Personen mit schlechter Körperwahrnehmung haben vermutlich eine simplere Form der Angstverarbeitung.* Sie reagieren am wenigsten auf Prämedikation und in Einzelfällen, wenn dann in der unmittelbaren OP-Vorbereitung stärkere Schmerzreize auftreten, haben sie keine eingeübten Bewältigungsmittel. So ist es erklärlich, daß gerade vorher oft besonders gelassen wirkende Patienten plötzlich in Panik geraten und aus dem OP-Saal davonlaufen.

Angst und postoperative Anpassung

Es besteht ein Zusammenhang von präoperativer Angst und postoperativer Genesung: Bei extremer Angstreaktion vor der Operation ist die Anzahl negativer körperlicher Reaktionen während der Operation erhöht und die Genesung im Durchschnitt verzögert. Auffallend ist jedoch, daß Personen mit wenig »sichtbarer« präoperativer Angst, sofern sie »Verdränger der Angstsignale« sind, auch über wenig Information bezüglich der Anästhesie etc. verfügen. Sie werden durch den Ablauf des Geschehens überrascht. Kommt es dann zu unerwarteten Schmerzen oder unbekannten Körperempfindungen, so sind eventuell Schreckreaktionen, eine erhebliche Beunruhigung und sogar der Abbruch der Operation die Folge. *Nach der Operation erleben sie eher negative Stimmungen, die sich in Aggressionen gegenüber dem Pflegepersonal äußern.* Bei außergewöhnlich guter Anpassung vor der Operation scheint diese wiederum unrealistisch schlecht nach der Operation zu sein. Es war angesichts dieser Sachlage offensichtlich, daß eine psychologische Operationsvorbereitung sowohl präoperative Emotionen als auch postoperative Anpassung positiv beeinflussen kann.

Psychologische Unterstützung der Angstbewältigung

Bedingt durch die extreme Zeitbegrenzung ist in der Operationsvorbereitung die unter Psychotherapeuten so gerne diskutierte Frage nicht so wichtig: Soll Angst mit psychologischen Mitteln *direkt* reduziert werden oder soll eher auf die *Ursachen* eingegangen werden. Was die in der Operationsvorbereitung belastende Angsterregung erleichtert, ist zuerst einmal willkommen. Man muß jedoch einschränken, daß die vor allem zur Behandlung von Phobien und sozialen Ängsten entwickelten Techniken der Angstreduktion, wie Entspannung, systematische Desensibilisierung, Selbstinstruktionen, kontraphobische Vorstellungen etc., nicht ohne weiteres auf die Situation in der präoperativen Phase anwendbar sind. Sie wirken nämlich angstreduzierend nur nach sorgfältiger *Einübung,* andernfalls verwirren sie eher die bei jedem Menschen bereits vorhandene eigene Form der Angstbewältigung anstatt sie zu unterstützen.

Welche Möglichkeiten psychologischer Operationsvorbereitung wurden bereits erprobt und wie effektiv sind sie? Die Methoden variieren von individuellen, fast psychotherapieähnlichen Einzel- oder Gruppengesprächen, über standardisiertes Streßbewältigungstraining, Filmvorführungen über den Operationsablauf bis hin zu reiner Information über die zum Einsatz kommenden Geräte. Generell kann aus all diesen Studien gesagt werden, daß im Durchschnitt derartige OP-Vorbereitungen angsterleichternd wirken, weniger Medikation erforderlich machen und eine bessere postoperative Anpassung und Genesung nach sich ziehen. Das gilt aber besonders dann, wenn die Vorbereitung auf die *Individualität* des Patienten und auf die *Körperempfindungen* in der Phase der Anästhesierung und Operation abgestimmt ist. Je spezifischer die Vorbereitung auf die zu erwartenden *äußeren,* vor allem aber *inneren* Ereignisse (Körperempfindungen), desto eher hat der Patient die Möglichkeit, sich auf das Geschehen einzustellen. Das führt zwar möglicherweise zu etwas mehr Angst zum Zeitpunkt der Vorbereitung, bedingt durch realistisches »antizipatorisches Grübeln« (work of worry), Schreck und Panikreaktion sind dann jedoch während der Operation seltener.

Allerdings sind bei diesen Ergebnissen die »Verdränger«, mit zumindest nach außen hin großer Gelassenheit in der Vorbereitungszeit, eine Ausnahme. Sie sind meist an Information über das, was kommt, wenig interessiert, mit Recht. Ihr in langen Jahren erworbener Bewältigungsstil wird sich kaum kurzfristig ändern. *Information ist gleich Unruhe,* und die wird vermieden. Für *»Verdränger«* war z. B. das *einmalige Vorführen* eines Filmes mit den Details einer Magenendoskopie nur zusätzlich beunruhigend und erschwerte die Endoskopie – im Vergleich zu keiner Vorbereitung. *»Sensibilisierer«* hingegen hatten *ohne* diese Vorbereitung am meisten Probleme. Zeigte man jedoch den *»Verdrängern«* diesen Film öfter als einmal, so profitierten sie davon dann doch erheblich – wie übrigens auch die *»Sensibilisierer«.*

Auch bei Operationen gilt, daß eine detaillierte psychologische oder medizinisch-technische Information *gegen* den Willen und gegen das Abwehrsystem des Patienten nur zusätzliche Irritation bewirkt. OP-Vorbereitung hat somit auch die Aufgabe, die Empfänglichkeit für mehr Information, persönliche Aussprache und Thematisierung angstbesetzter Inhalte erst herauszufinden. Erst dann kann unter Ausnützung des Angstbewältigungsstils des Patienten auf die Operation psychologisch vorbereitet werden.

Es soll jedoch nicht außer Acht gelassen werden, daß Krankheit, besonders in Verbindung mit Operationen, eine Belastung für eingefahrene Problem- und Konfliktabwehrprozesse darstellt. Manchmal wird darin sogar ein *Sinn* der Krankheit gesehen. Der Mensch wird mit den Grenzen seiner Existenz konfrontiert. Mancher wird sich dagegen mit verschiedenen Tricks, wie Verdrängung, Ablenkung, Verleugnung, ja Regression wehren. Das kann man bewerten wie man will. Es ist aber wohl nicht die Aufgabe des ärztlichen und des pflegerischen Personals hier schulmeisternd in die Lebensgestaltung des einzelnen, vor allem in dieser Situation der leib-seelischen Behindertheit – ja Hilflosigkeit – einzugreifen, um eine Laienpsychotherapie im Blitzverfahren an den Mann zu bringen.

Ist jedoch in dieser Phase der emotionalen Instabilität seitens des Patienten für psychologische Hilfestellung Interesse und Bereitschaft da, und häufig werden diese nur indirekt signalisiert, so sollte dem mit psychologischer Kompetenz entsprochen werden können. Dabei ist das Respektieren der psychischen Grenzen des Patienten wichtig. Ebenso ist eine die Persönlichkeit stabilisierende Intervention in dieser Situation wichtiger, als die Ausnutzung reduzierter psychischer Abwehr.

Die Besonderheit der Situation (Kürze des Kontaktes, Vorrang körperlicher Maßnahmen, Ausmaß psychologischer Kompetenz des Arztes) läßt keine einfache Übernahme aus anderen Bereichen (Psychotherapie, Psychiatrie, Rehabilitation) zu. Vielmehr sind spezifische Entwicklungen nötig. Sie sollten darauf abzielen, differenzierte, der Individualität des Patienten und der medizinischen Realität gerecht werdende psychologische Hilfen in die Operationsvorbereitung zu integrieren. Dann kommen wir dem Ziel einige Schritte näher, wonach Heilung nicht nur im Sinne von *Wiederherstellung* gefördert wird, sondern Krankheit als Gelegenheit zu *menschlicher Reifung* genutzt wird. Mag sein, daß dies nicht nur ein humanitäres, sondern sogar auch ein utilitaristisches Ziel ist.

IV. Kapitel

Lösungen

Dieses Kapitel hat ein praktisches Ziel: Es will dazu anregen, sich um das eigene Angsterleben zu kümmern. Am Anfang soll ein Rahmen dafür vorgestellt werden, was man *prinzipiell* tun kann, wenn Angst zum Problem wird. Die praktischen Lösungsvorschläge allerdings muß jeder für sich selbst auf ihre Brauchbarkeit hin überprüfen. Das *Erkennen* und das *Verändern* unserer Ängste führt letztlich in jedem Einzelfall, in jeder Situation zu neuen Ergebnissen.

Ein weiteres Ziel dieses Kapitels soll sein, uns dafür *sensibel* zu machen, daß wir die gesamte angstbestimmte Lebenssituation differenzierter betrachten können.

Man sollte hier aber keinen »wenn-dann«-Katalog erwarten, der vorschreibt, bei welcher Art von Ängsten welche Übungen zu machen sind. Es geht vielmehr darum, jene Kompetenz auszubauen, die es uns möglich macht, die in den Ängsten noch ungerichtete Kraft so einzusetzen, daß sie der Bewältigung des Problems dient.

Wir müssen lernen, den Prozeß der Angstentstehung zu verfolgen und nach und nach immer besser zu kontrollieren. *Jede Angstsituation ist letztlich eine Gelegenheit festzustellen, welche inneren Barrieren wir gegen den Ablauf der Ereignisse unseres Lebens aufbauen.* Im Angsterleben steckt aber auch genau die Kraft, die zur flexiblen Verarbeitung derjenigen Ereignisse nötig ist, die uns bedrohen.

Grob vereinfachend kann man die Aufgabe der Angstlösung auf drei Ebenen formulieren, auf der konkret-praktischen, der bewußtseinsorientierten und der existentiellen Ebene.

Die *konkret-praktische Ebene* betrifft die akut auftretenden praktischen Probleme im Zuge des Angstgeschehens: Welche konkreten Behinderungen treten auf, wie kann man diese aufheben, wie die Angstauslöser beeinflussen? Ist eine reale Bedrohung gegeben, welcher Art ist die Irrationalität, welche konkreten Maßnahmen bringen Erfolg?

Vorrangiges Ziel auf dieser Ebene ist die Lösung der akuten Abhängigkeit von den wie automatisch ablaufenden, starren Angstmustern. Dies geschieht in der Hoffnung, daß nach Reduktion dieser Behinderung der Mensch freier ist, diejenigen Bedingungen zu bearbeiten, die den *biographischen* oder *existentiellen Rahmen* für die Angstbelastung liefern.

Damit sind die nächsten Ebenen angesprochen: Auf der *bewußtseinsorientierten Ebene* wird das *Gewahrwerden* der im Zuge der Angstreaktion ablaufenden inneren und äußeren Vorgänge gefördert. Es geht dabei auch um die Rekonstruktion von schwierigen Erlebnissen in der Kindheit und um das Erkennen der symbolischen Wiederholung dieser Erlebnisse im gegenwärtigen Angsterleben. Die bewußte Einsicht in die Selbststeuerung alter Ängste und das Experimentieren mit neuen Lösungsversuchen gehört auch zur Arbeit auf dieser Ebene.

Die *dritte Ebene* schließt die ersten beiden gleichsam ein. Durch die Einbettung des Angstprozesses in einen umfassenden existentiellen Rahmen kann die Angst einen *Sinn* bekommen als Signal für einen Widerspruch zwischen dem »So-Sein« unserer Lebensqualität und unseren Wunschvorstellungen. *Gerade die spektakulären Ängste drängen uns oft dazu, die intensive Konfrontation mit den Grenzen unserer Existenz zu vermeiden und die Kernfragen des menschlichen Daseins mit regressiven, infantilen Mitteln beiseitezuschieben.* Wenn wir das nicht tun, sondern wirklich an den Grenzfragen unserer Existenz mit unserer Aufmerksamkeit dranbleiben, dann kann es sein, daß eben noch übermächtig scheinende Probleme plötzlich völlig anderen Dimensionen zu weichen haben. Sie verlieren an *Wichtigkeit*. Die eigenen individuellen Ziele werden relativiert und einem gemeinschaftlichen, vielleicht religiösen Ziel untergeordnet.

Es wäre falsch, sich auf nur eine der drei Ebenen zu konzentrieren und die anderen zu vernachlässigen. So wie sie im Leben zusammengehören, so soll es auch im therapeutischen Bemühen sein. Die Methoden werden dabei variieren und die Ebenen in verschiedenen Phasen der Therapie unterschiedliches Gewicht haben. Insgesamt aber sind diese Ebenen ja Facetten der Realität des Phänomens Angst und gehören simultan berücksichtigt.

Angstlösung im Selbstversuch

Wenn man versuchen will, ein Angstproblem in Angriff zu nehmen, dann ist es sinnvoll, sich einige Fragen zur »Angstanalyse« zu stellen. Anhand von drei Beispielen wird hier gezeigt, wie man das machen kann. Zu empfehlen ist jedoch allemal, diesen Versuch nicht ganz allein zu wagen. Wenn es irgendwie geht, sollten Sie einen Menschen Ihres Vertrauens in Ihre Probleme einweihen und mit ihm die »Selbstbehandlung« besprechen, ihn dort, wo es nötig ist, um Unterstützung bitten. Dann lassen sich eventuell auftretende schwierige Erlebnisse leichter bewältigen. Wenn die Ängste allerdings ein solches Ausmaß annehmen, daß sie wirklich lebenseinengend werden, sollte man besser einen Psychotherapeuten zumindest konsultieren. Letztlich ist es viel schwieriger, in der Einsamkeit der eigenen vier Wände an seinen Ängsten zu arbeiten. Vielleicht besteht auch die erste Aufgabe bei der Bewältigung einer Angst darin, daß man die Barriere überwindet, sich überhaupt Hilfe zu holen. Das wäre selbstverantwortliches Handeln. Und Selbstverantwortung ist ja ohnehin ein wichtiges Ziel einer konventionellen Therapie. Die weiteren Ausführungen sind somit eher als Hilfe zur Klärung einer eventuellen Therapieentscheidung zu sehen.

Die Fragen für Ihre Angstanalyse:

1. *Klarheit über das Änderungsmotiv:* Warum will ich eine Änderung der Angstproblematik anstreben und wie *wichtig* ist mir die Änderung?
2. *Klarheit über den IST-Zustand: Was* ist es, das anders werden soll: im Gefühl, im Verhalten, an der Situation, bei den Mitmenschen?
   Wie ist der Ablauf der Angsterfahrung, wodurch wird sie ausgelöst, wie läuft sie ab, wie wird sie aufrechterhalten, wie beendet?
   Wie macht sich das Angstgefühl bemerkbar, und wie gehe ich damit um, welche Vermeidungen innerer und äußerer Art setze ich ein?
3. *Analyse der Angstbedeutung*: Welchen *Inhalt* hat die Angst, d. h. welche Bedrohung liegt ihr zugrunde? Ist es die Angst vor einem anderen Gefühl, einem seelischen oder körperlichen Schmerz? Wie *real* ist die Bedrohung: a) für das Auftreten des (alten) Gefühls, b) für meine gegenwärtige Existenz? Welche Funktion hat die Angst? Worin behindert sie mich, was erspart sie mir? »Benutze« ich die Angst, um mich vor wichtigen Lebensentscheidungen zu drücken, anstehende Reifungsschritte aufzuhalten, in kindlicher Abhängigkeit zu bleiben?
4. *Risiko- und Einsatzbereitschaft*: Wie weit geht mein Einsatz bei der Bearbeitung der Angst, was darf passieren, was nicht mehr? Wieviel ernsthafte Risikobereitschaft bringe ich auf? Bin ich in der Lage, trotz Angst um mehr Klarheit, um mehr Realität und um die Lösung der Bedrohung zu kämpfen? Bin ich bereit, die Folgen zu tragen, die sich aus der durch Klärung der Angst freigesetzten Kraft ergeben können?
5. *Änderungsziele und Änderungsmittel:* Bin ich primär interessiert an

- Reduktion des *Angstgefühls?*
- Reduktion der realen oder vermeintlichen *Bedrohung?*
- Reduktion der *Unklarheit* über die Art der Bedrohung?
- Mehr Klarheit und Kompetenz in den *Bewältigungsmöglichkeiten?*

Je nachdem, wie Sie diese Fragen beantworten, werden die Lösungsmethoden zu wählen sein:

- *Direkte Hemmung des Angstgefühls* – medikamentös, durch Entspannung, Ablenkung, Gefühlsdifferenzierung.
- Aktive Beeinflussung der *Angstauslöser* – Angriff, Flucht, Vermeidung von Angstsituationen, Konfrontation trotz Angstgefühls.
- *Informationssuche:* Ist die Bedrohung real, irreal? Was wird bedroht – mein Image, mein Job, mein sozialer Status, meine Rolle in der Familie, meine Gesundheit, mein Leben, der Sinn meines Lebens, das Leben einer Gemeinschaft?
- Verbesserung der *Bewältigungskompetenz:*
  a) Die irrealen Bedrohungen ignorieren, und sich auf die realen konzentrieren, trotz irrationaler Angst vor irrealer Bedrohung.
  b) Neue Bewältigungsmittel erwerben: z. B. aggressives Vorgehen gegen reale Bedrohung, Auflehnung gegen sozialen Status, öffentliches Reden *trotz* Angst etc.

6. *Folgen einer Angstlösung:* Welche Auswirkungen einer erfolgreichen Angstlösung sind absehbar:
im zwischenmenschlichen Bereich (Familie, Beruf, Freunde)?
im gesundheitlichen Bereich (mehr Streß durch aktive Angstbewältigung – Erschöpfung, kardiovaskuläres Risiko etc.)?
im Bereich der Persönlichkeitsentwicklung?
im politischen Bereich?

Beispiele

Anhand einiger Beispiele will ich die Fragen zur Angstanalyse etwas weiter ausführen.

A. Lesezwang:

Nehmen wir zur Illustration als erstes die Ängste jenes Mannes, der keine Ruhepausen ertragen konnte. Um sie zu überbrücken, lenkte er sich durch zwanghaftes Zeitunglesen ab.

1. Klarheit über das Änderungsmotiv: Er hat bereits mehrere

Therapieversuche gemacht, einschließlich 100 Stunden Psychoanalyse. Nachdem die Kasse nicht bezahlt, ist er bereit, auf eigene Kosten einen pragmatischen Anlauf zu nehmen. Er will etwas Konkretes tun, wenn es sein muß auch unangenehme Erfahrungen ertragen. Etwas schwächer wird seine Bereitschaft in zwischenmenschlichen Konflikten, wenn es darum geht, sich gegenüber Dienstherren, Verwandten etc. durchzusetzen, sein Selbstbild des großzügigen, allseits geliebten Zeitgenossen aufs Spiel zu setzen.

2. Klarheit über den IST-Zustand: unangenehme Beklemmungsgefühle, wenn Pausen in der Alltagsbetriebsamkeit auftreten, warten auf den Lift, im Vorzimmer, vor Ampeln, in Gesprächspausen, dabei spürbare Erregung, Gefühl des Eingesperrtseins, Herzstechen, körperliche Anspannung, Angst vor Kontrollverlust und Blamage, um diese Gefühle zu vermeiden wird präventive Ablenkung versucht: Zeitungslesen, Lesen von Namensschildern etc. (rein gedankliches Wiederholen von Texten oder Kopfrechnen reicht nicht aus). Gelingt die Ablenkung nicht, so erfolgt Flucht – gegebenenfalls mit einer kurzen Entschuldigung, meist begleitet von enormen Peinlichkeitsgefühlen. Auch bei erfolgreicher Ablenkung bleibt in Erwartung der nächsten Panne Daueranspannung, die Angst vor der Angst.
3. Analyse der Angstbedeutung: Vordergründig besteht der Inhalt der Angst im möglichen Kontrollverlust – unkontrolliertes Reden, Umfallen, Black-out, Kreislaufkollaps. Bei längerem »Nachspüren« wird jedoch die Angst vor der Aggression deutlicher bewußt. Nicht eingestandene Aggressionen gegen Vorgesetzte, Vater- und Mutterfiguren, nicht erledigter Ärger gegen die Eltern. In unstrukturierten Kontakten mit Gesprächspartnern nehmen diese Impulse überhand, können nur unter größtem Aufwand eingedämmt werden. Das Umsetzen dieser Impulse führt in der Erwartung zur Katastrophe, wird aber meist nicht zu Ende gedacht: Blamage, Kündigung, Psychiatrie, Gefängnis, Einsamkeit, Verhungern.
4. Risiko- und Einsatzbereitschaft: Diese Aggressionen zu äu-

ßern ist er nicht wirklich bereit. Selbst im Rollenspiel, in der Phantasie macht die Idee, die Anspannung und Kontrolle fahren zu lassen, zuviel Angst. Das, was dann kommt, einfach zu riskieren, seine eigene Aggression so gefahrlos kennenzulernen, ist noch zuviel. Zu wichtig ist das Selbstbild des angepaßten, galanten, übergenauen Einzelgängers.

5. Änderungsziel: Ein allmähliches Hinführen an die aggressiven Gefühle und die ihnen zugrundeliegenden Verletzungen mit vorsichtiger Unterstützung durch körpertherapeutische Techniken und ausführliche Gespräche über die Entstehungsbedingungen dieser Gefühle, kann die Barrieren lokkern. Ohne fachkundige Anleitung ist diese Arbeit jedoch kaum zu schaffen. Das Ziel ist ein lockerer Umgang mit den aggressiven Gefühlen, wobei die »alten« Anteile, die aus frustrierenden Kindheitserfahrungen herrühren, und die real gegebenen »neuen« Anteile, die auf die demütigenden Arbeitsbedingungen zurückgehen, realistisch auseinandergehalten werden können und eine differenzierte Form des Aggressionsausdrucks erworben wird.
   Durch einen freieren Umgang mit Aggression soll die Angst abnehmen. Bis das soweit ist, können direkte Versuche zur Angsterleichterung im Alltag eingesetzt werden, unter Umständen auch Medikamente, Entspannung, Ablenkung. Aber diese Versuche dürfen die Arbeit an den *Bedingungen* der Angst nicht ersetzen!
6. Folgen einer Angstlösung: Vermutlich werden die Konflikte im sozialen Kontext (Familie, Arbeit) zunehmen. Neue Interaktionsformen müssen gesucht werden.

B. Schwangerschaftsangst

Als nächstes Beispiel sollen die Ängste einer Frau aufgeschlüsselt werden, die nach wiederholtem Abbrechen von Schwangerschaften eine Beratung suchte.

1. Änderungsmotiv: Nach kurzem Gespräch stellt sich heraus, daß sie nach Jahren der »Freiheit« nun eine festere Partner-

schaft akzeptierte. Der Mann will Kinder, sie fürchtet dadurch ihre berufliche Karriere zu zerstören. Das wiederum hätte, so fürchtet sie, Abhängigkeit und Hilflosigkeit zur Folge, was sie keinesfalls will. Eine Änderung ihrer Schwangerschaftsängste strebt sie zwar an, eine Änderung ihrer Lebensmaxime allerdings nicht.

2. IST-Zustand: Die Ängste werden ausgelöst durch die Vorstellung von Schwangerschaft, der Geburt eines Kindes, die Verpflichtungen danach. Wenn tatsächlich Anzeichen einer erfolgten Schwangerschaft auftraten, kam es zu anhaltenden Panikzuständen, die bislang früher oder später zum Abbruch der Schwangerschaft führten. Ihr Wunsch ist, daß die Angst vor, besonders aber nach einsetzender Schwangerschaft »verschwindet«. Sie sucht einen Weg, wie sie den Wunsch ihres Partners erfüllen kann, ohne ihre Lebensweise wesentlich ändern zu müssen.
3. Angstbedeutung: Als Angstinhalt stellt sich bald die Abhängigkeit heraus. Bestimmte Kindheitserfahrungen in den ersten Lebensjahren, besonders im Zusammenhang mit der Geburt eines Bruders, führten sehr früh zu einer Abkehr von den Eltern, zur Rebellion gegen die zugeteilte unattraktive Rolle eines Mitläufers in der Familie: »Ich mach es anders, ich werde es euch zeigen.« Die nunmehr sich stabilisierende Partnerschaft weckt alte Ängste, die sich auf die Geburt des Kindes konzentrieren: »Verliere ich wieder meinen Rangplatz – und dazu die schwer erkämpfte Freiheit?«
4. Risiko- und Einsatzbereitschaft: Der Konflikt ist real, die Bereitschaft aber eher gering; halbherzig wird die Beratung in Anspruch genommen. Sie will zwar den Wunsch des Partners erfüllen, der Inhalt des Wunsches, das Kind, ist aber nicht ihr Wunsch.
5. Änderungsziel: Wenn hier nicht die individual-historischen Bedingungen ihrer Persönlichkeit – vor allem die Abhängigheitsängste, bzw. nicht eingestandenen Abhängigkeitswünsche – sorgfältig aufgearbeitet werden, kann zu einer Schwangerschaft wirklich nicht geraten werden. Der Versuch einer isolierten Angstlösung mit dem Ziel, die Schwan-

gerschaft voll austragen zu können, ist bei unveränderter Motivlage unverantwortlich.

C. Angst nach dem Infarkt

Der Herzinfarkt ist ein extrem einschneidendes, das Leben massiv bedrohendes Ereignis. Er ist meist von großen Schmerzen und Todesangst begleitet. In den Stadien der Rehabilitation kann eine Vielzahl von Ängsten auftreten, die meist insofern *Realängste* sind, als sie durch die reale Gefahr des Todes oder der bleibenden Behinderung ausgelöst werden. Zum späteren Stadium der Rehabilitation gibt es jedoch manchmal typische Formen von Ängsten, die ein schwer zu entwirrendes Geflecht von realen und irrealen Inhalten bilden:

1. Änderungsmotiv: Der Infarktpatient hat ein legitimes Interesse, seine Krankheits- und Existenzängste zu verlieren. Er sucht medizinische, vielleicht auch psychologische Hilfe, die ihm zu diesem Ziel verhelfen soll. Gerade die psychologische Hilfe wird jedoch auch diejenigen Ängste berühren, die schon in der Zeit vor dem Infarkt chronische Stressoren darstellten. Vom Inhalt her können sie sehr verschieden sein, Angst vor Niederlagen, Angst, die Leistungsnormen nicht zu erfüllen, nicht ernst genommen, nicht geliebt zu werden u. ä. Die Arbeit an diesen Gefühlen erzeugt jedoch Streß, Erregung. Das aber will der Infarktpatient verständlicherweise vermeiden. So ist sein Motiv zwar echt, Stressoren, insbesondere Ängste, abzubauen. Er sucht sich dafür aber einen möglichst ruhigen Weg.
2. IST-Zustand: Aus Gründen der vorherrschenden Reinfarkt-Angst vermeidet er gerne alle unangenehmen Themen, besonders wenn sie zusätzliche angstbesetzte Gefühle auslösen. Diese Vermeidung macht ein »Aufarbeiten« von latenten Konflikten sehr schwer möglich, zumal der Patient in Gruppen besonders darauf bedacht ist, sich keine Blöße zu geben. Er spricht zwar gerne über die Probleme, jedoch so, daß sie ihm nicht zu nahe kommen. Mag sein, daß dies einem weisen

Selbsterhaltungsbedürfnis entspringt. Die Art dieses Schutzes kann jedoch zuweilen die Züge phobischer Vermeidung annehmen. Die Chance, nach einem überlebten Infarkt die eigene Lebenslage gründlich zu analysieren und vielleicht zu revidieren, wird so vertan. Die Rehabilitation ist dann bestenfalls eine Wiederherstellung des alten Zustandes.

3., 4. und 5.: Ein Ansprechen dieses Vorganges kann dazu führen, daß der Patient bereit ist, diesen realen Konflikt selbst zum Gegenstand der Arbeit zu machen. Erfahrungsgemäß gelingt dies jedoch eher in Einzelkontakten mit dem psychologischen Berater als in Gruppen. Gerade bei einem derart komplizierten Zueinander der Angstauslöser erscheint es wichtig, sowohl dem Wunsch nach direkter Angstreduktion (Entspannung, kognitiven Hilfen, körperlichen Übungen) als auch nach Einsicht in die Angstinhalte zu entsprechen. Das Aufgreifen existentieller Fragen kann die körperlich-seelischen Probleme relativieren und eine durchgängige Gelassenheit fördern. Damit ist die Konzentration auf die reale Lebensgefahr und dadurch ausgelöst die gedankliche Beschäftigung mit Fragen, die über den Tod hinausgehen, gemeint. Es ist wahrscheinlich, daß dies zu einer ruhigen und realistischen Einschätzung der verbleibenden Möglichkeiten und damit letztlich zu einem entspannteren Leben nach dem Infarkt beiträgt.

Graduelle Angstkonfrontation

Hat man sich entschieden, einem Angstproblem auf den Grund zu gehen, so ist der sicherste Weg dazu der über die systematische graduelle Konfrontation. Das Prinzip ist denkbar einfach: *Wir wollen lernen, in Lebenssituationen, in denen wir wie automatisch mit Angst reagieren, Platz für bewußtes Erleben zu schaffen.* Dadurch soll die Angstvermeidung nicht mehr wie mechanisch und dann meist problemunangemessen einsetzen, sondern als selbstverantwortliche Handlung. Die Angst soll nicht wie unter Zwang unser Verhalten bestimmen. Indem wir die Angstsituation bewußt aufsuchen und dabei die Aufmerksamkeit auf die äußeren und inneren Vorgänge richten, schaffen wir uns »Luft«.

Unser Verhalten erfolgt dann aus einer anderen Position als der des angstangetriebenen, hilflosen Nervenbündels. Mut heißt nicht »keine Angst haben«, sondern vielmehr die Angst als Alarmsignal zu *spüren,* die Berechtigung dieses Alarms in der Realität zu *prüfen,* und die dieser Realität angemessene Handlung *auszuführen.*

Wenn z. B. jemand mit starker Agoraphobie den Versuch macht, aus dem Haus zu gehen, treten dabei Angstgefühle mit den typischen Körpervorgängen, Katastrophenvorstellungen und all dem, was noch dazugehört, auf. Dann könnte vielleicht folgender Gedankenablauf eintreten: »Ich spüre, daß die ganze Erregung steigt, es ist mir entsetzlich unangenehm, ich bin schon wieder nahe am Aufgeben, an der Verzweiflung. Aber ich kenne das schon, und diesmal gebe ich dem momentanen Impuls zurückzulaufen noch nicht nach, sondern prüfe:

Wie spüre ich die Angst in meinem Körper? Was macht mir Angst?

»Natürlich diese Körperzustände, ich habe Angst zu sterben, wenn ich weitergehe.«

Ist diese Angst berechtigt?

»Sterben werde ich jetzt vermutlich noch nicht, aber diese Zustände sind sehr unangenehm. Wenn sie stärker werden, wer weiß, was passiert.«

Wie spüren, fühlen sich diese Zustände genau an?

Bin ich bereit diese Belastung jetzt auszuhalten?

»Ehrlich gesagt nein, es ist mir jetzt zuviel. Ich kehre um und will mich zu Hause erst einmal regenerieren. Und das ist es, was ich tue!«

Wenn man sich für diese Entscheidung wirklich das O. K. geben kann, ist es vielleicht wunderbar und eine wesentliche Komponente des Problems gelöst. Anstatt automatisch mit dem alten Vermeidungsverhalten zu reagieren wird eine kleine »Bewußtseinspause« eingeschaltet, die Optionen werden abgewogen, der Angstzustand gespürt. *Man entscheidet sich für eine der Verhaltensmöglichkeiten und stellt sich dann hinter diese Entscheidung, kann sie innerlich vertreten.*

Häufig schafft man diese kurze Pause zwischen dem Wahrnehmen der Angst und der Entscheidung nicht. Vielmehr ist die Angst und die eigene Hilflosigkeit ein so festes, gedankliches Konzept, ein Gewirr von Abläufen, daß die *Angst*wahrnehmung gar nicht mehr abgewartet wird. Das Registrieren der als kritisch bekannten *Situation* reicht aus, um die Rückzugsroutinen in Gang zu setzen. Und anschließend kommen dann die Selbstvorwürfe über das Versagen, die dann den eigenen Selbstwert und die Lebensgeister in den Keller sinken lassen. Dieser Prozeß der Selbstabwertung nach der Angstvermeidung reduziert auch die Chancen des nächsten Versuches von vornherein.

Die Wunschziele heißen: Angstwahrnehmung – Bewußtseinspause – Realitätstest – Entscheidung und Handlung. Um sie zu erreichen, ist die *Methode der graduellen Angstkonfrontation* hilfreich. Dabei »organisiert« man sich seine Angstauslöser so, daß man sie »dosiert« erfahren kann und nicht von plötzlichen Angriffen überwältigt wird.

Das hat natürlich auch seine Grenzen, denn viele Angstinhalte lassen sich einfach nicht so präzise kontrollieren. Häufig hängt die Heftigkeit der Reaktionen gar nicht so direkt von den Eigenschaften des Angstinhaltes, sondern von der körperlich-psychischen Tagesverfassung, der Begleitung, den sonstigen Belastungen etc. ab. Gewiß, ein Risiko ist da stets dabei. Immerhin kann man damit beginnen, die Konfrontation in der *Vorstellung* zu üben. Das eigentliche Ziel ist jedoch die Konfrontation mit den realen Angstauslösern (In-vivo-Konfrontation).

Ein Prinzip dieses Vorgehens besteht darin, daß man nicht wartet, bis einen die Angstgefühle ereilen oder die Angstauslöser überrumpeln, sondern daß man »auf die Angst zugeht«. Anstatt eines »Defensivkampfes mit möglichst geordnetem Rückzug« ergibt sich die Gelegenheit, aktiv die Quelle der Angst in der Realität oder in der Vorstellung aufzusuchen. Man versucht, seine affektiven Reaktionen dabei etwas länger als üblich zu ertragen, sie und sich dabei zu beobachten und das »Wie« dieser Abläufe zu »erspüren«.

Problembereich **Prüfungsangst**

	Situation	eigene Reaktion	typ. Verhalten
1. Stufe	Zu Hause Prüfungsstoff lernen. Zwei Tage vor der Prüfung.	Unruhe in der Magengegend; Gefühl der Leere im Kopf; Gedanken an Mißerfolg; flacher Atem; Unlustgefühl.	Ablenkung durch Zeitunglesen, Kaffeekochen und Wohnungputzen.
2. Stufe	Betreten des Prüfungsgebäudes. Fahrt mit dem Lift zum Prüfungszimmer.	Herzklopfen; Kopfschmerzen; Sperre im Hals; intensives Angstgefühl; Katastrophenerwartung.	angespannte, eckige Bewegungen; Selbstüberprüfen von Lerninhalten; Befragen anderer Prüfungskandidaten nach deren Vorbereitung.
3. Stufe	Auge in Auge mit dem Prüfer vor der ersten Frage.	wie bei 2.	stockende Sprache; entschuldigende Gesten; gebeugte, verspannte Körperhaltung.

Konfrontation in der Vorstellung:

Wählen Sie eine Situation, von der Sie aus Erfahrung wissen, daß sich mit einiger Sicherheit Ängste einstellen. Versuchen Sie drei Abstufungen, der Schwierigkeit nach, vorzunehmen, so daß die dabei zu erwartende Angst von ›eher leicht‹ über ›mittel‹ bis ›ganz stark‹ variiert. Schreiben Sie die charakteristischen Merkmale dieser drei Beispiele auf ein Blatt Papier. Fügen Sie nun zu der reinen Situationsbeschreibung auch noch Ihre erwarteten körperlichen, gedanklichen, gefühlsmäßigen Reaktionen, sowie das für derartige Situationen typische Verhalten dazu.

1. Übung: Ich stelle mir die Situation vor
Wenn Sie sich Ihre eigene Angstsituation etwa so beschrieben haben, setzen Sie sich bequem zurecht, und atmen Sie *zwei* Minuten wie üblich. Achten Sie dabei auf den Atem. Beginnen Sie damit, sich die Situation vorzustellen (erste Stufe), möglichst

Problembereich **Flugangst**

	Situation	eigene Reaktion	typ. Verhalten
1. Stufe	Reisevorbereitung am Abend vor dem Flug. Verabschiedung durch Bekannte.	Übelkeit; verkrampfter Brustkorb; böse Ahnungen; Katastrophengedanken.	Gespräche über Stornogebühren bei Absage der Reise; Versicherungen über das niedrige Unfallrisiko; Herunterspielen der Angst.
2. Stufe	Anschnallen vor dem Start. Sicherheitsinformation durch die Stewardeß.	Herzrasen; heftiger Wunsch, noch auszusteigen; Angstgefühl am ganzen Körper; Schmerzen in Stirn u. Nacken.	Unansprechbar, prüfen ob die Flügel noch dran sind, Selbstaussagen wie: jetzt passierts, jetzt ist es zu spät.
3. Stufe	Unerwartete Flugmanöver, »Luftlöcher«, Änderung des Motorengeräusches.	Alarm; heiße Stiche in der Magengegend; Gefühl des Eingeschnürtseins; heftiger Puls am Hals.	äußerlich ruhig, innen angespannt; Kontrollblicke auf Flügel, Triebwerk, Gesicht der Stewardeß.

deutlich, in allen Details. Wenn die Angsterregung spürbar wird, welche Aspekte der Situation sind es, die das Angstgefühl auslösen? Atmen Sie etwas stärker und bleiben Sie mit dem »inneren Auge«, der Vorstellung, an diesen Bildern. Achten Sie darauf, wie Sie sich beim Vorstellen dieser Bilder fühlen. Vorsicht, keine Klischee-Benennungen des Gefühls, *spüren Sie wirklich »hin«;* was ist es wirklich, das ich fühle? Achten Sie auf den Unterschied zwischen dem, was Sie innerlich sagen, dem was Sie fühlen, und dem was Sie körperlich spüren. Konzentrieren Sie sich dann wieder auf die Bilder, die Sie sich vorstellen.

Nun beginnen Sie sich selbst in dieser Situation *agieren* zu sehen. Lenken Sie die Aufmerksamkeit auf die Wahrnehmung dessen, was wirklich spürbar ist, egal ob es Angst oder sonst etwas ist, und bleiben Sie »dran«. Versuchen Sie diese Gefühle und Körperempfindungen möglichst genau zu spüren, während Sie in der Vorstellung agieren.

Achten Sie auf die *inneren Kommentare* die Sie dazu abgeben. Sind sie eher paniksteigernd oder sind sie zudeckend, verleugnend? Sind sie kategorisierend, oder ordnen Sie etwa dem diffusen Zustand vorschnelle Begriffe oder Worte zu? Welche Auswirkungen haben diese Kommentare auf das *Wahrnehmen* der Angsterregung, auf die *Erregung* selbst? Wird sie stärker oder schwächer?

Was kann man tun, wenn die visuelle Vorstellung der Angstsituation zwar gelingt, diese aber zu *keinerlei Angstgefühl*, Erregung etc. führt? Vielleicht glauben Sie dann, daß diese Übung keinen Effekt hat, weil sie nicht »real« genug ist. Das stimmt zwar teilweise, dennoch kann man in diesem Fall folgendes versuchen: Flechten Sie in die Vorstellung der Situation auch die Vorstellung der *körperlichen Begleiterscheinungen* ein, und beginnen Sie mit zwei bis drei Minuten tiefer Atmung vorher.

Die Vorstellung könnte dann etwa so aussehen: Ich stehe vor dem Prüfungszimmer, sehe die Tür, den Griff, spüre mein Herz klopfen, meine Erregung. Jetzt öffne ich die Tür und gehe in den Raum. Ich spüre die Schwäche in den Knien etc. ... Man kann auch zuerst auf Tonband sprechen und sich die Szene beim Abhören vorstellen.

Ein weiteres Hindernis kann auch die *Unfähigkeit zur Vorstellung* selbst sein: Daß innere Bilder entweder gar nicht kommen oder sofort beim Auftreten Angst auslösen und dann gleich wieder verschwinden. In diesem Fall kann man ähnlich verfahren wie zuvor, aber mit etwas mehr Ausdauer. Fehlt jedoch das Vorstellungsvermögen selbst, so geht man am besten gleich zur Angstkonfrontation in der Realität über. Es gibt auch meditative Übungen, mit denen die Vorstellungsfähigkeit geschult werden kann. Es würde jedoch zu weit führen, hier näher darauf einzugehen.

Wichtig an dieser Übung ist, den tatsächlichen inneren Zustand bewußt zu spüren und jene Vorgänge zu registrieren, die sich bei der Vorstellung von typischerweise Angst auslösenden Situation einstellen. Anstatt der sonst üblichen Abwehrmechanismen sollte der aversive innere Zustand einige Sekunden länger ausgehalten werden.

Sagen Sie zu sich selbst: »Jetzt will ich wenigstens einmal genau wissen, *wie* sich dieser Zustand wirklich genau anfühlt, was denn da in mir wirklich spürbar los ist!« *Das Verrückte an der Angst ist ja, daß in dem Augenblick, in dem wir uns dem Angstgefühl innerlich direkt zuwenden und uns nicht gegen die Wahrnehmung desselben auflehnen, die Qualität des Gefühls sich verändert.* So als würde ein Teil der Anstrengung frei, die sonst gegen die Wahrnehmung des inneren Zustandes gerichtet ist. Sie kann eine neue Stoßrichtung finden, kann Angriff oder Flucht stärken, bzw. die Suche nach präziser Information über die Art der Bedrohung aktivieren. *Angsterregung, die in Bewegung gerät, ist keine Angst mehr.*

2. Übung: Ich stelle mir vor, wie ich meine Angst erfolgreich bewältige

Beginnen Sie wie bei Übung 1: Setzen Sie sich aufrecht hin, atmen Sie zwei bis drei Minuten ruhig, stellen Sie sich die Situation der Stufe 1 vor (wie in Übung 1). Lassen Sie sich dann in dieser Situation so handeln, daß die Szene zu einem guten Abschluß kommt: also etwa derart, daß Sie die Angsterregung zwar spüren, diesen Zustand auch etwas länger als üblich hinausziehen (»Bewußtseinspause«), Ihr Verhalten dadurch jedoch nicht behindert wird. Stellen Sie sich vor, wie Sie in der Situation die angemessenen Handlungen trotz der Angsterregung ruhig fortführen und abschließen. Stellen Sie sich vor, daß die Angsterregung im Verlauf dieser Handlungen auch abnimmt. Versuchen Sie wieder, Ihre Handlungen in dieser Situation möglichst deutlich und kontinuierlich zu sehen.

Sowohl Übung 1 als auch Übung 2 sollten mehrmals auf den drei Schwierigkeitsstufen wiederholt werden, z. B. eine Woche lang täglich alle drei Stufen mit Übung 1 und Übung 2. Erst danach sollte Übung 3 versucht werden.

3. Übung: Ich stelle mir vor, wie es mir nicht gelingt, meine Angst zu bewältigen

Gestalten Sie den Anfang dieser Übung so wie zuvor. Sobald es Ihnen gelingt, sich die Angstsituation vorzustellen und auch der unmittelbare Zustand »Angst« deutlich spürbar wird, lassen Sie genau die Dinge in der Phantasie geschehen, die Sie am meisten fürchten – und zwar Schritt für Schritt. Achten Sie darauf, daß Sie die Vorstellung nicht abbrechen, daß Sie nicht vorausspringen, oder sie nicht zu abstrakt werden lassen. Versuchen Sie vielmehr sie möglichst lebendig zu halten, die Gedanken zu registrieren, die Empfindungen und Gefühle dabei zu spüren.

Vor allem aber lassen Sie sich *Zeit* dabei, sehen Sie sich den Ablauf vor dem »inneren Auge«, also in der Phantasie, sorgfältig an, lassen Sie die körperlichen Vorgänge dazu *stattfinden,* auch wenn sie sich unangenehm anfühlen und zusätzliche Angst machen.

Tasten Sie sich an die vermeintliche oder reale »Katastrophe« sorgfältig heran. Sehen Sie zu, ob es Ihnen gelingt, sie in der Phantasie »durchzuleben«. Beachten Sie die vielen psychischen Tricks, die sich Ihnen möglicherweise anbieten, damit Sie sich um dieses gefürchtete Ereignis herumschwindeln. Lassen Sie diese Tricks aufkommen, ohne ihnen jedoch zu folgen. Orientieren Sie sich vielmehr weiter am Ablauf des »Unheils«. Gehen Sie bis zum Ende und vielleicht sogar noch einen Schritt weiter. Achten Sie darauf, wie Sie sich dabei und danach fühlen, nehmen Sie sich Zeit, auch das sorgfältig wahrzunehmen.

Nutzen Sie gerade diesen Abschnitt der Übung dazu, den Annahmen und Meinungen über sich selbst, die Welt, Ihr Leben darin nachzugehen, und prüfen Sie, welche Aspekte dieser Annahmen unumstößlich erscheinen. Welche Erwartungen haben Sie mehr oder weniger bewußt darüber, was beim eventuellen Zusammenbruch dieser Annahmen mit Ihnen geschieht. Versuchen Sie sich die Antwort auf diese Fragen vollständig auszumalen und testen Sie, was Sie daran wirklich selbst beeinflussen können, was nicht. Versuchen Sie aber, den Dingen zumindest in der Vorstellung ihren Lauf zu lassen.

Natürlich heißt das nicht, daß wir reale Katastrophen untätig geschehen lassen sollen, im Gegenteil: Es geht darum, denjenigen Anteil der äußeren und inneren Realität, den wir *nicht* beeinflussen können, so sein zu lassen, wie er eben ist. *Je mehr wir uns durch innere Anspannung und statische Angst gegen eine Katastrophenphantasie sperren, um so weniger sind wir in der Lage, dort zeit- und sachgemäß einzugreifen, wo dies realistisch und sinnvoll ist. Das*

Hauptproblem irrationaler (sprich: neurotischer) Ängste ist ja, daß sie sich auf real nicht relevante Bedrohungen fixieren und gerade dadurch realitätsangemessenes Handeln bei wirklichen Gefahren behindern.

Vermutlich liegt aber gerade darin der (unter Umständen unbewußte) Trick der neurotischen Lebensvermeidung, denn die Beschäftigung mit dem scheinbar übermächtigen irrationalen Problem gibt scheinbar die Legitimation für Selbstmitleid, generelles Resignieren und Klagen. Und das ist manchem immer noch lieber als die Konfrontation mit der sozialen, familiären, ökonomischen, politischen und physischen Realität aus einer selbstverantwortlichen Grundhaltung heraus.

Schließen Sie die Übung ab, indem Sie Ihre Aufmerksamkeit kurz dem Umstand zuwenden, daß all die Abläufe, die Sie intern spüren, gegenwärtig und real sind, daß sie jedoch vorläufig *Ergebnis Ihrer Vorstellungstätigkeit* sind. Wenden Sie sich der Wahrnehmung Ihrer *gegenwärtigen* äußeren und inneren Realität zu, auf das, was im Raum sichtbar, hörbar, tastbar ist, was in Ihnen spürbar ist. Achten Sie auf den Unterschied zwischen dem, was Ihnen *jetzt* als Gegenwart zugänglich ist und dem, was Sie als Reaktion auf den Inhalt ihrer Vorstellungstätigkeit erfahren haben.

Die drei geschilderten Übungen führen dann zu einem die Angstlösung förderlichen Ergebnis, wenn sie oft *wiederholt* werden, täglich mehrmals. Dabei können die *Inhalte* der vorgestellten Angstsituation variieren. Der Ablauf sollte jedoch grundsätzlich derselbe bleiben. Die wesentlichen Elemente seien, etwas gerafft, noch einmal wiederholt:

1. *Visuelle Vorstellung* angstauslösender Situationen, nach Schwierigkeitsgrad gestaffelt. Wahrnehmung der subjektiven Reaktionen auf die vorgestellte Situation, Angsterregung registrieren (Übung 1).
2. Wahrnehmen des *Zueinanders* von Vorstellungsinhalten und Angsterregung. Beobachten der gedanklichen, sensorischen, emotionalen und motorischen Aspekte der Angstreaktion: die Aufmerksamkeit auf die tatsächlich gegebenen internen Vorgänge und Empfindungen gerichtet halten.

3. Einbau des eigenen *Verhaltens* in die Vorstellung, ebenso der angstbezogenen Körperempfindungen.
4. Herbeiführen eines *positiven Abschlusses* der Angstsituation in der Vorstellung: »erfolgreiche« Angstbewältigung.
5. Herbeiführen eines *»katastrophalen« Abschlusses* der Angstphantasie: »erfolglose« Angstbewältigung mit dem Ziel der Desensibilisierung gegen einen vermeintlich schrecklichen Ausgang einer angstbesetzten Situation und gegenüber dem Zusammenbruch der eigenen Selbst- und Weltbilder.

Ähnlich wie die Angstkonfrontation in der Vorstellung ist das Vorgehen bei *real gegenwärtigen Angstauslösern. Die Erfahrung hat gezeigt, daß diese Form der allmählichen Annäherung an die Angstinhalte meist noch effektiver ist:* Man macht seine Angsterfahrung ja bereits in der Realsituation, das ganze Problem der Verallgemeinerung der in der Vorstellung geübten Angstbewältigung ist dann nicht mehr so schwierig. Außerdem sind bestimmte Verhaltensweisen ja erst in der realen Angstsituation zu erlernen, in der Vorstellung geht das eben nicht so gut.

Für die Angstkonfrontation in der Realität gelten ähnliche Arbeitsprinzipien, auf eine detaillierte Beschreibung sei hier jedoch verzichtet. Mag sein, daß besonders bei hartnäckigen und intensiveren Ängsten diese Konfrontationsform eher unter Anleitung eines geschulten Therapeuten gewählt werden sollte.

Leider sind aber viele unserer Ängste nicht durch simple Realitätsprüfungen zu testen, da entweder ihre Auslöser nicht beliebig kontrollierbar oder die Angstinhalte zu abstrakt sind. Dann ist die Arbeit in der Vorstellung der einzige Zugang.

Einige allgemeine Grundsätze

Einige allgemeine Prinzipien des »therapeutischen Arbeitens mit sich selbst« sollen dem gesamten Vorhaben einen entsprechenden Rahmen geben.

Erste Voraussetzung ist die Bereitschaft,

1. *Verantwortung*

für Handeln und Fühlen zu übernehmen. Ohne diese Bereitschaft dreht man sich unweigerlich im Kreis. Das gilt übrigens für die Arbeit mit einem Therapeuten genauso wie für den »Selbstversuch«. Ein weiteres wichtiges Prinzip ist die Gewichtung des

2. *bewußten Erfahrens*

des Problemgeschehens. Eine stabile, befriedigende, selbstverantwortete Veränderung ist nicht möglich, ohne daß ich das Problem*geschehen* in mir und »draußen« tatsächlich genau kenne. Am liebsten wäre uns, wenn die Therapie so wie Zauberei funktionierte, wo ohne unser Zutun – schwups – das Problem von uns genommen wird. Stabile Veränderung aber gelingt nur über die bewußte Erfahrung des So-Seins der Probleme – mit den damit meist verbundenen und gefürchteten Gefühlserlebnissen.

Gerade für die Angst gilt aber auch, daß sie das Ergebnis eines

3. *Lernprozesses*

ist. Grundsätzlich stimmt das optimistisch, denn wenn ich ein Verhalten gelernt habe, kann ich es eher als mein Produkt ansehen, kann es also auch wieder durch neues Lernen verändern. Das setzt aber voraus, daß ich die problemkonstituierenden Vorgänge nicht nur theoretisch analysieren sondern gleichsam

4. *im aktuellen Geschehen wahrnehmen*

kann. Das letzte der hier relevanten Prinzipien ist die

5. *aktive Generalisation.*

Es ist leider auch eine Tatsache, daß selbst die schönste und bewegendste Therapieerfahrung nur der *Anfang* von Veränderung ist. Wenn wir nicht ständig daran arbeiten, daß wir eine derartige Erfahrung im Alltag umsetzen, dann fallen wir garantiert wieder in die alten »Löcher«, möglicherweise sogar noch etwas tiefer. Die Depressionen derjenigen, die sich in Abreaktions-Workshops antörnen lassen ohne die Verbindung zur Realität ihres Alltags *aktiv* herstellen zu können, sollten uns Warnung genug sein.

Jede menschliche Erfahrung trägt in sich das Potential für die Weiterentwicklung, die Veränderung der Persönlichkeit. Das gilt besonders für psychologische Therapien. Sie haben zum Ziel, aus einer festgefahrenen Situation herauszuführen und Wachstum im weitesten Sinne zu ermöglichen. Die Veränderung kann dabei die Form neu entwickelter Verhaltensweisen annehmen, die sich konkret auf den Alltag und die zwischenmenschlichen Beziehungen auswirken. Es kann aber auch zusätzlich zu Veränderungen des Erlebens, der Erlebensfähigkeit, der Lebensgrundhaltungen kommen. Beides hat einen massiven Effekt auf das *soziale Umfeld,* in dem ein Mensch lebt.

Das bisherige *Gleichgewicht* der vielleicht neurotischen Beziehungen ist gestört. Der Ehemann, die Kinder, die Eltern, die Freunde, die Arbeitskollegen, sie alle haben den Erfahrungshintergrund nicht, den der Partner, Freund, Kollege, Vater oder Mutter oder Kind aufgrund seiner therapeutischen Arbeit erhält. So ist es verständlich, daß sie mit verschiedenen Mitteln versuchen, ihn wieder »normal« zu machen. Das bedeutet, daß sie ihn mit seinem neuen Verhalten, seinen neuen Einstellungen konfrontieren. Sie werden vermutlich ihre negativen Emotionen dazu in mehr oder weniger direkter Form äußern und unter Umständen mit massiven Mitteln drohen, um so die alte Vorhersagbarkeit im gesamten Verhalten dieses Menschen, seine Steuerbarkeit, seine Abhängigkeit wiederherzustellen, kurz, ihm seinen Platz im bisherigen Spiel der Beziehungen wieder zuzuteilen.

Dies ist eine verständliche Reaktion und nur wenige ahnen dabei, daß sie mit diesem massiven Bearbeiten des »Klienten« sich *selbst* in ihren alten Problemen und Weltbildern einbetonieren. Die plötzliche Veränderung, die Befreiung eines Ehepartners, eines Kindes, vielleicht aber auch eines Elternteiles, löst häufig zuviel Angst aus, als daß wir diese Veränderung begrüßen und als eine Gelegenheit wahrnehmen können, uns mit unseren eigenen Hindernissen zu konfrontieren, sie gegebenenfalls als Folge dieses Anstoßes aufzulösen.

Das passiert vielleicht auch dann, wenn wir die Veränderung

an unserem Partner seit Jahren gewünscht haben, wenn wir es waren, die ihn zur Therapie gedrängt haben, wenn wir ihm Vorwürfe gemacht haben, daß er nicht »anders« ist. Wenn dieser Prozeß dann aber tatsächlich in Gang kommt, kann es sehr leicht sein, daß wir gefühlsmäßig völlig anders reagieren, als wir es uns vorher vorgestellt hatten. Viele Therapien, die in der Arbeit selbst hervorragende Lösungen bisheriger Probleme ermöglicht haben, und in deren Verlauf die Betroffenen neue Zugänge zu Gefühlen der Klarheit, der Geborgenheit, des Glücks, des Wiedergeborenseins und der Liebe erfahren konnten, scheitern langfristig, weil die Auseinandersetzung mit den vor allem sozialen und emotionalen Realitäten im Alltag nicht befriedigend geschafft wird.

Da kann es dann leicht vorkommen, daß der Klient nach einer Zeit des Kampfes sich wieder in sein altes Schicksal fügt, nur mit dem Unterschied, daß er jetzt noch deprimierter, noch verzweifelter ist. Verständlich, da er doch kennengelernt hat, wie er selbst anders sein kann, wie er selbst sich anders fühlen kann. Zu seinen bisherigen Problemen kann also leicht noch das Gefühl dazukommen, im entscheidenden Moment versagt zu haben.

Andere Versuche des Klienten, sich in dieser Situation zu helfen, indem er z. B. mit seiner bisherigen Umwelt radikal bricht und sich in eine Gemeinschaft begibt, in der er von Gleichgesinnten unterstützt und in seiner Weiterentwicklung gefördert wird, sind gut zu verstehen. Letztlich ist das aber eine neuerliche Abschirmung gegenüber vielleicht wichtigen Ausschnitten der Realität. Dennoch ist dieser Weg für viele wahrscheinlich die einzige Möglichkeit. Es ist von daher verständlich, daß manche Menschen sich in Encounter-Gruppen, in Marathontrainings, vielleicht auch in religiösen und esoterischen Subkulturen eine neue Realität zu schaffen versuchen; eine Realität, die sie als die »eigentliche« ansehen und die sie der alten Realität vorziehen. So kann es dazu kommen, daß diese Menschen erst recht wieder, wie bereits im Rahmen ihrer neurotischen Probleme, zwischen den Realitäten hin und her wandern, dadurch vielleicht erst recht nirgends »ganz« sind, die alte Spaltung unter neuen Vorzeichen wiederholen.

Eines der weiterführenden Ziele einer Therapie ist jedoch die Entwicklung und Entfaltung derjenigen Fähigkeiten, die uns trotz aller Schwierigkeiten in die Lage versetzen, einen *gegebenen* Lebensraum zu bewältigen. Damit ist das kreative Umgestalten des Veränderbaren ebenso wie das Ertragen des Unveränderbaren gemeint. Diese Arbeit kann unglaublich hart, mühsam, langwierig sein und voller Enttäuschungen stecken. Vielleicht aber sind die so erworbenen Fortschritte tragfähiger als die meist kurzen Hochs derjenigen unter den »Aussteigern«, die ihren Freiraum durch Ausblenden von Lebensrealitäten erwerben.

Wenn wir lernen, den gegebenen psycho-sozio-ökologischen Lebensraum mit Frustrationstoleranz und realistischer Einschätzung zu gestalten, übernehmen wir gleichsam die Funktion eines Multiplikators. Das gilt auch für Klienten der Psychotherapie. Durch die *Anwendung* seines Therapieerfolges in der konkreten Auseinandersetzung mit seinen Mitmenschen gibt er ihnen den Anstoß, wieder und wieder ihre eigenen Verwirrungen zu erfahren und daran zu reifen.

Damit ist aber ganz gewiß nicht gemeint, daß der Klient nach oder auch während seiner Therapie versuchen sollte, seine ganze soziale Umgebung zu »therapieren«, sie gleichsam mit Gewalt zu »beglücken«. Vielmehr glaube ich, daß er einfach durch seine neue Art »zu sein« dem anderen Gelegenheit gibt, daraus etwas für sich zu lernen. Ob dieser es dann wirklich tut, bleibt allerdings allein ihm überlassen. Davon wird es dann letztlich wohl abhängen, ob Beziehungen durch solche Erfahrungen gefestigt und vertieft werden, oder ob sie sich über kurz oder lang lösen. Aber auch die Lösung einer Beziehung kann eine bewußte Entscheidung sein: wenn man ehrlich versucht hat, die jeweiligen Lebensgrundhaltungen und Lebensprinzipien auszutauschen. Dieser Schritt der Trennung ist dann meist auch keine »Katastrophe« mehr, sondern ein lebendiger Prozeß, der ohnehin bereits in Gang war.

Ein Mensch, der sich in psychologische Therapie begibt, ist besonders in der Anfangsphase meist empfindsamer, labiler, tendiert vielleicht auch stärker zu radikalen Entscheidungen. Es ist wichtig, daß der Therapeut die Auswirkungen dieses Zustandes auf die soziale Umwelt in seiner Arbeit mitberücksichtigt. Daher ist es sinnvoll, Familienmitglieder in diesen Prozeß einzubeziehen. Dies kann in Form von gemeinsamen Sitzungen, aber auch in Form von Einzelberatungen geschehen, bei denen der »eigentliche« Klient selbst nicht anwesend ist. Voraussetzung dafür ist die Bereitschaft des Partners oder der Familienmitglieder, dabei mitzumachen. Diesen Bezugspersonen soll Gelegenheit gegeben werden, ihre eigenen gedanklichen und gefühlsmäßigen Reaktionen auf die beginnenden Veränderungen des Klienten auszudrücken. Dies gilt vor allem auch für die *Befürchtungen,* die sie damit verbinden. So erhalten sie Gelegenheit, ihre eigenen Positionen und deren Auswirkungen auf den Partner besser zu sehen.

Wichtig ist dabei die Frage, was für ein Interesse sie daran haben, bestimmte Entwicklungsprozesse, in denen sich ihr Partner befindet, aufzuhalten. Die Konfrontation mit ihrem Widerstand gibt ihnen Gelegenheit, in diesen Punkten an sich selbst weiterzuarbeiten.

Bei einer Klientin, die wegen verschiedener sozialer Ängste und damit einhergehender psychosomatischer Lähmungserscheinungen in Behandlung gekommen war, stellte sich heraus, daß ihr Mann ihre Tendenzen in Richtung Selbstsicherheit, persönliche Autonomie, Wahrnehmung und Befriedigung eigener Bedürfnisse, auf massive, z. T. auch materielle Weise unterband. So gab es heftige Auseinandersetzungen, in deren Verlauf es auch zu Tätlichkeiten kam. Obwohl sie selbst verdiente, mußte sie ihr ganzes Geld in die gemeinsame Kasse geben, über die jedoch nur er verfügte. Ich habe die beiden in einigen gemeinsamen Sitzungen erlebt. Angesichts der unerbittlichen Härte, mit der er sein Ziel, ein Eigenheim, unter Hintanstellung aller anderen Bedürfnisse verfolgte – und zwar seiner eigenen wie auch der seiner Frau – war das Vorhaben zum Scheitern verurteilt. Die Frau kam noch zu einigen Einzelsitzungen, hatte aber bald eingesehen, daß diese Arbeit nur Flickwerk ist, wenn sie die Essenz der Arbeit nicht in ihrer Partnerbeziehung umsetzen konnte. Sie entschloß sich dann, alles beim alten zu lassen.

Fälle, wie den eben skizzierten, gibt es reihenweise.

So wie im Falle jenes Klienten, der vor der Therapie mit seiner langjährigen Partnerin über weite Strecken eine schöne und befriedigende, manchmal aber auch mühsame, deprimierende, lähmende Beziehung hatte. Als er sich dann in Therapie begab, lernte er, seine Beziehung auch aus anderen Perspektiven zu sehen. Er glaubte zu erkennen, wie er seine eigenen Ängste darin wieder aktualisierte und hoffte, neuen Raum für neue Erfahrungen zu schaffen. Besonders dann aber, wenn er einen Schritt weiterkam und, wie er meinte, offener, lockerer und liebesfähiger wurde, mußte er feststellen, daß sich die Partnerin als Reaktion darauf in die gegenteilige Ecke verkroch. Anfangs machte er ihr dafür Vorwürfe, drohte mit der Trennung, wollte seine Liebe anderswo ungefährlicher und ohne diesen Druck entwikkeln. Er wünschte sich in diesen Phasen, daß sie selbst ähnliche Prozesse erfahren und dabei endlich einsehen würde, daß die Aufgabe der alten Beziehungsstruktur neue und schönere Möglichkeiten eröffnet. Etwas naiv versprach er sich davon ein glückliches, konfliktarmes Zusammenleben, das dann auch für ihn »leichter« werden würde.

Einige Zeit später vertraute sich seine Partnerin tatsächlich diesem Prozeß an. Dann begann sich das Karussell eine Zeitlang in die Gegenrichtung zu drehen. Endlich war das eingetreten, was er sich gewünscht hatte, nämlich die »innere Emanzipation« der Frau. Jetzt, da sich sein Wunsch erfüllte und die ersten Ergebnisse zeigte, bekam er Angst. Er zog nun alle emotionalen und manipulativen Register, die ihm zur Verfügung standen, um mit dieser schwer erträglichen Realität umzugehen.

Eine erste Wende kam, als er sich nach einem neuerlichen, jetzt jedoch nicht mehr trotzvollen, sondern eher kontemplativen Rückzug entschloß, diese »unedlen«, »niederen« Gefühle des Ärgers, der Trauer, der Eifersucht, der Angst vor Kontrollverlust oder der Angst vor der Ohnmacht nicht mehr zu verdammen. Die innere Bereitschaft, sie als Bestandteil dieser Phase seines Lebens anzuerkennen, dazu zu stehen, hat ihm, so paradox es klingen mag, die Gelegenheit eröffnet, die ganze Angelegenheit anders wahrzunehmen. Nicht das Bemühen, auch so zu sein wie die Partnerin, löst das Problem, sondern zuerst einmal die selbsterteilte Erlaubnis, so zu sein, wie man selbst zum jeweiligen Zeitpunkt »ist«. Das auch dann, wenn es unedel, klammernd, rückständig und insgesamt unerfreulich ausschaut. Von hier aus ist es allerdings noch ein weiter Weg bis zu der oft als ideal beschworenen Variante: den anderen von innen her lieben, ohne daß dazu seine Liebe erst vorher »sichergestellt« werden muß. Die innere Emanzipation der Frauen fördert auch die innere Emanzipation der Männer, aber nur, wenn diese es auch wollen.

Nun, ich gebe zu, daß derartige Turbulenzen nicht die Regel sein müssen, wenn sich einer der Partner einer Therapie im Sinne einer Selbstkonfrontation unterzieht. Dennoch, die Bereitschaft für Affekthandlungen ist in dieser Phase sehr groß. Es ist wichtig, derartige Erfahrungen zu machen, elementare, die Lebensführung radikal verändernde Entscheidungen sollten in diesem Stadium jedoch nicht getroffen werden.

Mir scheint, es ist kein Zufall, daß gerade aus der Anfangsphase der »Encounter-Bewegung« berichtet wird, daß die Suizidrate bei Workshop-Teilnehmern wie auch bei deren Bezugspersonen erhöht war. Es ist nicht so schwer, emotionale Bewegung auszulösen. Die Integration der Erlebnisse ist der sehr viel mühsamere Teil der Arbeit, der ist aber wohl für manche Therapeuten wie auch für die Klienten unattraktiv, langsam, mühsam, weil Grenzen aufzeigend. Das Fluidum der Expansion, das im Gefolge der Auflösung alter irrationaler Barrieren auftritt, führt meist zu Euphoriegefühlen. Es ist sehr verlockend, ihnen nachzugeben und mit den alten, irrationalen Grenzen auch die realen gegenwärtigen Grenzen über Bord zu werfen. Im Interesse der Realitätskontrolle des Betroffenen ist besonders in diesem Stadium die hartnäckige Konfrontation mit inneren und äußeren Realitäten wichtig. Und bevor dieser Schritt der Arbeit nicht geleistet ist, kann eine derartige Erfahrung nicht als therapeutisch bezeichnet werden.

Was die Problematik des Partners während der Therapie betrifft, so ist aus den geschilderten Fällen noch festzuhalten, daß man sich leicht täuschen kann, wenn man glaubt, selbst schon recht »weit« zu sein, so daß es anscheinend nur am »unterentwickelten« Partner liegt, daß die Probleme noch immer existieren. Wenn der Partner seinerseits Schritte macht, kann man dann erleben, daß die scheinbar gelösten Probleme bestenfalls wegprojiziert waren.

Grundsätzlich ist eine Art Kontrakt für die Zeit der Therapie zu empfehlen, der keine entscheidenden Veränderungen im beruflichen und zwischenmenschlichen Bereich aus momentanen Impulsen heraus vorsieht. Erst wenn entsprechende Klarheit und emotionale Stabilität erreicht sind, kann, wenn nötig, die Veränderung der »Außenwelt« einsetzen.

Alltagsängste und Existenzangst

Die Fähigkeit zum Denken gibt dem Menschen eine besondere Stellung unter den Lebewesen dieser Welt. Mit Hilfe des Denkens und mit Hilfe der Sprache können wir den freien, einmaligen und unwiederbringlichen Ablauf der Ereignisse scheinbar teilen, die Teile vergleichen, beurteilen und in Kategorien fassen. Diese können wir mit einem Namen benennen und so dem Lauf der Dinge etwas scheinbar Stabiles, scheinbar Feststehendes entgegensetzen. Mit unseren Begriffen können wir dann in einem Raum-Zeit-System operieren, wo wir Vergangenes mit Gegenwärtigem vergleichen, einzelne Aspekte hervorheben, umstellen, Zeitabläufe verdrehen, wesentliche von unwesentlichen Dingen unterscheiden und noch vieles andere mehr. Wahrscheinlich sind es diese Fähigkeiten, die uns die Wahrnehmung von Zeit und Raum, welche vielleicht besser als Illusion von Zeit und Raum zu bezeichnen wäre, überhaupt erst möglich machen. Denn, ob es »Zeit« und »Raum« an sich, ohne unsere spezifische Form des Verarbeitens von Informationen durch unser Gehirn, überhaupt »gibt«, ist eine schwer zu beantwortende Frage.

Unser Denkvermögen ermöglicht uns auch die mehr oder weniger präzise Vorhersage von Dingen, die noch nicht »da« sind, also von zukünftigen Ereignissen. Die *Erwartung* spielt in verschiedenen Angsttheorien immer wieder eine Rolle. Erwartung als ein kognitiver Prozeß wird erst möglich, wenn sich das Individuum mit *Hilfe eines Teiles seiner Lebensprozesse,* nämlich mit Hilfe des Denkens gleichsam neben den Ablauf seiner (anderen) Lebensprozesse stellt. In der Gegenwart unseres Denkvollzugs können wir über die *konkret gegebene Realität* einfach hinweggehen – und das ist es was wir in unserem Wachbewußtsein fast ständig tun. Wenn wir dabei vergessen, daß wir denken, vergessen wir auch unsere »anfaßbare« Gegenwart – und damit auch, wo wir real physisch, »wirklich« leben. Die unglaubliche Fähigkeit zum Denken bietet natürlich eine Fülle von Möglichkeiten, unsere physische Existenz besser zu schützen. Wenn wir keine Erwartungen ausbilden könnten, keine Vorhersagen machen könnten, wäre unser Leben wesentlich stärker bedroht, als Individuum ebenso wie als Kollektiv. Dieses unglaubliche Geschenk des antizipierenden Denkens birgt aber auch den einen oder anderen großen Nachteil. Es kann zur Sucht, zur Gewohnheit werden, sich durch Phantasie und Vorstellung abseits der in der Gegenwart ablaufenden Vorgänge zu stellen. Indem wir die Empfindungen und Wahrnehmungen dessen, was in der jeweiligen Gegenwart »ist«, ausblenden, leben wir in unserem Bewußtsein an unserer physischen Existenz vorbei. Es ist, als würden wir zweifach leben: in unseren Denkinhalten, bestimmt durch die Denkkategorien, wo unsere Erfahrung gespeichert ist, und dann in der »realen« Welt der unmittelbaren Erfahrung, der wir uns kaum mehr direkt aussetzen. Denn auch die »Übersetzung« der physischen Welt mittels unserer Sensorik ist im allgemeinen schon sehr stark durch Erwartungs- und Denkprozesse beeinflußt.

Wenn unsere Aufmerksamkeit in einem solchen Ausmaß auf den *Denkinhalt* fixiert ist, wird dieser zunehmend zu unserer *Realität.* So kommt es zu der für den Menschen charakteristischen Spaltung seiner Existenz, die einerseits aus seinem Leben als Kreatur und andrerseits aus seinem Denken, dem kategorisierenden, vergleichenden und beurteilenden Einordnen dieses Lebens, besteht.

Wenn man will, kann man diese Spaltung im Sein des Menschen als, bildlich gesprochen, Vertreibung aus dem Paradies sehen. Verstehen, Erkennen, Urteilen, diese Vorgänge trennen uns zumindest im Bewußtsein von der paradiesischen Harmonie, dem Geborgen-Sein in den Abläufen, welcher Art diese auch immer sein mögen. Mit unseren gedanklichen Operationen entwerfen wir Ziele, Selbstbilder, Normen. Mit ihnen registrieren wir die Abweichungen unserer Realität von den Idealbildern. Konflikte sind demnach unter anderem das Ergebnis solcher Operationen, »an sich« existieren sie nicht.

Und je mehr wir uns bemühen, unsere Weltbilder zu »realisieren«, desto mehr nimmt die Gefahr zu, daß sie zusammenkrachen. Das Risiko dabei ist, daß der Kollaps des Gedankensystems mehr zerstört, als das System selbst – im intrapsychischen ebenso wie im zwischenmenschlichen Bereich. Und auf der Ebene der politischen Machtblöcke gilt das in unter Umständen fataler Weise auch für die Folgen des vielfach befürchteten »großen Knalles«, der ja nicht primär das ihn bewirkende gedankliche System, sondern seine »Träger« zerstören würde. Zwischen passivem Fatalismus und expansiver Manipulation der Welt ein ausgewogenes Verhältnis herzustellen, das ist die Herausforderung an die menschliche Existenz, der wir uns als Einzelne und als Gemeinschaft ständig neu zu stellen haben.

Dem Denken scheint eine Tendenz innezuwohnen, sich selbst als Identität wahrzunehmen, die Ich-Identität. Das Ich ist in diesem Sinne beim Neugeborenen nicht vorhanden. Im Laufe der Entwicklung der ersten Lebensmonate und -jahre beginnt die sogenannte Ich-Differenzierung. Das menschliche Individuum nimmt gewissermaßen eine Art Oppositionsstellung zu seiner gesamten Umwelt ein. Unter bestimmten Umständen kann diese Ich-Entwicklung gleichsam hypertrophieren. Die gesamte Welt wird dann in Relation zur eigenen Identität, zum eigenen Ich gesehen. Sie wird auf Nützlichkeit, Brauchbarkeit, persönlichen Vorteil hin kategorisiert und verwendet. Grundsätzlich steckt in jedem von uns diese Tendenz. Das Denken sorgt jedoch selbst dafür, daß »wir« die Nachteile dieser Entwicklung nicht erkennen: indem es tendenziell sich selbst als allmächtig, allwissend, omnipotent darstellt. Ihm entgeht dabei, daß in jeder Sekunde seines Lebens eine unglaubliche Fülle von biologischen und sonstigen Prozessen stattfindet, ohne die auch seine Existenz als denkendes Ich nicht möglich wäre. Diese Prozesse laufen ab, ohne daß sie durch das Ich beeinflußt, geschweige denn »gemacht« werden. Das gilt u. a. für die verschiedenen biologischen Vorgänge im Körper; man denke nur an die Herztätigkeit, den Stoffwechsel oder Wachstumsprozesse.

Daran zu denken, ist uns jedoch unangenehm. Wir bemühen uns, diese Dinge als selbstverständlich gegeben darzustellen und auf diese Weise möglichst rasch aus dem Bewußtsein zu verdrängen. An die Grenzen der eigenen Macht zu stoßen, erzeugt für das denkende Ich enorme Angst, existentielle Angst. *Wenn der Mensch an die Grenzen seiner Macht erinnert wird, dann ist das für den Teil in ihm, der sich selbst als grenzenlos, gottgleich sehen möchte, eine existentielle Bedrohung.* So ist es verständlich, daß wir dazu tendieren, unser Gedächtnis zu manipulieren, um jede Erinnerung an die Relativität unserer eigenen Existenz zu verdrängen, zu vergessen. Die Möglichkeit dazu wird vom Gehirn selbst angeboten. Man nennt diesen Mechanismus *Habituation,* eine Art sensorisch-vorgedankliche Gewöhnung an Neues. Durch Habituation wird Unbekanntes vertraut, Neues dem Repertoire an Modellen für die äußeren Ereignisse zugeordnet. Dieser Vorgang hat für unser Wahrnehmen und Denken die wichtige Funktion, relevante von irrelevanten Reizen zu unterscheiden.

Auch im Bereich des Denkens spielt sich so etwas Ähnliches wie Habituation ab. Man kann nur spekulieren, auf welche Art Habituation hier abläuft, aber der Effekt ist ein ähnlicher wie bei der einfachen sensorischen Habituation. Wenn wir komplexere Ereignisse wahrnehmen, für die wir noch keine fertigen Kategorien und Benennungen, für die wir noch kein »Weltbild« haben, sind wir zuerst einmal beunruhigt, es findet eine Art »Weckreaktion« statt. Wenn der »Neuheitswert« dieser Erfahrung nicht allzu hoch ist, löst diese Unruhe eine Zuwendung zum Ereignis, zur Reizquelle aus. Dabei finden rasche, meist unbewußte, kognitive Prozesse statt: Das Ereignis wird mit bisherigen verglichen, nach seiner Bedeutung beurteilt und seine Entstehung analysiert. Wenn diese komplexen Ereignisse jedoch sehr anders sind, als das, was wir bisher kannten, so wird die orientierende Unruhe eher zu Angst und löst verschiedene Formen der Abwehr aus. Wir können aufgrund unserer bisherigen Erfahrungen dieses Ereignis nicht mehr einordnen und kategorisieren. Es paßt nicht in unsere Modelle eines geordneten Ereignisablaufes, nicht in unser Weltbild.

Da wir letzteres stets retten wollen, reagieren wir defensiv, indem wir beispielsweise die ganze Erfahrung *leugnen,* oder die Diskrepanz zu dem, was erwartet wurde, oder indem wir uns ganz einfach *»ausblenden«* (wegschauen, nicht hinhören). Ein anderer Weg ist die scheinbare Anpassung des »Weltbildes«, indem es absichtlich diffuser, ungenauer gemacht wird und dann alles absorbieren kann – ohne sich wirklich zu verändern. Dieser Verarbeitungsstil kann dann leicht zu einer diffusen Persönlichkeitsstruktur führen.

Der dritte Weg schließlich ist die Einordnung in bisher Bekanntes mit entsprechender Revision des Modells. So wird der Unruheherd allmählich reduziert und unser *Erwartungsmodell,* unser Weltbild, realistischer. Wir lernen, welche Bedeutung diese Erfahrung wirklich hat, ob sie uns nützt oder schadet, ob sie unser Weltbild gefährdet oder nach kleiner Revision eigentlich ganz gut »paßt«. Dieser Prozeß des Kategorisierens, des Einordnens hat letztendlich die Funktion, die Existenz von etwas, das wir noch nicht kennen, in ein bekanntes Repertoire von Erklärungen einzuordnen. Wir sind beunruhigt, wenn es außer dem, was wir als real wahrnehmen oder denken können, noch etwas anderes gibt. Deshalb unternehmen wir alle Anstrengungen, um dieses Neue sofort zu »erklären« und dadurch aus der Abweichung von unserer Erwartung eine wieder zu ihr passende Erfahrung werden zu lassen.

Leider verlieren wir manchmal durch dieses sehr schnelle Einordnen, Kategorisieren und »Bekanntmachen« die Fähigkeit, dieses neue Geschehen so wahrzunehmen, wie es tatsächlich erscheint. Wir entstellen bereits die Wahrnehmung entsprechend unserer dafür bereitstehenden Erklärung. Anstatt sorgfältig zu sehen, zu hören, zu spüren, wie etwas »ist«, beschäftigen wir uns mit sekundären kognitiven Vorgängen des Einordnens, Bewertens, Erklärens. Dies kann an einem Beispiel erläutert werden: Der Mensch geht in ein Museum oder in eine Bilderausstellung, sieht sich die Bilder an und ist vielleicht durch ein Bild besonders verwirrt. Es fällt ihm schwer, das Bild auf sich wirken zu lassen, seine eigenen Reaktionen auf das Bild abzuwarten. Aus Angst, er könnte damit nichts anfangen, es nicht »verstehen«, wird er rasch zum Katalog greifen. Dort kann er alle Informationen *über* das Bild nachlesen, er wird dann vielleicht noch einen kurzen Blick auf das Bild werfen, um dann befriedigt wieder weiterzuziehen. Beim nächsten Bild wird sich das alles vermutlich wiederholen. So wird er zwar viele Bilder sehen, aber keines *erleben*.

Das mag ein krasses Beispiel dafür sein, wie wir das unmittelbare Erleben dessen, was ist, durch voreiliges Kategorisieren anhand alter Begriffssysteme entstellen können. In ähnlicher, doch viel subtilerer Weise läuft dieser Vorgang intern fast ununterbrochen ab. Statt auf den Kunstführer greifen wir auf unser System kognitiver Beurteilungs-, Vergleichs- und Analyseoperationen zurück. Im Zustand der Angst wird dieses System erst recht mobilisiert, da dann der Prozeß der spontanen Habituation erschwert ist. *Wir sind im Zustand der Angst bestrebt, dem Habituationsprozeß etwas nachzuhelfen:*

- Wir sperren die Zufuhr von neuen Reizen ab.
- Wir suchen nach Hinweisen, die die Gefährlichkeit oder Ungefährlichkeit des Geschehens klarmachen sollen.
- Oder wir nehmen gewisse Signale zwar auf, aber lassen sie nicht wirklich mit all ihren Implikationen zu.

Besonders deutlich wird das in existentiellen Grenzsituationen. Wenn sie vorbei sind, werden wir im Interesse der Wiedereinordnung in den Alltag zum *Vergessen* der *diskrepanten Erfahrungen* förmlich *gezwungen*. Andernfalls müßten wir ja unser Welt- und Selbstbild und als Folge auch unser Handeln ständig ändern, und das bedeutet *lernen*. Wirkliches Lernen ist meist schmerzhaft, weil es das Aufbrechen eines scheinbar stabilen Systems erforderlich macht. Das aber widerspricht häufig unserem Bedürfnis nach Sicherheit, das wir durch Festhalten am Altbewährten zu befriedigen suchen.

Ich habe diesen Prozeß bei meiner Arbeit an der psychologischen Rehabilitation von Herzinfarktpatienten beobachten können. Unter dem Eindruck des Infarktereignisses, bei körperlicher und seelischer Labilität und Weichheit, sind viele Patienten in der Lage, die Unangemessenheit und Relativität ihrer Lebenshaltung zu erkennen. Trotz oder gerade wegen der Todesangst werden sie zur Ehrfurcht, zur Dankbarkeit für jede Sekunde und zur Liebe für das Existierende fähig. Mit fortschreitender »Rehabilitation« setzen die alten Abwehr- und Verleugnungsstrategien wieder ein. Die angesichts des Todes erfahrene Weite des Bewußtseins und des Gefühlslebens wird, z. T. unter dem Druck der ja selbst gegenüber dem Allmachtswahn recht anfälligen »Restaurations-Medizin«, wieder enger und enger – die nächste »Enge der Brust«, die Angina Pectoris, vorbereitend. Und Angst ist der Versuch, die Lebensvorgänge, also auch den *Lebensablauf,* durch mehr Enge aufzuhalten. Die Chance, die Erfahrung der Todesnähe zu einer *ständigen Erinnerung* werden zu lassen, wird so vertan.

Es kann ein neuer Sinn des Lebens darin liegen, die Aufmerksamkeit unseres Denkens und Staunens auf das zu lenken, »was ist«, auf den Lebensvorgang selbst. Aus der Sicht unseres geschäftigen Alltagsbewußtsein ist das aber nicht nur für den Patienten, sondern noch mehr für seine soziale Umwelt, eine Bedrohung geltender »Werte«. Es ist leichter, die im Zuge der Grenzerfahrung gefundenen Einsichten zu vergessen, als die stets neu ausgelegten Fesseln zur Fixierung geltender Sozial- und Bewußtseinsstrukturen zu lockern oder gar abzustreifen.

Zurück zu den Methoden, im Zustand der Angst die Gewöhnung oder Habituation zu unterstützen. Die kognitive *Wiederholung* eines Ereignisses in der Vorstellung ist noch zu nennen. Den Hergang eines Unfalles z. B. wird man sich wieder und wieder vor Augen führen und darüber grübeln, was falsch war. Dieses Wiederholen unterstützt mit großer Wahrscheinlichkeit die Habituation (Gewöhnung). Allerdings ist die so gewonnene »Bekanntheit« trügerisch, da sie die Folge *häufiger Vorstellungen,* nicht *häufiger Erfahrungen* ist. Es gibt auch die Möglichkeit, daß diese Wiederholungen in einer *angststeigernden* Form erfolgen. Das ist z. B. der Fall, wenn in dem vorgestellten Ereignisablauf keine Lösung stattfindet oder die Vorstellungen dann abgebrochen werden, wenn die Angst gerade am größten ist. Diese Form der Wiederholung ist der Habituation nicht förderlich, sondern führt eher zum Aufschaukeln der Angsterregung.

Ängstliche Menschen habituieren langsamer, brauchen also länger, sich auch an geringe Abweichungen vom Erwarteten zu gewöhnen. Das gilt nicht nur für Angstsituationen, sondern ganz allgemein. Wenn sie aber ihre Angsterregung – was verständlich ist – rasch eliminieren wollen, müssen sie zu ganz drastischen Maßnahmen greifen. Dazu gehört der Aufbau eines starren, wiedersprechende Fakten ignorierenden Weltbildes. Die Menschen mit den festesten Meinungen sind oft, obwohl es äußerlich ganz anders erscheinen mag, im Grunde besonders ängstlich. Sie erkaufen sich ihre Sicherheit vielleicht durch Starrheit und Besserwisserei. Geschehen dann doch Dinge, die sie nicht mehr wegleugnen können, kann es leicht sein, daß sie zuerst einmal ins scheinbar Bodenlose fallen. Sie haben nicht gelernt, mit Abweichungen von ihren Erwartungen und dazugehörigen Ängsten umzugehen.

Die Menschen unterscheiden sich generell in ihrer Fähigkeit, Neues zu integrieren. Auch ändert sich diese Fähigkeit je nach Stimmung, Situation und vielen anderen Faktoren bei ein und demselben Menschen. Je nachdem, wie groß unsere Bereitschaft zu dieser Integration ist, wird auch bereits unsere Wahrnehmung der Umwelt verschieden sein. Wir scheinen in unserer Auseinandersetzung mit den Vorgängen in der Außenwelt aber in einer Zwickmühle gefangen zu sein. Wir beeilen uns alles Neue möglichst rasch zu etwas Bekanntem und Gewohntem zu machen, gelingt uns das aber, streben wir aus Langeweile bald wieder nach Neuem.

Ein nicht geringer Teil des Wissenschaftsbetriebes, aber auch der westlichen Kultur, kann als Ausdruck dieses Dilemmas gesehen werden. Der Physiker ist bestrebt, auf Neues – nach geltenden Modellvorstellungen nicht erklärbare Ereignisse – zu stoßen. In dem Moment, in dem er es gefunden hat, gibt er sich damit jedoch nicht zufrieden und versucht, sofort wieder ein Modell zu entwickeln (das dann *»sein«* Modell ist). Das soll ihm und vor allem seinen Kollegen dieses Neue erklärbar, verstehbar machen, es wiederum einordnen. Immer aber gilt als Voraussetzung, daß er zuerst einmal seine bisherigen Gewohnheiten, die Geschehnisse zu betrachten, in Frage stellt und den Dingen in einer relativ naiven Weise begegnet. Dann wird die Welt ihm auch die Geschehnisse liefern, die mit seinem bisherigen Erfahrungs-Kategorisierungs-System nicht zu erklären sind.

Der Prozeß des Einordnens, Kategorisierens, Analysierens, Bekanntmachens kann sich *verselbständigen*. Durch das ständige Vergleichen mit dem, was gewesen ist, sind wir vielleicht zur unmittelbaren Erfahrung nicht mehr in der Lage. Achten Sie darauf, wenn Sie Ihre Suppe essen. Wieviel Zeit verwenden Sie, sie so zu schmecken wie sie ist, bzw. wie sie jetzt schmeckt, und wieviel Zeit verwenden Sie, um sie mit der Suppe zu *vergleichen*, die Sie früher einmal gegessen haben, die angeblich in diesem oder jenem Restaurant besonders gut sein soll, oder laut Standard Ihres Kochbuchs eigentlich so oder so schmecken sollte. Und wieviel von der Zeit, die Sie zum Essen Ihrer Suppe brauchen, denken Sie überhaupt an etwas völlig anderes als an das, was Sie tun und dabei empfinden?

So befinden wir uns in unserem Bewußtsein eigentlich nie oder nur selten raum-zeitlich »dort«, wo das Geschehen, nämlich das Essen der Suppe und das Auftreten der Geschmacksempfindung tatsächlich stattfindet. Unsere Wahrnehmung schwirrt in der Phantasie, in der Erinnerung und in der Zukunft hin und her, anstatt dort zu sein, wo die physische Realität subjektiv und einzigartig wird, in unserer Gegenwart. Das kann sogar zu einem Lebensstil führen, wo man ständig dem Erleben, dem Genuß, dem Glück nachläuft, aber durch die Art, wie man das macht, das Gewünschte erst recht verhindert. Dadurch, daß wir den Ist-Zustand nie wahrnehmen, weil wir auf der Suche nach einem *besseren* Zustand sind, unsere Aufmerksamkeit also dem Suchen nach etwas, das nicht da ist, widmen, sind wir gar nicht mehr fähig, den besseren Ist-Zustand zu erleben, sollte er plötzlich doch noch eintreten. Wir sind dann wieder auf der Suche nach etwas anderem, der Prozeß der Ablenkung vom Ist, von der Gegenwart, vom Erleben, hat überhandgenommen.

Habituation, die elementarste Form des Denkens, kann somit als Geschenk, aber auch als Bürde gesehen werden. Dasselbe gilt für das Gegenteil der Habituation, die *Dishabituation.* Das ist die Unfähigkeit, Bekanntschaftsqualitäten zu entwickeln. Man kann es auch anders formulieren, und zwar als Geschenk, jede Sekunde des Lebens, auch mit den größten »Alltäglichkeiten« so zu erleben, als wäre es eine völlig neue Erfahrung. Die Dishabituation bietet die unglaubliche Möglichkeit, ein reiches Erfahrungsleben zu führen, ohne deshalb kreuz und quer in der Welt herumzureisen und alle möglichen Abenteuer äußerer Art zu erleben. Sie ermöglicht eine erhöhte Qualität und Intensität im Erleben dessen, was in der jeweiligen Gegenwart stattfindet. Und wenn es nichts anderes ist als die Beobachtung eines Fensterhakens, einer Bleistiftspitze oder einer Fliege an der Wand. Durch die Konzentration der Aufmerksamkeit auf das, was da ist, und das Zurückstellen unseres »Bekanntmachungsgenerators«, also unserer Habituationsmethoden, kann das Leben reichhaltiger und befriedigender werden. Und das wird möglich, ohne daß es zu mehr äußeren Ereignissen kommen muß! Im Gegenteil, wenn die Hektik der äußeren Ereignisse abnimmt, tritt diese Qualität erst hervor. Oder was glauben Sie, wie es unsere Vorfahren sonst ohne Urlaubsjets, Package-Tours oder TV ausgehalten haben?

Diese meditative Lebensweise, die zu einem Ausbau der Quellen innerer Erfahrungsmöglichkeiten führen kann, ist allerdings mit unserem kritischen Verstand schlecht zu vereinbaren. Unsere für den Alltag gewiß wichtigen Operationen des bewertenden, denkenden, trennenden, kurz, uns von unserer Umwelt teilenden Ichs, wehren die Dishabituation ab – und damit die Auflösung oder zumindest eine Schwächung des nach Allmacht strebenden Ichs –, mit gewissem Recht, denn Dishabituation ist tatsächlich keine ungefährliche Sache. Sie kann selbst wiederum gleichsam süchtig machen. Zwar können Menschen, die sich einer völlig meditativen Lebensweise verschrieben haben, damit Zustände erreichen, die andere kaum ahnen können, Dishabituation kann aber auch Merkmal einer *Entstellung* des Bewußtseins sein, wie sie bei den verschiedenen Formen von Schizophrenie auftritt. Die Übergänge sind fließend. Man kann natürlich nicht sagen, daß eine meditative Lebensführung die Vorstufe zur Schizophrenie ist. Zur Schizophrenie kommt es möglicherweise erst dann, wenn die Dishabituation der Abwehr von angstmachenden, schmerzlichen Erfahrungen dient, wenn sie zu einem irreversiblen *Ausweichen* in eine Welt der Halluzination und Illusion führt, aus der jeder Versuch, »zurückzukommen«, mit den alten Schmerzerfahrungen einhergeht, die zu verarbeiten der Betroffene nicht hinreichend gerüstet bzw. bereit ist.

Mag sein, daß eine Quelle des Glücks das Aufsuchen eines meditativen Kontaktes mit der Gegenwart ist. Dann liegt aber das allerhöchste Unglück sehr nahe daneben, nämlich im *Zwang,* diesen meditativen Zustand aufzusuchen. Dazu kann es kommen, wenn die sozialen und physischen Realitäten für diesen Menschen aufgrund früherer oder auch gegenwärtiger Erfahrungen so bedrohlich und angstmachend sind, daß er sich diesen Prozessen nicht mehr aussetzen möchte. Er flüchtet lieber in die Dishabituation. Es bleibt die rein sensorische Wahrnehmung dessen, was von Sekunde zu Sekunde geschieht, in Verbindung mit dem Verzicht darauf – und im Laufe der Zeit mit der Unfähigkeit –, übergreifende Zusammenhänge zu erfassen oder mit Hilfe des Verstandes, mit Hilfe des Denkens zu »stiften«. Diese aktive Ablehnung der Eigenschaften des Denkens kann somit zu einem Bumerang werden. Manche Einzelfälle mit Schizophrenie lassen sich über dieses Modell des »gelernten« Ausblendens von unerträglichen Erfahrungen verstehen. Es gibt allerdings auch viele Hinweise, daß es in anderen Fällen um andere Vorgänge geht.

Nun zurück zur Angst. Viele Ängste des Alltags können betrachtet werden als eine Art Ausläufer von Ängsten, die ihre Wurzel in einer fundamentalen Existenzangst haben, nämlich der Angst, sich als Entität eines Tages aufzulösen. Diese Angst gründet vor allem in unserer Fähigkeit, den Tod zu antizipieren.

Daher ist der Mensch auch im allgemeinen bestrebt, das Faktum des Todes ständig von sich wegzuschieben. Dies geschieht im Alltag durch viele Kleinigkeiten. Der Tod selbst wird verdrängt, indem wir die Ärzte, Wissenschaftler und Techniker, aber auch die spirituellen Führer zu Ersatzgöttern erheben, von denen wir insgeheim erhoffen, daß sie für uns den Tod auch endgültig und nicht nur vorübergehend besiegen. Wir verdrängen den Tod auch, indem wir überdauernde Zeugnisse unserer Existenz schaffen wollen oder das Sterben überhaupt aus der Hektik unseres Alltags völlig verbannen. In der dörflichen Gemeinschaft ist der Tod eines Dorfbewohners für die gesamte Gemeinschaft auch ein Anlaß dafür, an die Begrenztheit unserer Existenz zu erinnern, die Relativität unseres Strebens. Das Ende eines Lebens wird im urbanen Alltag zu einer Art »Plastikritual« entstellt. Wir klammern uns so sehr an unsere bestehenden Betrachtungsweisen der Welt, daß wir eine Erschütterung derselben nicht riskieren wollen. Eine Erschütterung würde bedeuten, daß wir uns damit konfrontiert sehen, wie wenig wir im Grunde wissen, und wie wenig wir letztlich ausrichten können – gesehen in Relation zu den unglaublichen Vorgängen, die ohne unser Zutun ununterbrochen in und um uns geschehen.

Das Unglaubliche dieser Vorgänge wird uns vielleicht bewußt, wenn wir an die Grenzen unseres Denkens stoßen, uns etwa die Unendlichkeit des Weltalls, das Rätsel von Zeit und/oder Raum, von Werden und Vergehen vor Augen führen. Wir können uns an diese Grenze des Denkens herantasten, indem wir bewußt bekannte Dinge aus neuen Perspektiven betrachten, z. B. indem wir einmal über ein bekanntes Gebiet mit dem Flugzeug fliegen, es einmal von oben sehen und diesen Prozeß des Staunens und Wunderns dabei zulassen. Oder wenn wir eine Fliege einmal in einer unglaublichen Vergrößerung sehen oder indem wir Entwicklungsprozesse nebeneinander stellen.

In meiner Vorstellung denken Sie, lieber Leser, jetzt etwa folgendes: »Gut, aber was hat er denn? Das ist ja selbstverständlich, daß jeder von uns einmal stirbt, daß wir nicht allmächtig sind.« Sind das nicht schon wieder feste, aber eigentlich leere Phrasen, die wir einmal gelernt haben, die wir heute sehr schnell sagen können, wenn wir mit unserer Endlichkeit konfrontiert werden? So, als wäre diese Einsicht, daß wir eines Tages sterben, daß wir von der Welt im Grunde nichts verstehen und an den Grundlagen auch nichts wirklich ändern können, *auch schon etwas Bekanntes*.

Wir tun, als könnten wir das Unbekannte bekanntmachen, indem wir scheinbar vor dem Unbekannten kapitulieren, es mit einem *Namen* versehen und so scheinbar in eine Art *Erkenntnis des Unerkennbaren* verpacken.

Derartiges geschieht z. B. auch mit dem Begriff »Gott«. Die Unfaßbarkeit wird benannt und damit gleichsam hintenherum faßbar, manipulierbar gemacht. Zur Aufrechterhaltung dieser angstbegründeten Illusion ist dann nur noch eine zustimmende »Interessengemeinschaft« nötig, um die Falsifikation zu vermeiden. Religiosität als die Fähigkeit, sich dem Unbekannten vertrauend auszusetzen, wird in der organisierten Religion leicht mißverstanden: Sie nutzt diese Angst vor dem Unbekannten aus, um dort fertige Antworten zur Tröstung anzubieten, wo auf der Konzeptebene des Denkens kein Trost zu erwarten ist. *Wenn wir statt dessen die letztendliche Ohnmacht unseres Denkens zulassen können, ohne gleichzeitig das Vertrauen in die Richtigkeit des Soseins der Lebensgegebenheiten zu verlieren, dann hat die Angstbewältigung eine neue Stufe erreicht.* Auch bei den Ängsten des Alltags, die scheinbar nichts mit dieser Angst vor dem individuellen Tod zu tun haben, läßt sich bei etwas genauerem Hinsehen folgendes finden: Stets ist die Gefahr des Aufgebens, des Sterbens eines Teiles unseres komplexen Selbstkonzeptes gegeben. Sie enthalten damit immer auch ein Quentchen Erinnerung an den physischen Tod. Diese Einsicht hat dazu geführt, daß heute eine Maxime unseres therapeutischen Handelns lautet: *Es ist notwendig, dieses Quentchen Todesangst auch bei akuten Alltagsängsten zur Konfrontation mit den irrationalen existentiellen Grundannahmen zu nutzen.* Dies wird dem Klienten zu Beginn der Therapie gesagt. Und wenn er es nicht will, ist er frei, sich zur »Nur-Symptombehandlung« an eine andere Stelle zu wenden. Wir versuchen hingegen, eine Art »Auch-Symptombehandlung« durchzuführen, wobei die existentielle Thematik des Einzelnen jedoch nie aus dem Auge gelassen werden darf.

Ein Königsweg der Angstlösung?

Gibt es einen wirklich verläßlichen Weg zur Angstbewältigung? Jede Methode, jede psychologische Technik, die angewendet wird *»um zu«*, das heißt, die in erster Linie eine unerwünschte Empfindung, ein ungewolltes Gefühl, auf Dauer vertreiben soll, wird vermutlich über kurz oder lang scheitern. Jedes Gefühl, ob irrational oder nicht, ist aber zuerst einmal als *Erfahrung real*. Wenn wir versuchen vor diesen Erfahrungen zu flüchten, sie zu verdrängen oder sie zu ignorieren, werden sie uns in dieser oder jener Form, und sei es als körperliche Erkrankung ohne offensichtliche psychologische Ursache, wieder einholen. *Die Angst vor der Angst hält sich selbst aufrecht*.

Die Lösung liegt eher in der Gegenrichtung, im bewußten Aufsuchen des *Kontaktes* mit dem aversiven Gefühl. Dies kann zuerst einmal darin bestehen, die Angst vor dem unangenehmen Zustand zu beleuchten. Die Angstlösung liegt zuerst im bewußten Erfahren und, wenn möglich, im Integrieren derjenigen inneren Vorgänge, die uns das Angstgefühl ablehnen lassen. Wie machen wir uns Angst vor der Angst, welche Annahmen, Befürchtungen stecken dahinter? Können wir zu dieser sekundären Angst stehen? Was heißt das eigentlich? Nicht mehr und nicht weniger als daß wir, wenn wir diese Angst spüren und in ihrem Zusammenhang erkennen können, uns nicht ständig dafür verurteilen, daß wir so sind. Das schreibt (und liest) sich jetzt so leicht, kann aber unter Umständen ein mühsamer Prozeß sein, da man sich diese oft über Jahrzehnte eingeschliffenen Formen des Erlebens und der Verarbeitung nicht auf Befehl abgewöhnen kann – das wäre ja auch wieder eine Fortsetzung des alten Musters, eine indirekte Botschaft, daß man »nicht in Ordnung« ist. *Gegen das wirkliche Akzeptieren des So-Seins mit allen Fehlern, Störungen und Macken, wehren wir uns mit allen Mitteln*. Wenn wir uns selbst kritisieren, verurteilen, schlechtmachen, dann haben wir wenigstens noch ein Idealbild von uns: Eines fernen Tages, wenn wir uns nur gehörig unter Druck setzen, werden wir es erreichen – so oder so ähnlich mögen die frommen Wünsche lauten. Und vor allem gibt uns das irgendwo auch vermeintlich das Recht, den Mitmenschen zu verurteilen, wenn er unvollkommen ist – oft geschieht das ja nur in Gedanken, während nach außen hin auf Verständnis und Nachsicht gespielt wird. Das Fatale an diesem Prozeß ist aber, daß gerade durch ihn das Erreichen dieses Ideals unmöglich wird.

Geben wir hingegen unser – oft gar nicht klar bewußt ausformuliertes – Selbstideal wirklich auf, so ist dies meist zuerst einmal schmerzhaft, setzt den Abschied von Hoffnungen voraus, an die wir uns klammerten, bringt unweigerlich Gefühle der Trauer und mehr. Und ich zögere zu schreiben, daß dann Platz für etwas Neues entsteht. Dies klingt wie ein Versprechen, und wir stürzen uns sofort darauf, machen ein »wenn – dann«-Prinzip und eine Technik daraus – und sitzen schon wieder in der alten Falle. Also – was dann kommt sieht dann schon jeder selbst. Es kann jedoch geschehen, daß durch den Wegfall der vielen Leistungen, die zur Stabilität unseres Selbstwertgefühls noch zu erbringen waren, Platz dafür entsteht, das Leben weniger als eine Kette von *Problemen*, sondern eher als eine Abfolge von *Erfahrungen* zu erleben. Sieht man von der Befriedigung unserer primären Überlebensbedürfnisse ab, gibt es viel weniger *für uns zu tun*. Wir können uns auf die Maßnahmen konzentrieren, die »wirklich wichtig« sind – vielleicht gehört dazu auch, daß wir unsere Mitmenschen mit der Irrationalität ihrer Betriebsamkeit, ihren kurzsichtigen Bemühungen der Angstabwehr konfrontieren.

Vor allem aber entsteht Raum, daß wir uns mit den wirklichen Grenzfragen unserer Existenz auseinandersetzen und daran unsere Lebensrituale relativieren: Wer sind wir, wo kommen wir her und wo gehen wir hin? Was *ist?*

Die eher meditative Kontaktaufnahme mit den eigenen Ängsten ist der Anfang dazu. Grundsätzlich kann man das auch ohne Anleitung, ohne Therapeuten oder Lehrer machen – die vielen Fallen dieses Vorgehens lassen es jedoch ratsam erscheinen, sich dabei jemandem anzuvertrauen, im ursprünglichen Sinn des Wortes. Auch ist es nicht einfach bei den dabei möglicherweise freiwerdenden Gefühlen, sich selbst überlassen zu sein, das kommt dann ohnehin noch früh genug.

Die Angst ist in dem Augenblick, in dem wir sie erfahren, der unmittelbare Ausdruck unseres Lebens. Wollen wir unser Leben kennlernen, es *er*leben, so beginnen wir am besten mit der bewußten Erfahrung eben dieser akuten Angstgefühle. Mag sein, daß sie sich durch die bewußte Wahrnehmung bereits zu ändern beginnen, dann nehmen wir eben die nächste Erfahrung, die kommt – was es auch sein mag, ein Gedanke, eine Empfindung, eine bildliche Vorstellung, ein Gefühl, eine Bewegung, eine Verspannung. Der bewußte Kontakt mit diesen Erfahrungen wird schrittweise unsere Fähigkeit, unser Leben zu *erfahren,* wachsen lassen. Es kann geschehen, daß im Gefolge dieser Entwicklung unser Zwang, das Leben aus einer Vermeidungshaltung heraus zu *»machen«* schwächer wird, wir mehr »Spiel«-Raum in unsere Handlungszwänge bekommen.

Wenn das allerdings Schule machte, dann würde unsere Zivilisation bald ein anderes Aussehen bekommen. Die stille Veränderung der *Denkform* im Einzelnen ist es, was heute die Zivilisationen vermutlich stärker beeinflußt, als die Revolution der *Denkinhalte*. Die Anzeichen dafür sind kaum zu übersehen. Angstlösung durch den inneren Kontakt mit der Angsterfahrung, in Verbindung mit dem Zulassen dieser Erfahrung und ihrer Folgen, heißt natürlich *nicht* gleichzeitig Untätigkeit. Unsere Aufmerksamkeit wird auf bestimmte Inhalte oder Vorgänge in der Innen- wie in der Außenwelt gerichtet. Wir handeln dann jedoch nicht um die unerträgliche Angst zu eliminieren, vielmehr handeln wir, nachdem unsere Handlungsmaxime von dem emotionalen Druck wenn schon nicht befreit, so wenigstens gleichsam abgekoppelt wurden. Eine Utopie? Versuchen Sie es doch selbst, setzen Sie sich hin und fangen Sie an zu beobachten, was sich in Ihrem Innenleben eigentlich abspielt, was Sie spüren, was Sie innerlich tun, und wie Ihr äußeres Handeln davon bestimmt wird. Öffnen Sie Ihre Sinne für das, was »ist« und sie werden zunehmend weniger auf Ihre vorgefertigten Konzepte angewiesen sein. Dieses Öffnen ist lernbar.

Angsttherapie ohne Hinführung zur volleren Wahrnehmung der jeweiligen Lebensrealität bleibt Stückwerk. Je mehr wir jedoch fähig werden, uns überhaupt, vor allem aber in der Angst zu spüren, desto größer ist die Chance, den Kontakt zur ursprünglichsten aller Formen der Geborgenheit wiederzufinden. Und dort hat Angst keine Chance, sie wird zu einer anderen, neuen Erfahrung. Sie wird zu einer Kraft, die wieder handlungsfähig macht – dann aber nicht aus Angstvermeidung, aus der Defensive, sondern mit einem positiven Ziel vor Augen. Das *Wollen* des Menschen kommt wieder aus einem lebensbejahenden Anreiz, statt aus einem abwehrenden, passiven Vermeidungswunsch.

Im Schatten von Pershing II und SS 20 muß die Frage aufgeworfen werden, ob das *Delegieren der Bewältigung der Todesangst* tatsächlich zu dem gewünschten Ergebnis führt. Die Abschrekkung und das Kalkulieren mit dem »atomaren Erstschlag« sind Selbstbetrug, denn das Resultat wäre ein globaler Holocaust. Indem die Menschen sich ihrer Todesangst nicht stellen, sie nicht von innen her auflösen, versuchen sie sich dahinter zu verstecken, daß sie *den Kampf delegieren,* und *die Vernichtung* automatisieren. So ist es möglich, die eigene Bedrohung und damit die nicht bewältigte Angst zu verdrängen. Letztlich hat es dann keiner getan – aber die Mehrheit hat das Aufstellen der Vernichtungsautomaten toleriert, wenn nicht bejaht. Angstverdrängung ist kein Zeichen von Mut, sondern von Feigheit.

Gibt es wirklich soviel an individuellen Gütern zu verteidigen, daß sich dafür das Risiko der völligen Auslöschung der Menschheit rentiert? Die Frage lautet nicht, ob lieber tot als rot, oder lieber tot als schwarz, sondern die Frage lautet, ob alles, was bei einem Verlust des erreichten Standards schlimmstenfalls geschehen kann, letztlich nicht immer noch besser ist, als die völlige Selbstausrottung des Menschen. Individuelle Zivilcourage setzt jedoch voraus, daß die Angst des Einzelnen vor den persönlichen Folgen bearbeitet, vielleicht sogar bewältigt wird. Jeder, der die Vorbereitung der Gesamtvernichtung des menschlichen Lebens auf diesem Planeten toleriert, ist mitschuldig an der Katastrophe. Wie man sich gegenüber den Massakern im »Dritten Reich« nicht durch »Unkenntnis der wahren Vorgänge« freimachen kann, ebensowenig kann man es heute durch Informationsverzicht. Sich nicht informieren, heißt, die Realität nicht wahrhaben wollen, heißt, aus der selektiv gefilterten Teilrealität zu leben. Das erlaubt den Aufbau von Selbsttäuschungen nach dem Motto: Mag sein, daß es die anderen erwischt, aber ich werde es schon irgendwie überleben. Das aber ist ein pathogener Prozeß.

Die sogenannten Sachzwänge sind an sich Prozesse, mit denen man umgehen kann, die gelöst werden können. Wenn die Prämisse für diese Lösung jedoch grundfalsch ist – etwa: Es gibt Überlebende eines Atomkrieges bei einem Arsenal von -zig Megatonnen Sprengkraft –, dann werden sogenannte Sachzwänge zur verkürzten Realitätswahrnehmung. Wenn man ihnen die Radikalität des Herzens opfert, so ist die Folge bestenfalls die selbstverschuldete Depression, schlimmstenfalls die globale Katastrophe. So betrachtet ist das atomare Wettrüsten nicht Ausdruck von Vorsicht und Sicherheitsdenken, sondern von Feigheit. Der Kampf von Mensch zu Mensch – wenn er sein muß –, der Kampf mit Argumenten, wird delegiert.

Wer die Auseinandersetzung mit sich selbst scheut, wer die Verdrängung des Faktums des individuellen Todes und die letztlich absurden Sicherheitsstrategien im Alltag nicht zu bearbeiten wagt, hat von den entscheidenden Herausforderungen unserer Zeit nichts verstanden.

Der Westen mag sich, um nur ein Beispiel zu nennen, im einen Fall gegen die sogenannten Fanatiker im Persien Khomeinis entrüsten und gleichzeitig die »tapferen muslimischen Freiheitskämpfer« in Afghanistan hochjubeln. Die Kraft, die beiden Gruppen gegeben ist, hat er jedoch nicht begriffen: Die Einordnung und Relativierung des individuellen Lebens in einen größeren, die eigene Existenz transzendierenden Kontext erlaubt die Auflösung der Todesangst und das Umsetzen der so gewonnenen Kraft in die Arbeit an neuen Lebensformen.

Wer sich mit der Endlichkeit seiner Existenz nicht ständig

konfrontiert, wird besonders in dieser Zeit handlungs- und bewegungsunfähig – individuell und letztlich auch im Kollektiv. Auch »Big Brother« ist nicht die Folge einer unvermeidlichen Entwicklung, sondern wird aus unbewältigter Angst vor den Folgen couragierten Handeln geschaffen. Doch was kann uns schlimmeres passieren, als das allmähliche Ersticken oder kollektive Explodieren an den Folgen der Feigheit vor rechtzeitigem Aufbegehren? Ist die Verfolgung durch totalitäre Schergen, selbst die Hinrichtung nach erfolgtem Widerstand wirklich mehr zu fürchten, als die aus individueller Todesangst tolerierte Eskalation der Massenvernichtung?

Der Sinn des Lebens kann letztlich befriedigend nur in der Auseinandersetzung mit der Endlichkeit unseres individuellen Lebens, mit den Grenzen unseres Denkens und eines damit in Einklang stehenden *Handelns* gefunden werden. Ja, es gibt einen Königsweg der Angstbewältigung, in der verantwortlichen und auhentischen Lebensführung, in der Hingabe an das Unbekannte, das Unfaßbare an den Grenzen unserer Existenz. Und ihr sind wir in der bewußten Kontaktaufnahme mit der wahrgenommenen, gefühlten Gegenwart am nächsten. Ein hohes Ziel, und wer kann schon von sich behaupten dieses realisieren zu können. Immerhin gibt es Menschen, die uns das vorgelebt haben.

Wie können wir daran arbeiten, daß die vielleicht zuerst nur für Sekunden aufblitzende Echtheit und Klarheit unseres Lebens sich ausdehnen mögen? Ständige, beherzte Arbeit an der eigenen Angst ist der Weg dazu, mit dem Denken im *Dienst* eines erstarkenden Herzens.

أَقْبِلْ وَلَا تَخَفْ إِنَّكَ مِنَ الْآمِنِينَ

Akbil wa la tachāf innaka min al alamien.
Komm und fürchte Dich nicht, denn Du bist geborgen.

(Und wenn Du Dich fürchtest, dann komm erst recht!)

Psychologie in der Serie Piper

Thea Bauriedl
Die Wiederkehr des Verdrängten
Psychoanalyse, Politik und der einzelne.
250 Seiten. SP 892

Albert Görres
Kennt die Psychologie den Menschen?
Fragen zwischen Psychotherapie, Anthropologie und Christentum.
270 Seiten. SP 490

Erving Goffman
Wir alle spielen Theater
Die Selbstdarstellung im Alltag.
251 Seiten. SP 312

Eva Jaeggi
Psychologie und Alltag
141 Seiten. SP 689

Alexander Mitscherlich
Auf dem Weg zur vaterlosen Gesellschaft
Ideen zur Sozialpsychologie.
400 Seiten. SP 45

Alexander Mitscherlich (Hg.)
Aggression und Anpassung
Vorwort von Margarete Mitscherlich
284 Seiten. SP 1557

Alexander Mitscherlich
Margarate Mitscherlich
Die Unfähigkeit zu trauern
Grundlagen kollektiven Verhaltens.
383 Seiten. SP 168

Lust an der Erkenntnis: Die Psychologie des 20. Jahrhunderts
Ein Lesebuch zur Psychotherapie
Hg. von Franziska Stalmann.
534 Seiten. SP 1063

Kurt Singer
Kränkung und Kranksein
Psychosomatik als Weg zur Selbstwahrnehmung.
244 Seiten. SP 1681

Paul Watzlawick
Münchhausens Zopf oder Psychotherapie und »Wirklichkeit«
208 Seiten. SP 1237

Paul Watzlawick
Wie wirklich ist die Wirklichkeit?
Wahn – Täuschung – Verstehen.
252 Seiten mit 7 Abbildungen. SP 174

Paul Watzlawick/ John H. Weakland (Hg.)
Interaktion
Menschliche Probleme und Familientherapie.
526 Seiten. SP 1222